LABOR OF LOVE:

THE INVENTION OF DATING

莫伊拉·韋格爾
——著

陳錦慧——
譯

我們
約會好嗎？

Shall
we

目 錄

國際媒體讚譽

「對求愛行為的全面檢視，偶爾逗趣，更常是發人深省……
一段改變愛情習慣的暢快旅程。」

——《經濟學人》

「平易近人的著作，讀來欲罷不能。」

——Amy Finnerty，《紐約時報》

「韋格爾以高竿手法瓦解各世代的通俗理論。她巧妙地刨挖
愛情指南產業的底細，讓我們知道這些自學書徒然為男女關係灑下
一片迷霧。此外，她也發掘某些錯綜複雜的連貫現象，從科技如何
進展（包括汽車的發明）、到對年輕世代道德崩壞的焦慮不安……精妙
絕倫。」

——Jenna Wortham，《紐約時報》書評

「莫伊拉·韋格爾辯才無礙地讓我們相信，有關約會這檔事，
從來就沒有固定不變的模式。」

——Willa Paskin，《衛報》

「關於約會這個話題，坊間鮮少嚴肅討論，韋格爾因此擁有
廣闊的探索空間，也發揮得淋漓盡致……她敏銳而精闢的觀點貫串
全書，帶給讀者一場豐富饗宴。約會這個主題向來不是被大吹大擂
過度宣傳，就是飽受撻伐與指責，韋格爾獨到的分析因此自成一家

之言。她將我們最深刻的情感具體化，從而揭示所謂的『專家』如何讓約會變成充滿算計與欺瞞、少有真愛的苦差事。也許我們都該覺醒了。」

——Sara Eckel，《華盛頓郵報》

「一段活潑而溫柔的女權運動史……提供實用觀點，讓我們知道約會既是藝術，也是歷史的產物。」

——Julia M. Kline，《芝加哥論壇報》

「《我們約會好嗎？》在許多層面上意義非凡：在形式上，它從容遊走於理論、私人軼事與社交史之間；策略上，它靈巧地點出關於權力與金錢這些無比重要、卻又經常在愛情對話中被遺漏的事項；最重要的是，這本書遣詞用字優美文雅、妙趣橫生，讀來輕鬆愉快。」

——艾倫・狄波頓，
《愛的進化論》（The Course of Love）作者

「韋格爾成功地將約會理論化，變成繁殖過程中日新月異的男女關係的不變場域……總是令人不得不相信，愛情與麵包的攻防根本不是什麼新鮮事。」

——Sophie Lewis，《Blindfield Journal》

「《我們約會好嗎？》是重要的社會史作品。所有探討求愛行為、浪漫愛情、以及我們稱之為『約會』那個教人忸怩不安的難堪儀式的書籍之中，本書是最上乘之作。」

——Christian Rudder，OkCupid 創辦人

推薦序
最初的時光

李屏瑤

　　如露亦如電，如夢幻泡影，約會是一瞬間的花火，是小幸運，是一期一會，是人品的積累，是賭桌上的梭哈，是翻出底牌的手氣。

　　我對約會的印象來自於日劇。或者是說，我對於愛情的設定，最初都是來自於日劇，還有一點點流行音樂。那是趨近於《東京愛情故事》，突如其來的愛情，總是墜落姿態，橫征暴斂，並沒有什麼商量的餘地。再後來大概就是《戀愛世代》跟《愛情白皮書》，水晶蘋果反射出戀人亮晃晃的眼睛，愛情有許多種形式，從差點一夜情開始，從校園裡開始，從一樣的身體裡開始，總是有人愛，有人被愛。在愛與被愛之前，約會是戀人之間發展出來的試探儀式。

　　二十世紀戀人的信物如果是水晶蘋果，走入魯蛇世代的二十一世紀戀人，信物便成了《追憶潸然》裡的桃子罐頭。相較於戲劇裡的象徵與迂迴，《我們約會好嗎？》梳理出一條清楚的西方世界脈絡，談「約會」的誕生與演化，從初次出現「約會」詞彙的 1896 年講起，一路走到現代社會的各種面向。順道一提，也是在 1896 年，亨利·福特製造出第一輛汽車。

　　因為時空變動了，場景變動了，相遇的方式與相愛的方式，自然而然有所不同。約會本來是私領域的事，如果一名男士想見一名淑女，必須登門拜訪，然後在長輩的監護下喝茶談天，一切的情

感堆疊都在他人的眼皮底下。1913年出版的一本以男性為對象的禮儀手冊中，甚至有個章節專門討論「帽子、手套和手杖相關問題」，不同於現代的各種搭訕教戰，一百年前的煩惱是：「在客廳等待小姐回應見面與否的時候，究竟要不要脫外套？」

　　從約會史中我們得以窺見，約會是掌控，也是權力交換，從老一代的手中，轉移到年輕人的手上，從私領域走向公領域，年輕人走出家門，爭取更多空間。大學興起，男女合校普遍化翻開另一頁約會史，單身酒吧興起，女性爭取工作權，讓相遇的方式更多元。跟著就是非異性戀族群，男人們太過親近會被起訴，男人們開始學會隱藏自己，發展出祕密語言，學會察言觀色，或者去跟另一個男人借一根火柴。1950年代舊金山出現包容女同志的酒吧，但空間並非萬無一失，女同志們需要不斷拒絕前來搭訕的男人。

　　再後來呢？約會的框架被建立完善後，需要討論的就是本質，更現代的教戰守則總會告訴你，初次見面不能夠做的三件事情，讓對方愛上你的五個方式，或者是如何在三十天內走出情傷。網路改變人與人的互動模式，二十一世紀是自學的年代，資訊爆炸，人們開始學習標籤自己，練習自拍，練習討拍，雖然賣力，卻要假裝毫不費力，假裝一切都是信手拈來。

　　後來的事我們都知道了，關於愛情的所有展露，發生與衰敗。《我們約會好嗎？》要告訴你從前，從前從前，有過一些人，當時的約會方式還很笨拙，當時的愛情如同宇宙初始，任何踏出的一小步，都是人類的一大步。

推薦序
肯定不只是命運那麼簡單

陳栢青

　　以前我在意怎麼找到對的人，現在我困惑的則是「為什麼你選擇了我」？那肯定不只是命運那麼簡單。這本書以前，我以為自己是等待南瓜馬車的灰姑娘，人生的高潮發生在王子於舞會上邀請第一隻舞的那刻，這本書以後，我明白自己該好好認識的，其實是神仙教母，變化早在那裡發生，是什麼讓我們變成如此？為什麼是南瓜馬車、車夫、露背禮服與玻璃鞋——我是說，我們為何變成這個模樣？是什麼打造了「約會」這個戰場？我們如何談論吸引力？

　　《我們約會好嗎？》上溯約會根源，直面其社會變化與歷史根由，以為翻開羅曼史，其實是軍事戰記，一連串軍備競賽籌備、低階商品到高科技、彩妝當做迷彩、當隱形干擾塗料、從冷兵器到活用各式高科技交友 app，約會裡大大小小教戰守則，不外乎「我們想讓自己更具競爭力」、「我們想表現出自己」，可是，這個競爭力，這個「自己」從何而來？《我們約會好嗎？》不是指南，而有點靠北，看得太清楚，從此讓愛變得很理智。你以為愛得不能自己，其實約會裡本來就不由自己。你推給天定，原來總是人為。你想牽拖命運，但每一次彼此牽手，千千萬萬人乃至你我都推了一把。

　　我們也許還不能理解愛，但至少我們懂得約會。我還不認識你，但我開始認識自己了。

前言
約會，就像實驗劇場

身價直直落，至少也算是前景堪憂：這是我 25、6 歲時的心情。當時的我不明白為何如此，更無法預知自己會搞出什麼紕漏。坊間的自我成長書籍和我的愛爾蘭裔天主教徒老媽告訴我，耳畔響起的是伴隨我邁入剩女生涯的咚咚鼓聲。我不要終其一生孤單寂寞沒人愛，誰又願意？然而，我感受到的恐懼不是那個。

我慢慢發現，原來我不知道從何要起。

第一個徵兆出現在 26 歲的夏天，紐約市某個潮濕悶熱的近晚時分，我跟當時的男友在雀兒喜市場散步。一如浪漫喜劇中的演員，我們來到空中鐵道公園，穿梭在觀光客和富豪之間，遠眺緩緩沉落在紐澤西州霍博肯市的夕陽。

他比我年長，帥哥一枚，而且（我覺得）可能是個天才。自私的程度恰恰讓人倒盡胃口。他花幾星期想打破我們之間的僵局，確認彼此的關係。所謂的「僵局」由來已久，涉及某位前前女友：他一度想跟對方重修舊好、卻又改變心意。他要我跟他一起分享這些心路歷程。

當時他好像在評論恆久不變的愛情，認為這種事本質上不可信，而我腦海突然冒出我一直不肯面對的問題，殺得我措手不及：

我應該要什麼？

那時的我已經體認到兩個事實，並且為此飽受折磨、苦不堪言。首先，我明白自己與這位「可能是天才」先生的關係了無新意。

再者，我同樣清楚地知道，就算我看出這段關係了無新意，內心還是很受傷。他傷透我的心。只是，我跟很多女人一樣訓練有素，懂得把重點放在別人的需求上：即使不是為了取悅他人，至少也讓自己更討人喜歡。於是，就連我的感受都以「應該」為出發點。「應該」已經變成一種本能。

「可能是天才」先生陪我走回地鐵站時，我問他：「我應該要什麼？」我盡量表現得雲淡風輕。我大概裝得很不錯，因為他笑了。

「大家不都只是想要快樂？」

我皺起眉頭。我覺得他想打發我，八成想利用接下來的時間去陪他的前前女友。但我不開心不是為這個，而是因為他的回答太老套。難道他沒有更好的答案？他是那麼自信滿滿，彷彿理所當然有權去要，即使他目前只想要三心二意。我也想要有所追求，但我要的是什麼？

為什麼我總在徵詢男人的意見？

我是從約會中學習來的。我說「我」，可以指涉任何我認識的女性。身為我這個世代的女性，我們在成長過程中都學到，女生也可以大展長才、無所不能。只是，我們長大後卻也放棄了自己的渴求。求學時，教科書告訴我們，兩性平權已經成真：只要全力以赴，我們也可以懷抱跟男同學一樣的遠大夢想。約會卻訓練我們如何做一個有人要的女人。

從小我們就聽過這樣的論調：浪漫愛情才是人生中最重要的事。愛情就像期末成績：少了它，我們其他的成就都毫無意義。我們知道愛情可以在約會中找到，除此之外，沒有任何明確的規則可循，甚至沒有人弄懂約會究竟是怎麼回事？

　　我大多數朋友都覺得，約會很像是實驗劇場。妳跟妳的伴侶每天晚上登場，搬演著各有千秋、卻相互衝突的劇本。妳只能盡力而為。我們這些尋覓終身伴侶的女性幾乎被排山倒海的資訊淹沒，舉凡書本和電影、電視節目和雜誌、部落格文章和廣告，都在告訴我們該怎麼做。

　　粉紅色封面搭配花俏字體，加上附贈的香水試用品，明顯宣示這些指南無關緊要。那粉紅封面、花體字和香水告訴我們：少來，約個會而已，沒那麼嚴重。可是，約會這件事據說是妳通往自我實現的唯一途徑，也是社會代代繁衍的主要方式，還有什麼比它更嚴重？

　　我越想越不對，整件事感覺像一場陰謀。

　　如果妳想被愛，也就是說，如果妳想有點價值，就該這麼做。書本上這麼說。

　　還有，不准發問。

　　女性的渴求絕非無關緊要，幸福也是一樣。那些有關我該要什麼、又該如何行動的念頭，原來絕大多數來自「約會」。我發現我想弄清楚約會這碼子事的來龍去脈。當然，這樣的研究不能只著眼於現今。我跟朋友們抱持那一大堆紛雜散亂的信念，其實由來已久，即使沒有幾世紀，少說也有幾十年。於是我著手調查，探索約會的歷史。

　　我的第一回合谷歌搜尋傳來惡耗。

　　約會已死。

　　2013 年 1 月 11 日的《紐約時報》確認了這件事。〈求愛的時代過去了？〉一道標題如是提問。這份主流媒體引用美國東岸各大

城市多位 2、30 歲女性的談話，宣稱「在一起」和「聚聚」已然取代了約會儀式。

「『約會』這兩個字該從字典裡刪除了！」某位受訪者大聲宣告。

撰文者提出一連串他認為單身女孩渴望聽到的話，而後逐一潑冷水。

「在浪漫小酒館共進晚餐？想太多。」

「燭光晚餐？有杯酒喝就該滿足了。」

「這年頭還有誰在約會！」那些子女在上高中或大學的父母得知我在寫一本有關約會的書，都很不以為然。在此同時，整個美國每天都有無數單身男女上交友網站註冊。

放眼全美各地的餐廳，每天晚上都有一對對陌生人在此相會，各自衷心期盼對方就是那個「對的人」，或者至少是某個可以共度一生的人。兩個人各自蒐羅了對方的種種背景資料，面對面坐下來，稍帶彆扭地展開提問。

他們表現得夠正常吧？

其中一個笑得太大聲。

「第一次約會的網友，」我朋友翻翻白眼。「一眼就能看出來。」她原本是公關專員，失業後在餐館打工，每星期都能看到幾十對這樣的約會男女。她甚至有能力辨別那些人是在 OkCupid 或 Match.com 配對成功。她說，某些細微差異告訴你那些人是在 JDate 或 Hinge 認識的。

如果約會已死，那麼交友 App 和餐廳負責人非得振臂疾呼，約會萬歲！

約會已死的宣告是否言過其實？

　　所有人類社會都有求偶儀式，動物族群也不例外。但約會這檔事卻非通則，藍腳鰹鳥的雄鳥會跳出色的求偶舞，但牠們不約會；1900 年以前的美洲人也不約會。從那時起，學者專家們時不時宣稱約會已死或苟延殘喘中。理由很簡單，人們約會的方式隨著經濟結構而改變，你甚至不妨說，約會就是自由市場社會裡的求愛形式。

女性投入職場，約會的起點

　　約會行為的出現，要從女性走出家門說起，包括走出自己家，或走出某個她們為奴為僕辛苦操勞的家。她們移居城市，進駐那些讓她們有機會接觸男性的工作崗位。在此之前，年輕人只能在長輩監督下互相認識，就算你能在村子裡遇見異性，通常也是你認識的人。

　　試想，當珍‧奧斯汀的小說裡出現新的單身角色，會是多麼轟動。再想想，1910 年代在 Lord & Taylor 百貨公司上班的櫃姐一天之內能碰上多少男士。你就能體會，在大都市工作帶給人多少浪漫憧憬。

　　人們的工作模式往往塑造了約會的模式。在大多數人都固定工時的年代，我六點去接妳聽起來很正常。到了今天，一通起床沒的簡訊基本上傳達的可能是相同訊息。但約會不只受工作影響，約會本身就是工作，甚至包含了肢體的勞務。翻開那些鮮麗雜誌，看看它們如何教導異性戀女子維持基本約會行情。採購華服美衣，練就窈窕身材塞進那些衣服裡，注重飲食，精心打理儀表──美甲、除毛、妝容、髮型不一而足。找份工作賺錢，支付這些開銷。約會

男女最好用心構思並維護線上交友簡介，在社群媒體上保持迷人風範。功課還沒完呢。

約會需要的不只是肢體上的勞動，也涉及情感面。我以前的室友崔維斯總愛戲稱他的首次約會為「崔維斯秀」，說的時候還挖苦地以爵士舞手勢加強語氣，五指攤開頻頻抖動。話說回來，想在陌生人面前展露自己迷人的一面，確實需要付出點勞力，其中最困難的，也許就是要顯得毫不費力。

約會是勞力工作，這點雖是事實，卻未必是壞事。我們以勞力塑造周遭世界。我們帶著慾求出生，藉此與他人建立緊密關係，讓彼此的共同世界呈現全新風貌。大多數討論約會的文章只鎖定特定族群，比如中產階級白人異性戀青年男女，或住在城市裡的大學畢業生。由於我想探討約會文化，而約會文化正是為這群人創造出來的，也以這群人為行銷對象，所以我也會用不少篇幅談論他們。但我會盡量申明他們的經歷如何與其他族群異中有同。

迷人魅力與愛慕之情可以跨越身分設定的分隔線。在上個世紀，約會帶來的全新自由叫人欣喜若狂。單身男女勇敢站出來，爭取追求愛情的權力，不管是跨種族、異性戀、同性戀、亦異亦同、非異非同、從一而終或性開放者，都可以不必為了追愛吃上官司。終於可以放膽想像無所畏懼去愛你所愛的可能性。

為愛付出勞力的人生是最美好的人生，我們付出勞力不是因為不得不然，而是因為我們相信在創造彌足珍貴的東西，也希望它具體存在。然而，由於我們的文化總是誤解勞力的本質，也誤解愛情的本質，我們常會低估二者。

如果說婚姻仍舊是許多約會男女希望得到的長期契約，那麼約會本身往往是現代勞力之中最糟糕、最不安穩的形式：等同於無

薪實習。你看不見未來，只能努力汲取經驗。如果你手腳麻利些，
也許能弄到免費午餐。

Chapter 1

約會這回事,
自古以來花招百出

當主婦變成秘書與櫃姐

　　我請人們為「約會」下定義的時候，他們通常會說，約會是指一個人邀請另一個人外出吃點或喝點東西，或從事其他娛樂。之後他們又會若有所思地感慨，這種事如今已經少之又少了。那些悲嘆約會已死的文章經常以這類宴遊的消失為例，證明浪漫情懷已然衰退。只是，在人類約會史初期，男人帶女人外出、花錢為她買單這種事簡直駭人聽聞。

　　在過去，人們求愛不需要去公共場所，也不需要花費金錢。因此，1900 年左右，當警方注意到青年男女開始在城市街道相會，一起出遊，不由得心生關切。很多早期的約會青年——至少那些女性——因此被捕。在警方眼中，那些接受男人招待吃喝、送禮、買門票的女人無異於娼妓，跟男人約會等同於賣淫。

　　今天認知的「約會」一詞初次出現在紙上是在 1896 年。名叫喬治・阿狄（George Ade）的作家在為《芝加哥紀錄報》（*The Chicago Re-cord*）撰寫的每週專欄用了這個詞。專欄名稱是〈街頭巷尾故事集〉，阿狄要帶領他的中產階級讀者一窺勞工階級的生活樣貌。

　　故事主角是年輕辦事員阿爾帝，他懷疑女友另結新歡，對他感情轉淡，於是當面質問她：「那男的取代我跟妳約會了是嗎？」

　　在一本三年後出版的連載小說裡，另一名女孩受歡迎的程度令阿爾帝瞠目結舌：「她的約會行程必須用複式記帳法登載。」

　　跟阿爾帝這類男孩約會的女孩們屬於全新類型。在芝加哥，人們稱她們為「漂女」（women adrift）。

　　打從 1880 年代，越來越多生長在農村或小鎮的女性離開家，轉往大都市謀職。她們在遠親家擠一擠，或者找間廉價供膳宿舍。

經濟環境改變，為她們創造越來越多就業機會。可以到工廠製作成衣或其他輕巧商品，到百貨公司當櫃姐，到有錢人家當日間幫傭。還可以學速記變成辦公室秘書；或到洗衣鋪、餐館、夜總會打工。

非裔女性比白人女性更有可能外出謀職。內戰結束以後，大批解放後的黑奴投入就業市場，種族歧視導致許多非裔男性找不到足以餬口的差事，都市裡的黑人女性也只能做些乏人問津的工作。在 1900 年，44% 的黑人女性從事家庭幫傭，大多數人急於轉行。在白人家庭任職時，她們不免遭受肉體、情感與性虐待，很多人試圖換個「日班工作」，甚至有人選擇從事苦力活。

到了 1890 年代，股市崩盤造成美國有史以來最嚴重的經濟危機，加快單身女性湧入城市的速度。在此同時，來自義大利與東歐的龐大移民潮擠進廉價公寓，跟原本已經入住的愛爾蘭移民為鄰，這些家庭的婦女也投入求職行列。

當單身男女開始眉來眼去……

到了六〇年代，第二波女性主義運動極力鼓吹貝蒂‧傅瑞丹（Betty Friedan）在《女性的奧祕》（The Feminine Mystique）中提出的訴求。傅瑞丹要家庭主婦們逃離郊區住家，去找份有給職。1900 年代已經有超過半數的美國婦女外出工作，其中不乏單身女子，有機會在工作或上下班途中遇見男性，不難想像這些單身男女彼此眉來眼去，情投意合。在公共場合求愛也變得理所當然。不然他們還能去哪裡？

猶太祭司之子山繆爾‧喬齊諾夫（Samuel Chotzinoff）17 歲時隨家人從俄羅斯的維捷布克斯來到紐約，一家人棲身在曼哈頓下東城一

處國民住宅。喬齊諾夫後來成為知名樂評家，他在回憶錄裡提及在斯丹頓街移民社區裡的家。

「多數公寓都是三房：有廚房和客廳，以及一間夾在中間、沒有門板沒有窗子的臥室。」

「求愛的禮節一板一眼，」他補充說道。

如果某個年輕男子上門拜訪他姐姐，他們倆只能擠在廚房裡說話。他父母如果要出門，就會事先指派喬齊諾夫留在家裡盯著他姐姐和任何登門求愛的人。

「在那個家裡，隱私權根本聞所未聞，」成年後的喬齊諾夫說。「只有在公開場合才有隱私。」

當然，舊時代父母寧可透過親戚或媒人為他們的子女安排相親。求愛這件事完全受家庭和社區操控，許多種族與宗教團體出資成立黨派或戲劇俱樂部，希望孩子們能在那裡相互認識。不過，就連嚴格的父母也能信任孩子，知道他們不會在外頭做出逾矩行為。許多交往中的男女獲准出去散步、聽音樂會、參加舞會或一起玩樂。喬齊諾夫年輕時只要去到住家附近的公園，就可以見到許多年輕男女手牽手閒逛，或緊挨著身子坐在公園長椅上。他們也會躲在樹木之間偷偷親吻和撫摸，空中飄盪著英語、俄語和意第緒語。

那些女孩多半在洗衣鋪或紡織工廠上班，男孩們則在環境惡劣的血汗工廠。一旦打卡下班，就相約見面。隨著暮色四合，街道變身為一場大型派對，情侶們一對對溜進陰暗角落。也許會被人撞見，你們冒的風險變成凝聚感情的力量，也是你們共同保有的祕密。

約會＝免費招待？

對於那些負擔得起的人，其他約會場所越來越多。在全國各大城市，沙龍、餐廳、舞廳和遊樂園如雨後春筍般出現，目標鎖定這些新客群。

外出約會的人越多，可供選擇的約會地點就越多。比如塞滿遊戲機的遊樂場。隨著電影的長度與畫質逐漸提升，電影院老闆開始增設放映機，收取五分錢門票。到了 1908 年，全美已經有上萬家「五分錢電影院」。

打工賺錢也為年輕女性帶來全新程度的自由，可以決定自己想跟誰上哪兒去。只是，她們的薪資其實很微薄。儘管女性投入就業市場的比例刷新紀錄，人們普遍認為女性賺錢只是貼補家用，不是為了養活自己。雇主以這種錯誤觀念為藉口，支付女性員工低於男性員工的酬勞。在 1900 年，男女做同一份工作時，女性的薪資所得還不及男性的一半。這意味著離鄉背井的女性賺的錢幾乎不夠填飽肚子，更別提花費在休閒娛樂上。

「如果我三餐都得靠自己，那我不可能活得下去。」1915 年住在紐約地獄廚房區一家供膳宿舍的年輕女性對社工人員如此說。那位社工是艾瑟‧帕卡德，她正針對附近地區婦女與兒童生活撰寫系列報告。

「如果我男朋友不帶我出去，」另一位女性說。「我怎麼可能有機會出門？」

帕卡德明白這話的意思，她在個案資料裡加註道：「女孩子對各種邀約來者不拒其來有自，因為她如果不接受『免費招待』，生活就沒有娛樂。」

登門拜訪：一起聊天、唱歌、彈鋼琴……

　　多數中產階級旁觀者就沒那麼感同身受，他們有自己的求愛模式，稱為「登門拜訪」。1900 年左右，所謂「登門拜訪」仍然遵循一套繁瑣規則。當女孩 16 歲左右，她就可以接受追求。第一年，她母親會邀請男士們在每星期某些母女倆都在家的午後時段上門造訪。一年過後，如果女孩在某個社交聚會遇見心儀對象，也可以自行邀約對方上門拜訪。

　　男士如果愛慕某個女子，也可以直接前往拜訪。只是，在這種情況下，他必須向前來應門的僕人遞交名片，才算符合禮節。第一次世界大戰爆發以前，中等收入的家庭普遍雇有一名僕人，她會要求男士在門口稍候，讓她確認小姐是不是「在家」。

　　如果女孩不想見訪客，就可以讓僕人告訴對方她不在家。反之，男士就能踏進她的客廳。他們倆可以在客廳談天、歌唱或彈奏鋼琴，在場者還有女孩的母親與其他親友。

　　時至今日，「登門拜訪」聽起來像是訂定某種頗為尷尬的上班時間。可是，對於那些遵行的人，它提供了循規蹈矩的依據，既在群體的監督下行禮如儀，更強化男女該在什麼樣的場所相會的傳統信念。這套儀式確認了男方在追求行為中的主動角色，女性則是渴求的標的物。

　　有人稱之為「性別分工學說」：女性留守家庭，溫柔慈愛地照顧家人；相對地，男人就得到外面打拼賺錢。保守人士如今宣稱這類性別角色「因襲守舊」，還說那都是演化的結果。然而，這些習俗絕非亙古不變。事實上，生活在區區數百年前的人們就很難想像男女之間竟有如此大的差異。

工業革命以前，歐洲和美國大多數人生活在大家庭，成員共同經營小農場或小生意維持生計。男人和女人各自承擔不同的責任，他耕田，她殺雞；她攪打奶油，他拿到鎮上賣。雙方付出的心力明顯不相上下。孩子們也不例外。英語稱生孩子為「勞務」（labor）絕非意外，經過懷孕和生產的肉體負累之後，接下來還有沒完沒了的工作：餵食、照顧子女，教會他們謀生和跟人相處的能力。生孩子一則家裡可以多些幫手，二則養兒防老。如此一來，勞務的目標與愛情的目標不謀而合。

當大量人口離開農莊進入工廠，捨家族生意而就大企業，女性生兒育女照顧丈夫的勞務持續創造經濟價值，她們成為勞動人口背後的重要支撐。此外，她們也促進消費。隨著工業化的進展，輕工業開始大量生產像是衣物與食品這類商品，接下來就必須有家眷——意指家庭主婦——去購買。可是，隨著工作換取薪資變成常規，家庭主婦對經濟的貢獻卻越來越難被看見。新的概念是：別人付費請你做的是工作，沒有酬勞的不叫工作；男人在外面做的是工作，女人在家做的不是。

根據這套理論，女性不會想獲得報酬，她們做的一切都是出於本能。我們自動自發為別人奉獻時間與精力，就像母牛吃草或青草長高那麼自然。我們提供的照料是自然資源。根據這個論點，女性勞務不算數。女人當然要免費服勞務，很多女人甚至相信為愛付出是她們的天性。

妓女、人妻、真愛

女性喜歡被關在家裡，為身邊的男人提供照料與關愛，這個論

點對登門拜訪時代的男士有切身利害關係，因此他們對「娼妓」是既反感又著迷。妓女離家去做那些妻子們免費提供的服務，而且要求金錢報酬。她們的存在挑戰了中產階級對女人天性的所有信念。

賣淫素有「世界最古老行業」之稱。然而，如同其他許多行業，它在上世紀結束時出現重大改變。1800 年代晚期，越來越多無法在工業經濟體裡生存的婦女開始從事性工作。個別妓女的營業方式一度類似工匠、小商家或兼差提供諮商服務的家庭主婦。隨著城市規模變大，妓院開始像企業般組織起來，經營者是男人。到了 1890 年代，許多城市擁有組織完善的大型紅燈區，官方也睜一隻眼閉一隻眼。在紐奧良，市府甚至出版手冊，詳列當風化區斯托里維爾的商家名稱、服務內容與收費標準。舊金山田德隆區有妓院大樓，附燈光秀表演。

許多批評家被這些地方嚇得大驚失色。他們說，絕不會有女人願意在那裡工作。於是人們普遍相信，有些懵懂無知的女孩遭人誘拐販賣，成了「白奴」。1910 年夏天，新成立的調查局（也就是聯邦調查局前身）對全美妓院展開一波清查。調查員警告女性，跟陌生人約會可能會讓她們身敗名裂、罹病或喪命。

這波白奴同情風似乎已經失焦，卻只有像艾瑪・高德曼（Emma Goldman）這種不吐不快的無政府主義者才敢公開評論。高德曼曾措辭犀利的嚴厲抨擊這股對賣淫現象的偏執。她引用英國知名性心理學家哈維洛克・艾里斯（Havelock Ellis）的話：「相較於妓女，為錢結婚的人妻更值得同情。她的報酬低廉，卻付出更多勞力與關愛，而且徹底被她的主人束縛。」全心全意付出的人妻人母與她的賣淫女雙胞胎姊妹這場迷思，持續令我們的社會心馳神往。諸如〈正牌人妻〉（The Real Housewives）這種系列實境節目之所以受歡迎，正因為他

們操弄「愛情與麵包不可混為一談」這種人們口誦言傳的信念，同時又有意無意地告訴你，它們之間顯然經常界線模糊。

在某一集後來聲名狼藉的〈比佛利山莊正牌人妻〉節目裡，人妻尤蘭妲在全新裝修過的廚房宴請一群朋友。眾人品嚐白酒之際，尤蘭妲認真嚴肅地對賓客強調，婚姻生活中維持性激情有多麼重要。

「咱們打開天窗說亮話，」尤蘭妲說。「男人喜歡美女，美女喜歡有錢男人。她們會為了一個香奈兒包跟妳老公上床。」她想表達的好像是：所以妳必須搶先跟妳老公上床。

「如果妳找到的是真愛，就沒那麼困難。」

根據尤蘭妲的解釋，「真愛」是妳跟某個男人對彼此的感覺：那男人覺得妳夠性感，如同妳覺得他口袋夠深。真愛讓這場以性換取財務安全、消費樂趣與社會地位的交易輕鬆得多，一點都不像工作。

當然，諷刺的是，那些出現在〈正牌人妻〉的人妻後來都順理成章地變成了職業人妻。她們藉著扮演自己取得資歷，從家庭主婦轉換跑道，進入顧問或女企業家等有利可圖的行業，銷售一些增加家庭主婦生活樂趣的產品，比如 Skinny Girl 雞尾酒。

難怪那些正牌人妻這麼得人心。我們生活的這個時代總是教人做自己愛做的事，讓熱情去開創職業。在一個相信將情感變成資產可以致富的年代，尤蘭妲堪稱一代女傑。

「曖昧」的約會

長輩在場監護與登門拜訪這類舊時代求愛方式，為男女雙方

的世界劃出明確分隔線。約會抹除了這條線：約會將求愛從私領域帶向公開場合，它轉移了對求愛程序的掌控權，從老一輩移轉到年輕世代，從群體到個人，從女人到男人。

在執法者眼中，這一切顯得很可疑。1900 年代初期，全美各地警方風化組派遣員警和便衣探員巡視熱門約會地點。1905 年，紐約市激進衛道人士雇用私家偵探，觀察並記錄那些約會先鋒的男男女女。

在中城區的史川德酒店，有個名叫查理・布里格的探員看見很多女性，她們看起來的確不像妓女，行跡卻絕對曖昧。那些人絕大多數都是「店員、接線生、速記員等等。」

「她們的道德觀有欠嚴謹，」他寫道。「而且無疑跟她們的男伴之間有著親密性關係。」

幾個月後，女探員娜塔莉・梭尼森跟她的男同事維尼斯去市區一家叫哈林河賭場的三流夜總會，他們覺得舞池太小，「沒辦法中規中矩跳舞。」女客們的衣著讓梭尼森無比驚愕。

「兩名女孩〔穿著〕貼身短褲，」她寫道。另一個穿得「袒胸露背」，根本沒有衣袖、沒有貼身襯衣，只有極短、布料極少的短褲。

對「登門拜訪」世代而言，女人也想出門享受人生——也許甚至享受性愛——這個事實恐怕不是那麼容易接受。

1910 年代，美國標準石油公司創辦人之子小約翰・洛克斐勒出資贊助一波調查行動，研究美國十多個城市的商業化色情行業，報告裡充斥著年輕人約會的祕辛。

其中芝加哥調查委員會發現，很多年輕女孩會運用自己的魅力，換取海灘步道或遊樂園一日遊的入場券。「有些女孩經常出入

遊樂園，身上的錢只夠付門票和停車費，因為她們沒有多餘的錢使用遊樂設施，於是利用別人的錢享受一段快樂時光。」

一篇紐約在地報導描述 1912 年 8 月往來紐約與康乃狄克州紐哈芬市之間的一段航程，兩名女孩由一位看來是母親的婦人陪同，住船上的特等艙，整天待在船艙裡接受不同男士造訪。在航程的某一段時間，「女孩態度轉趨友善，主動表示願意跟探員『約會』。」報告中沒有提到探員是否應允。

一種羅曼蒂克的交易

早期約會俚語強調約會的交易特質。「看上」讓約會聽起來像隨性的採買。其他詞語則把約會浪漫化、變成禮物的交換。例如「請客」通常既是名詞也是動詞，用來形容約會，或帶某人出去約會。當女性接受「男士請客」，事後就能向同性友人炫耀「他請客。」

接受男士招待的女性被稱為「善心女孩」。1916 年的《性辭典》收納了「善心浪女，名詞。無償與人性交的女子。」意思是說，代價只是當次約會的開銷。到了 1920 年代，紐約史川德酒店的妓女發出怨言，因為善心女孩搶了她們的生意。

善心女孩和妓女之間最關鍵的差別——也是法律上認定妓女與伴遊女郎的區別——在於善心女孩不拿現金。埋伏在酒吧與舞廳的便衣探員指出，很多女性拒絕跟他們討論金錢。反之，她們會巧妙提及自己想要的物品。

有個紐約探員夜深後跟一名女子討論帶她離開酒吧的條件，女方要求給她買一包菸和一瓶威士忌，又問途中能不能順便陪她到肉品店，幫她清償一筆欠款？（探員們似乎不曾懷疑，他們報告中這些女子

說不定已經識破他們的身分，故意耍著他們玩。）

　　「我告訴她這會兒肉品店都已經關門，」探員寫道。「何況我也不想在各商店之間疲於奔命，她就發起火來，罵我是懶蟲，叫我滾蛋。」

　　接受招待吃喝甚至購買衣物是一回事，可是如果男方為她們的服務提供金錢報酬，這些女性就會退縮。他以為她是什麼樣的女人？

　　早在 1910 年代，許多約會時遭逮捕的女性大聲喊冤，說她們蒙受不實指控。

　　貝德福感化院位於紐約州北部，專為矯正行為偏差婦女而設置。院內有個愛爾蘭女子再三告訴獄卒，她「從來沒有拿過男人的錢」。男人們只是帶她「到康尼島跳舞或看電影」。

　　另一名非裔美籍收容人承認自己「跟三名友人發生性行為」，但她發誓自己從沒拿過他們之中任何一個人的錢。不過，她說他們「會送她禮物，也經常帶她上餐館或劇院。」

　　隨著時日推移，警方風化組只得接受現狀。畢竟約會人士並不認為這種交換庸俗，反倒覺得挺羅曼蒂克。

戀愛的成本效益分析：各種經濟學隱喻

　　約會至今仍然擺脫不了某種妓女情結的糾纏。我聽過無數口舌辯論，接受邀約外出歡度夜晚會不會讓妳「欠」某人「某種東西」？意指某些肉體上的親密行為。主張這種論調的人通常似乎不認為她們是在為自己的時間或肉體訂定價格。只是，為了一頓晚餐跟人上床，以及為了相當於那頓晚餐的金額跟人上床，其間的差別實在很

難說得清楚。同時，約會與涉及金錢的性交易之間的模糊地帶也讓人感到不安。誰沒納悶過：他喜歡我嗎？她是不是在利用我？對方到底在玩什麼把戲？

美式英語仍然保留大量將約會形容為交易的俚語。比如已經難登大雅之堂的「破損商品」（damaged goods）；我認識的朋友都理所當然認為，男人如果「免費牛奶要多少有多少，何苦買一頭母牛」。不過我們確實還會說，男人女人都該「貨比三家」；假如你喜歡某人，就該「抬高身價」；如果你給伴侶免費的好處，就等於把自己廉價拋售；她或他也許只想盡快成交；給你福利的朋友（亦即砲友）帶來安全感，但天下沒有白吃的午餐；如果你舉棋不定，到最後可能只得結算；如果你還在市場上打滾，好好經營戀情才是明智之舉。

這些俚語的出現，還是在我們越來越頻繁使用那些有意無意從經濟學借來的語詞談論約會之前。人們對他們的戀情進行「成本效益分析」，還說一夜情是「低風險低成本的投資」。人們設法將自己「打進市場」，「優化」自己的擇偶條件。

大多數諮詢專家鼓勵人們以商業策略處理愛情生活。有個名叫瑞秋・葛林渥（Rachel Greenwald）的約會顧問 2003 年出版了「十五步驟行動計畫」：《35 歲以後把自己嫁出去：運用我在哈佛商學院學到的知識》。葛林渥承諾教導某個年齡層的約會女性「以行銷人員的眼光看待擇偶這件事」。以線上交友為主題的部落格熱衷討論 ROI，亦即「投資報酬率」。

還有一組暗示約會就像從事某項運動：重點不只到幾壘；我們把目標放遠；魯蛇眼光太高，結果三振出局；怪比賽，別怪球員；如果你請朋友擔任你的翼鋒隊友，或者請他阻擋對手，那位朋友就得為全隊利益犧牲小我；朋友不會壞朋友的好事，他們幫助彼此得

分。

　　人們或許半開玩笑地使用這些詞彙，可是至今還有這麼多在流通，意味著我們的文化依然視約會為某種介於工作與娛樂之間的互動行為。從中也看得出，約會男女仍然難以擺脫某些傳統的性別角色。

　　理論上，這兩組譬喻出場機會均等。在許多社交圈，年輕女性如今可以自稱「帶種」，期待旁人能夠理解。同樣地，年輕男子也可以打趣地說自己正在玩「欲擒故縱」，別人也會明白他的意思。可是，有關母牛與牛奶或睪丸的影射，說明這些有關愛情與性行為的相反見解，我們依然「更習慣性地」將它們分別運用在男性或女性身上。當有人自稱男「騷貨」或女「玩伽」，他們的話給了人跨性別印象。

　　換句話說，俚語顯示，我們依舊將約會視為女性的工作、男性的娛樂。

數位革命：從酒吧到交友 APP

　　過去幾十年來，數位革命嚴重攪亂約會這一池春水。我們其實已經司空見慣。可是，那些全新網站與 App 帶來的許多干擾，卻與最初導致約會行為出現的各種變革異曲同工。我曾經看見一家酒吧門口的廣告牌上戲謔地寫道，店內提供「3D 版 Tinder」。我愣了一分鐘才想通，原來他們說自己提供「3D 版」交友 App，意思是店裡有其他客人。

　　一如 Tinder，早期勞工階級湧入城市，三流酒吧和舞廳應運而生，它們也是不同型態的社交媒體。酒吧至今仍然具備約會功能。

它讓陌生人共聚一堂，讓他們之間產生連結，同時也建構了人與人之間可行的互動模式。約會先鋒們居住的廉價住宅周邊的街道是一種平台，正如網際網路也是一種平台。

早期的網際網路也跟三流酒吧和舞廳一樣難以管束。九〇年代，諸如 Craigslist 網路布告欄的「成人服務」與分類廣告網站 Backpage 等商業服務提供管道，讓買春的人更容易找到賣春者。執法單位大刀闊斧關閉這些網頁。只是，新時代的數位科技持續提供新的情色交易，很多利用這些科技的性工作者依然把見客戶稱為「約會」，客戶則是「約會對象」。

我大學畢業初入職場那年，2008 年全球金融危機還在餘波盪漾，人們說笑逗趣的最夯話題是「財務操控」。那些自稱「凱子豬」的男人在網路攝影機鏡頭前花錢雇用女人來「鴨霸地支配他們的財務」，他們似乎希望女方對他謾罵羞辱，並且開口索討禮物。

之後的那些年，智慧型手機普遍流行，手機交友 App 讓性工作者更容易直接找到客戶，免除上街拉客的風險，比如警方的監視與騷擾。

我訪談過的一位男士說道，他的買春對象和約會對象是在同一個管道找到的，也就是 Tinder。他區分這個對象需不需要花錢的關鍵，在於女方的個人檔案照片裡有個不起眼連結。他說，只要點擊一下，你會進入一個網站，裡面有簡短自傳和市內電話號碼。發一通簡訊，三十分鐘內就有人上門。等她完成當晚的交易，就會撤掉那個帳號。

「沒有任何書面資料需要銷毀，」那男人聳聳肩。

最近以來，提供「包養媒合」服務的手機 App 為普羅大眾帶來無限遐思，最臭名遠播的要屬 SeekingArrangement。概念很簡單：

SeekingArrangement 提供平台讓「甜心寶貝」和「甜心老爹」找到彼此。根據網站，甜心老爹是「事業有成的男女，他們知道自己要什麼……也喜歡帥哥美女相伴。」甜心寶貝則是「外形俊美、想追求生命中更美好事物的男女。」

　　SeekingArrangement 主要媒合對象是想要錢的年輕女子與想要性的老男人。註冊帳號、建立個人檔案都不收費。寶貝和老爹各自上傳照片、體重、身高和種族等基本資料，再來一段引人垂涎的自述。他們也載明自己的「期待」：老爹願意花多少錢，寶貝的價碼又是多少。你在下拉選單裡點選：

　　選擇資助程度：
　　可議／最低／實際／適度／充分／高額

　　此外，老爹還得列出個人資產淨值和年收入。

　　如果你熱衷「包養」這件事，你可以升格為尊榮會員。目前收費標準大約每月 15.95 到 29.95 美金之間，視你選定的時間長短而定。升級以後，網站會將你的檔案列入優先名單，讓別人更容易找到你。它也會幫你進行背景資料查證，讓寶貝可以確認老爹的身分沒有作假，身價也沒有膨風之嫌。

　　過去兩年來，SeekingArrangement 越來越受到輿論關注，因為它以大學生為目標的做法引起爭議。該網站的「甜心寶貝大學」頁面列舉找個老爹包養的好處，比如大學畢業時毋需背負貸款。只要是以大學網址登入，都能免費升級為尊榮會員。

　　該公司總裁布蘭登‧韋德直言他很以公司提供的這項服務為傲。2015 年初，他宣稱前一年共有大約 140 萬名大學生利用

SeekingArrangement 賺錢，比 2013 年成長 42%。如今他每年公布前十名「甜心寶貝人數成長最快的大學」。都是些名聲響亮的學校，你住的城市說不定就有一所。

　　我在舊金山跟一名甜心寶貝碰面，她畢業於普林斯頓大學。她說，被包養的那些年讓她領悟到，幾乎所有的戀愛關係都有交易性質。「人們總會從彼此身上獲取些什麼。」

　　她在 SeekingArrangement 對自己的描述是「混血拉丁裔超甜美雙性戀金屬搖滾妹」。我看得出來她為什麼如此擅長叫賣（她的用詞）：她渾身上下充滿魅力。五年前她大學畢業，之後進出了幾個不同城市的網站。有一段時間她加入女同志甜心媽咪網站 Mutual Arrangements，可惜行不通，因為當時她在佛羅里達跟父母同住，在開車到得了的範圍內沒有足夠的媽咪。

　　她說舊金山的包養條件比她試過的其他地方來得好。九個月前搬來這裡以後，她已經透過 StrawClub 的 App，跟一些外地來的企業家進行晚餐約會。不過，她大多數的常客還是在 SeekingArrangement 找到的已婚甜心老爹。她跟他們約會大約一兩個月，見面地點通常在對方訂的飯店房間，利用對方下班後到回家前那幾小時。每一次見面她固定收取兩百美金左右。

　　「這些男人只是希望被人注意，」她說。「他們喜歡我，因為我讓他們覺得自己很重要。」她喜歡已婚男士，因為他們很慷慨。老爹們出手大方，是為了確保雙方的交易你情我願，以免她火大找上他們的老婆。

　　SeekingArrangement 的文章告誡甜心寶貝們不可以對老爹動真情。可是那些我訪談過、曾經從事這方面工作——定期跟某人見

面、結識對方、扮演「女友」、提供性服務──的女性都說，實務上往往是相反結果。

有個 40 多歲的女教授告訴我，她就讀研究所時在一間私人地牢扮演「施虐者」。有個男客每星期出現一次，送她書籍和劇院門票。她千不該萬不該告訴對方自己的真名。有一天，那男人帶著一份他自己寫的實驗劇，最後一幕是她穿著破爛新娘禮服在空房間裡轉圈圈。不久後她搬到另一座城市，他追蹤過來。她公寓門口開始出現包裹，他甚至打電話到她任職的大學，求她回到他身邊。

我問她覺不覺得意外。

她搖搖頭。「他們大多數人都在偷吃，對象通常只有我一個，所以我在他們生命中舉足輕重。可是我每星期要見十幾個人。」

普林斯頓那位甜心寶貝說，她的長期老爹客戶幾乎都跟她畫下句點，因為他們對她發展出不該有的情感。

她笑道，「看來我工作效率太高。」

「合法」約會與性工作之間

自從約會問世之後，性工作與「合法」約會之間始終很難劃定界線，更難監管。到了第一次大戰末期，誓言阻止這波潮流的改革者開始承認他們無能為力。約會蔓延的範圍已經超出人們所知的風化區。伊利諾州一名因為約會被捕的女侍對法官表示，上班時段這種機會實在多不勝數。

「你為男顧客點餐送餐，他對妳微笑。妳覺得有機會賺點小費，於是笑臉相迎。隔天他又上門，妳更努力討好他。之後他開口約妳，還說如果妳好好表現，乖乖跟他出去，就會給妳錢、買禮物

送妳。」如果女人這樣就淪落風塵——笑臉迎人，更努力討好顧客——那麼賣身只是她工作的一部分。

有個甜心寶貝邀請我登入她在 SeekingArrangement 的帳號，查看她的留言。讓我震驚的卻不是那些留言，因為聽起來都只是相當普通的約會用詞：

> 你平時做什麼消遣？
> 寫作。週末會去健走。
> 你都寫些什麼？
> 主要是科幻和奇幻小說。你呢？
> 我喜歡航行。
> 我一直很想學！也許改天你可以教教我。

讓我震驚的是，SeekingArrangement 公司使用平鋪直述的官樣文章，將自己標榜為某種職業訓練中心。

所有付費交友網站都充斥著拐彎抹角的委婉語辭。它們不得不然，這樣它才能留在區分（合法）伴遊服務與（非法）賣淫那條線的右邊。可是 SeekingArrangement 不遺餘力地宣揚：被包養是為將來的職業生涯做準備。

那位曾經扮演過施虐角色的教授告訴我，當年她到過幾個地牢應徵，面試時有意無意假稱自己擁有使用「繩索與針的技能」。這些其實無所謂，雇用妳的那些人只在乎妳的外型：白種人、亞裔、黑人或拉丁裔；高或矮；曲線玲瓏或苗條纖瘦。她被錄取以後，同事利用休息時間教她如何在不直接碰觸顧客生殖器的情況下讓對方達到高潮。員工接受這類在職訓練或等待客戶的時段，地牢不會給

付工資。正如開 Uber 的司機，「女孩們」自行負擔服裝、化妝品與定期除毛、美甲、修腳趾甲等初始成本，也為取得工作機會付出部分收入。

SeekingArrangement 鼓勵寶貝們把網站看成個人發展的機會，將「老爹」的角色定位為「導師」。公司會在主要的甜心寶貝大學附近舉辦聚會，大家一面喝咖啡、吃巧克力火鍋，一面聆聽應邀前來的前輩暢談被包養為什麼是一條通往有錢有勢人生的捷徑。我上一次登入該網站時，它的部落格最新一筆貼文標題是：〈你的求職函碰壁了〉。

「想想雇主聘請新職員時的立場，」那位匿名貼文者說。「其實跟會見潛在甜心老爹的過程差不多。」一份不得人緣的個人簡介通常犯了七個錯誤，包括「蹩腳的溝通技巧」、「低劣的展現能力」、「失當的提問」與「沒有吸睛點」。也就是說，都是會讓你的履歷石沉大海的毛病。

約會為了什麼？：從婚姻到交友平台的動機

隨著二十世紀從第一個十年推移到下一個十年，中產階級漸漸接受約會，視之為合法形式的伴遊。到了 1914 年，《婦女家庭雜誌》（*Ladies' Home Journal*）——全美銷售量最大的雜誌，擁有超過一百萬名讀者——登載了一則短篇故事，內容是關於一名女學生聯誼會成員與她的愛情生活。作者把「約會」兩個字放在方括弧裡，卻不覺得需要多加解釋。到了二〇年代初期，有關大學生外出用餐、跳舞、欣賞歌舞劇和電影的事例比比皆是。

不久之後，好像沒人記得這些活動一度背負污名。時至今日，

諸如《紐約時報》之類的權威媒體不假思索地聲稱那些活動很「傳統」。色情行業憂心約會晚餐只是另一種形式的性工作，但美國人似乎已經不再介意這種混沌不明。然而，另一種混沌不明依然存在。約會男女不但對自己「在市場上」交易些什麼存有疑惑，恐怕也無法確定約會的目的究竟何在。

約會到底是為了什麼？

登門拜訪的儀式有一個明確目標：婚姻。從旁監看過程的家長與親戚有個明確動機，要確保這段求愛過程能夠促成一對佳偶，建立新的家庭，繁衍後代。如此不但能為子女帶來幸福快樂，也能增加並拓展家族產業。

那些最早開創交友平台的企業家動機卻是不同。餐館、酒吧和遊樂園之所以生意興隆，靠的並不是在那裡約會的人是否結成美好姻緣。它們靠的是來來去去的約會人數。酒保跟你媽媽不一樣，他不在乎你將來會不會跟那個約會對象生小孩。事實上，如果大家都不定下來，對他們反而有利。

約會這件事把求愛活動帶出家庭，進入市場，變成一門賺錢行業。約會讓業界得以操控人類對性、關注與愛戀永不饜足的基本慾望，將它變成無窮無盡的潛在需求的發動機。

自從約會行為誕生，人類為了跟潛在伴侶見上一面，不得不花錢消費。這是前所未見的現象，至今依然如此。就算我們透過免費下載的 App 找到約會對象，我們仍舊花費了建立帳號與更新個人資料那幾小時，以及關注 App 上的廣告時的那份心神。我們總是弄不清自己究竟是在工作，或在享受休閒生活，也許這是約會混淆了工作與娛樂引發的症狀。更新你的 OkCupid[1] 個人資料似乎二者皆是，也二者皆非。

　　對 OkCupid 而言，帶我們進入一段可能讓我們遠離 App 的戀情，充其量只是它的第二目標。它的首要考量是：如何掌控我們的慾望來創造他們的利潤。如此一來，即使你有所花費，即使你覺得自己只是找點樂子，所有約會男女依然都是善心女孩。這就是約會這檔事如今對大家耍的花招。

1　OkCupid：交友平台。

Chapter 2

愛情也需要自創品牌，
推銷自己

　　約會將求愛活動從家庭帶向市場。既然你有機會「選購」另一半，你也有必要推銷自己。品味於是成了約會女子自創品牌的關鍵。

　　「真正重要的是你喜歡什麼，而非你是什麼樣的人。」

　　影星約翰・庫薩克在電影《失戀排行榜》（*High Fidelity*）裡對著攝影機說出上面那些話。他的角色是個三十幾歲的唱片行店員，他從沒想過自己會跟一個喜歡歌手史汀（Sting）勝過警察合唱團（Police）經典唱片的女人上床。2004 年獨立浪漫喜劇《情歸紐澤西》（*Garden State*）上映時，男女主角鍾愛獨立樂團 The Shins。等到五年後《戀夏 500 日》（*500 Days of Summer*）登場，八〇年代的音樂再度風行，所以熱門的是 the Smiths 樂團。

　　「女女配」部落格 Autostraddle 的編輯們認同庫薩克的說法。

　　「重點不在你是什麼樣的人，在於你喜歡什麼。」他們在2012 年情人節的一篇貼文裡這麼說。「你可能得花點時間才能確定，不過，有一天你會知道是時候借她你的《美國鳥類》（*Birds of America*）電影 DVD，然後屏息以待，看看她喜不喜歡。」她可能會「懂」，或許不會。也許你女朋友懂妳，或者不。

　　像金・卡達夏（Kim Kardashian）和肯伊・威斯特（Kanye West）這樣的名流夫妻會公開宣稱他們懂對方。

　　「肯伊擁有世界一流的品味，」卡達夏前不久裝腔作勢地對 Extra 娛樂雜誌的記者說。

　　她丈夫點頭稱是，「其實只是在一天工作之後找點消遣放空自己。」

　　平凡的約會男女也夢想著能找到某個跟他們有共同（一流）品味的人，或者至少碰到某個不會公開吐槽的人。我曾經在火車上不

經意聽到有個女孩對朋友抱怨，她曾經跟男人一夜情，隔天早上那人卻打開筆電，播放 Limp Bizkit 樂團的歌，雖然她對兩人之間的性事很滿意，卻絕不會把電話號碼留給對方。我聽了之後，不禁露出感同身受的哀傷笑容。

「我要我喜歡的男人喜歡我喜歡的東西。」那女孩嘆口氣說。

「喔，那個呀！」我對我朋友說起《失戀排行榜》那句台詞時，她悶哼一聲，說道，「妳很難相信有多少男人把這點列在他們的 OkCupid 個人檔案裡。」

你的興趣是什麼？

過去十年來網路交友興起，使得「喜好」在求愛過程中的角色越來越重要。不同網站與 App 各以不同方式盤點你的喜好，但都會將你的品味擺在個人檔案的顯著位置，方便潛在對象查看。

Match.com 要求使用者提供他們的「興趣」、「最喜歡的熱門景點」與「最喜歡的事物」。就連名流都乖乖回答。美國生活風格大師瑪莎・史都華（Martha Stewart）註冊時，在「興趣」欄底下列舉了「烹調、外食、釣魚／打獵、園藝／庭園造景、電影／錄影節目、美術館與藝術、購物／古董、旅遊／觀光。」她說她最喜歡的熱門景點是一家叫 sushi yasuda 的壽司店。她最喜歡的事物是「美國影集《紙牌屋》（House of Cards）、《反恐危機》（Homeland），所有食物、交響樂、歌劇和饒舌歌。」

瑪莎的個人檔案技巧性配置比例恰恰好的自我揭露與閃爍其詞。任何打開她檔案的人都可能從中得知她喜歡「所有食物」。可是誰會知道她也喜歡嘻哈音樂？對於那些想要利用網路交友服務、

卻又希望隱藏身分的名人，喜好或許更加重要。

　　一名 40 多歲嫵媚動人的成功專業人士在紐約市使用多個 App 交友，她告訴我，有個人透過 OkCupid 跟她聯繫，那人對書籍類型的偏好跟她一樣。對方的個人檔案沒有提供照片，她問他為什麼，他請她相信他有「非常充分的理由」。他們開始互通訊息，討論非小說歷史書籍，幾星期後他要求跟她見面。她去了約定的咖啡館，做了最壞的打算。卻發現跟她通訊聊天的原來是喜劇演員雷克・莫倫尼（Rick Moranis）！

　　幾乎所有交友網站都要求使用者提供自身喜好的相關訊息。其中有幾十個特別網站更進一步，宣稱要幫你找到 iTune 裡存有類似檔案、或會因為同一類型笑話發笑的人。如果你是那種會因為 Instagram 內容心生愛慕的人，也有專門 App 應付你的需求。它叫 Glimpse，它只要求使用者輸入最基本的資料：年齡、性別與性傾向。並從 Instagram 個人檔案選擇一組照片，而後開始瀏覽其他使用者的照片，不需要任何其他身分辨識資訊。

　　「你喜歡什麼東西就代表你是什麼樣的人」，這句話的最佳註解是：某些人拍攝的早午餐菜色和浴室自拍照，可以透露所有你需要知道的資訊。它要傳達的是：選擇濾鏡與撰寫標題之類的美學考量，或許比你自己的文字敘述更能捕捉你的性格，再者，即使那些最微不足道的美感抉擇，最終都可能決定誰會喜歡你。

　　對書籍和樂團的喜好並非自古以來就左右求愛行為。猴子不會讚嘆牠的配偶跟牠喜歡同類型的香蕉。亞當沒有悄悄走到夏娃身邊，倒滿她的塑膠杯，問她是不是也喜歡龐克樂團 Hüsker Dü。

　　對某種消費性商品的喜好竟能預測兩個人之間的愛情是否合拍，在人類歷史長河的大多數時段裡，這種事根本一點道理都沒

有。一來，過去沒有那麼多可有可無的商品可供選擇。引領求愛行為的準則少得多：家庭、宗教、背景、社會階級。如今喜好變得這麼重要，在當時可說聞所未聞。

品味：挑選對象的標準

到了十八世紀晚期，這些現象開始轉變。短短二十年內，美國與法國發生了革命，拉丁美洲的反殖民革命繼之而起，加上工業化的萌芽，這些動盪創造了新興的中產階級。當他們掌握權力，就將過去王子們獨享的高雅文化據為己有。在巴黎將路易十六斬首的革命者做出象徵性舉動：掠奪皇室珍藏的藝術品，把皇宮羅浮宮變成公共美術館。

正是在那種時代環境下，哲學家與藝文評論家開始大篇幅討論他們所謂的 *gusto*、*gout*、*Geschmack*[2]，亦即「品味」。理論家康德之類的人士宣稱，人類的品味既客觀又合理。雖說某個人對某件物品的反應，取決於該項物品令個人產生的愉悅或嫌惡感而定，但康德認為，這種評斷「普遍為真」。也就是說，這個道理對任何人、對每個人都說得通。回顧過往，對品味的執著似乎有勢利眼之嫌，是一種以社會階級區分人們的工具。品味是政治勢力漸漸式微的貴族用來確保自身高等文化資產的手段。隨著十九世紀往前推進，抨擊暴發戶新貴的低劣品味成了第一代中產階級堅守陣地的方法之一。

「品味區隔階級，它也區隔各種劃分指標。」法國社會學家皮耶・布赫迪厄（Pierre Bourdieu）這麼說。有關階級的訊息在約會市

---

2 以上分別為義大利文、法文與德文，意同英文裡的 taste。

場上依然有其作用。

　　在一個大多數人不再依靠家人在所屬的社會階級裡挑選伴侶、或到處宣揚某個追求者可望從單身伯伯那裡繼承到「每年多少英鎊」的年代，詢問對方的品味有助於挑選來自「恰當」背景的人。如果某人宣稱她喜歡歌劇，她是在說她買得起歌劇門票，或者見夠世面，知道劇院裡有站票。正確念出你點的波爾多葡萄酒名稱，或者多費點唇舌描述產地的風土條件，讓人知道你熟悉法國、懂法語，或者至少知道最後一個子音不發音。

　　經過從小到大的社會化過程，我們很多人能夠不假思索地發送或接收這類階級背景暗號。精明的約會男女可以運用它們來傳送身分地位。如果你對這些品味規則認識夠深，就可以操控它們，讓自己往上高攀。第一個出門約會的女人打的就是這種算盤。

二十世紀初：「嫁給有錢人」的傳說

　　二十世紀初到百貨公司、餐館或其他行業打工的女性多半期望釣個男性顧客。工作中調情賣俏是她們得到幸福——至少經濟穩定——未來的最佳機會。

　　擔任店員或女侍的年輕女子拋頭露面，每天接觸無數理想對象。如果她幸運，其中某些人或許很有錢。就在十多年前，勞工階級的女孩幾乎不可能出現在百萬富翁眼前，更別提跟他們談話。如今她可以靠得夠近，時間也夠久，足以讓對方約她出去。或許她甚至可以讓他墜入愛河。

　　作家歐·亨利（O. Henry）從德州遷居紐約、開始他多產的短篇小說創作生涯後不久，出版一篇故事《女店員的祕密生活》（*The*

Secret Life of Shop Girls）。故事在 1916 年問世，刊登在他為《紐約世界週日雜誌》（*New York World Sunday Magazine*）撰寫的每週專欄裡。故事敘述兩名「手帕交」因為家境貧窮，填不飽肚皮，相攜來到大城市謀職。

簡短的序文告訴我們，南希 19 歲，小露 20 歲。兩人都是「懷著明星夢，美麗、活潑的鄉下女孩。」可是兩人都進了服務業。她們大部分的時間不是用來背劇本，而是研究那些她們心目中的理想對象，以及成功得到那些男人的人妻。

南希在豪華百貨公司的手帕專櫃當櫃姐。同事們會接受「仁慈紳士朋友」的招待，出去約會、吃晚餐，不必犧牲色相。就算有，至少也懂得三緘其口。她週薪只有八美元，但她知道這份工作的真正價值在於它提供的露臉機會。

「哇，我的未來充滿希望！」她振奮地說。「我們公司有個賣手套的女孩，幾天前嫁給匹茲堡的鋼鐵商或鐵匠或什麼的，那男人是百萬富翁。」

小露在洗衣鋪燙衣服。雖然第一個星期就賺進十八塊五，有關求愛這件事，她沒有南希的雄心壯志。她取笑朋友只想嫁百萬富翁。只是，她也想利用工作找男人。後來有顧客約她，南希半信半疑。

「在洗衣鋪哪有機會碰到男人？」原來洗衣鋪前端有個眾人垂涎的位置，在那裡就有機會被人看見。

「他進來拿襯衫和領子，看見我在第一塊燙衣板燙衣服。」小露說，「我們大家都想搶那第一塊燙衣板。」

這些可不是歐·亨利瞎編出來的。芝加哥大學畢業的社會學家法蘭西絲·唐諾文（Frances Donovan）二〇年代在芝加哥南區的卡魯梅中學任教，她詢問高三學生畢業後有什麼打算。

「我想當速記員，」其中一個答道。「以後要爬到執行秘書的位置，然後嫁給老闆。」

1929 年唐諾文出版了一本書《售貨女郎》（*The Saleslady*），為了蒐集資料，她在芝加哥一家百貨公司專櫃打工兩個月。她相信她的學生在那裡也能如願以償。

「我聽說過幾樁婚事，還知道有更多丈夫財力遠比太太雄厚的婚姻。」唐諾文說。她的研究對象目睹同事「嫁得好」，毫不掩飾羨慕之情。「他是堪薩斯來的百萬富翁。她現在開 Packard 名車，妳有沒有看到她左手那顆亮晶晶的寶石？她很走運吧？妳跟我只能繼續打工。」

跟自己地位相同的女子嫁給有錢人的傳說，讓許多從事服務業的女孩敢於夢想。英國的《勿忘我》（*Forget-Me-Not*）年鑑誓言要為讀者解析「專櫃小姐如何釣到多金郎」。就連百貨公司經理人也參與其中，紐約的梅西百貨為員工發行的內部刊物《火花》（*Sparks*），定期概述各專櫃樓層的八卦。

「伊姐，妳有沒有注意到有個穿高統鞋罩的男士每天帶著一束歐鈴蘭來，在霍拉翰小姐的專櫃買東西？太幸運了！」

擁有那份工作是好的開始。要徹底發揮這個職位的好處，售貨女郎也得變成精明的消費者，要充分了解自己銷售的貨物，更要學會判讀男人精心打造的外型與採買的物品透露出的訊息。在歐‧亨利那篇小說裡，南希會根據各種蛛絲馬跡判斷她的顧客是不是當真有錢。她會觀察他們上下車。「十二匹馬力的車，而且還是愛爾蘭司機！」她看出這些破綻，嗤之以鼻。「拜託，給我真貨，否則免談。」

除了仔細觀察顧客之外，這些女服務員也會努力釋出正確訊

號。在這方面，她們仔細觀察那些她們立志效法的闊太太，希望有一天自己也能跟她們一樣嫁入豪門。她們會精心打扮，一來吸引那些條件吻合的男士的目光，二來顯示她們值得擁有比目前狀態更美好的未來。

為妳想要的職位打扮，不是為妳目前的職位打扮，如今的職業顧問這麼告訴我們。售貨女郎最早領悟到，決定妳前程有多遠大的不是妳的出身，而是妳的衣著。

在過去的年代，小家碧玉不敢奢望自己有朝一日能看起來像百萬富翁的妻子或女兒。不過，在百貨公司或洗衣鋪任職，任何人都有機會通曉那些代表富裕的符號。畢竟，是售貨女郎和洗衣女工賣的手帕、燙的腰封，讓有錢人顯得有錢。市面上越來越多平價時尚品牌，方便她們模仿她們的顧客。當然還有美妝產品。

化妝打扮：積極正向的美德

二〇年代，化妝品業生意一日千里。在那之前，只有娼妓和女演員會「塗抹」。維多利亞時代的人將「自然」的外在美視為良家婦女的象徵。到了 1900 年左右，越來越多女人使用化妝品。1912 年《巴爾的摩太陽報》（*The Baltimore Sun*）指出，就連上流社會仕女也畫了妝走在街道或時髦海濱步道上。

化妝品業者發想了一個新詞，讓他們的產品擺脫過去的負面聯想：「妝容」。幫自己打理妝容非但可行，廣告商甚至宣稱這是積極正向的美德。女人打理自己的妝容，是在宣示她看重自己的女性特質，也願意為自己的外貌投資時間與金錢。如此一來，她不但變漂亮了，也顯示她擁有雇主、顧客與未來對象想要的良好態度。

在焦慮與對愛情的野心驅使下，售貨女郎啟動了某種軍備競賽。她把時尚與美貌文化銷售給客戶的效率越高，自身參與那個文化的必要性也就越高。市場經濟需要的就是這個。

到了十九世紀末，美國已經轉變為消費型社會。全新的科技與工廠作業流程簡化了鞋子與女衫的製造。如今業者們需要的是消費人口，這些人採購的速度必須跟得上工廠送出產品的速度。

到了 1925 年，個人非必需品的消費額度首度占國內生產毛額的多數。經濟學家開始以公眾的購物能力與慾望——而非業界的產能——做為衡量經濟成長與健康程度的指標。在一個指望消費者不斷對自己不需要的商品產生愛好的市場，售貨小姐的角色變得不可或缺。她們上班的時候協助別人消費，下班後自己的消費也鬆懈不得。

艾德娜・費柏（Edna Ferber）1912 年發表一則短篇故事〈青蛙與泥潭〉（The Frog and the Puddle），描述這種現象有多麼累人。女主角葛蒂在芝加哥一家百貨公司的男士手套專櫃當銷售員，她的經理對部屬的髮型和指甲特別講究。葛蒂很快就明白「不能把自己的頭髮和指甲交給老天爺，它們需要用鬃毛刷和橙木棒耐心哄騙。」每天晚上她下班回到供膳宿舍時已經疲累不堪，卻知道離真正收工還遠得很。她必須修指甲、補襪衣、往臉上抹冷霜，再依規定用鬃毛刷梳頭一百下。

「經理不容許撒野作亂的鬃髮和沒扣好的鉤環。」葛蒂說，「有時候我實在累壞了，梳子舉在半空中就睡著了。」

另一種資產：人格特質

售貨女郎們不遺餘力地保持專業外型的同時，也不忘追求某種超越外表的東西。在《售貨女郎》裡，唐諾文說明衣著對她觀察的那些同事為什麼如此重要：「少了漂亮衣裳，女孩沒辦法建立自己的性格。」

人格竟然會是讓人喜歡妳的因素之一，這個觀念倒挺新穎。十九世紀美國人會用「個性」、「美德」之類的概念來描述自己。這些詞語附帶了道德評價。人的性格展現在仁慈的行為、真摯的友情與堅守的信念上。十九世紀的愛情指南書告誡女性，當紳士登門拜訪時，她們應該穿著含蓄、單調的深色衣裳，才能給人留下最好的印象。千萬別讓膚淺的表相搶了內在靈魂的風頭。

「人格」就不同了，人格是某種會展露在表面的東西。這個英文字來自拉丁文的 *persona*，意思是面具。性格就像「塗抹」，是女人用來打理自己、以便吸引男人的方法。新舊世紀交替時期，心理學家診斷心理反常的病人有「人格違常」。然而，打從 1920 年起，學者專家漸漸承認，心理健全的個人也有人格。一夕之間，這個詞在主流媒體上為之泛濫。

撰寫浪漫小說的作家用它來指涉外顯的表達模式與行為。在約會場景裡，擁有「優秀人格」，或者單純「具備品格」，代表有魅力。不管妳賣的是手帕或自己，這都是一項資產。但人格究竟是什麼，其實很難說清楚講明白。

暢銷作家伊莉諾・格琳（Elinor Glyn）直接稱之為「它」。在 1926 年一篇登載在《柯夢波丹》（*Cosmopolitan*）雜誌的上下集短篇小說裡，格琳定義「它」為一種神祕的動物磁性。她寫道，「擁有

『它』，女人就能吸引所有男人，男人也能把到所有女人。」

翌年，小說改編成同名電影。克拉拉・寶（Clara Bow）飾演一名擁有「它」的櫃姐，看上了她的經理塞勒斯。塞勒斯是百貨公司的少東，總有一天會繼承公司，所以克拉拉決心嫁給他。這個「它女孩」把「它」當成貨幣使用，助她擄獲它買得起的最佳人選。只是，格琳強調，「它女孩」並非不勞而獲。

「自然不造作、自信、不在意自己是不是曲意承歡，又不至於給人冷漠的印象。」她寫道。「這就是『它』。」

這意味著，「它」是學不來的。話說回來，既然人格是外顯的，代表你可以努力提升它。在 1910 年到 1930 年之間，越來越多約會指南書要教導年輕女子如何去提升。

1915 年《紐約時報》報導了暢銷書《美麗是妳的責任》（*Beauty a Duty*）作者蘇珊娜・考克蘿芙（Susanna Cocroft）在紐約艾斯特劇院的演說，當時她在宣傳新書《吃什麼，何時吃》（*What to Eat and When*），最後卻告訴滿場聽眾，「沉著」比節食更具成效。

她鼓勵粉絲去觀察那些具備沉著特質的時尚模特兒，模仿她們的儀態。

「在妳的牆壁貼上美麗的身形，跟妳自己的身體線條做比對。」她指導大家。「學習那些照片，用妳的身體表達妳的完美典型，那麼妳就是自家牆上那些完美典型。」

「美貌不再是虛榮，它是一種功能。」考克蘿芙說。只要老闆更欣賞的美女上門搶飯碗，女侍或櫃姐隨時隨地可能被炒魷魚。

十九世紀那些健康、衛生與禮儀書籍的作者提供女性豐富的智慧來應付擇偶與婚姻，可惜這些書沒有提供實戰策略來教導女性如何操控男人的情感，進而爭取並抓牢對方。事實上，那些書本譴

責這種愛情中機關算盡的手段，認為那是在玩弄男人。然而，到了人格當道的年代，專家宣稱，女性勞心勞力去贏得情人完全可被接受——甚至絕對有必要。她只是必須做得輕鬆自如，否則就可能犯了品味時代的重罪：她會顯得太賣力。

那些讓像克拉拉·寶這樣的櫃姐在愛情上如魚得水的技巧，用在工作上同樣立竿見影。人格在街頭是一項資產，在門市專櫃也是。雇主希望員工能夠刺激消費者對商品產生渴求。

Lord & Taylor百貨公司董事長薩繆爾·雷本宣稱，專櫃小姐「只要觀察每天上門的顧客」，就能提升她的人格。只要她在公司裡待的時間夠長，「就會壓低嗓門，舉止變得沉靜，在衣著上展現更高品味，對別人更體貼。」雷本說得彷彿這些過程是不自覺發生的，是理所當然的事。

專櫃小姐其實心知肚明。她知道自己透過喜好與舉止傳達出來的人格並不是與生俱來的特質，人格是由無數結果組合而成，她必須費一番苦心才能表現出來。那些敢於嘗試線上交友的人都得重新學習這一課。想用照片、喜好和其他意思表示來建構自己的形象，需要付出許多努力，也需要持續動腦筋去維護。

「我朋友德瑞克告訴我，如果我在 OkCupid 把《睡美人》列為我最喜歡的電影之一，那麼我會引來變態與怪伽。」一名《紐約》雜誌作家聊起自己的交友網站個人檔案。「然後他說：打個比方，把《吉爾摩女孩》（Gilmore Girls）列為最喜歡的電視節目倒是無妨，只是我得用一些比較慓悍的節目平衡一下，比如《黑道家族》（The Sopranos）。我最愛的食物應該納入某些美味珍饈，不能只是『餡餅』和『果醬』。」

在歐·亨利的小說裡，南希打造自己人格的手藝，就跟為自

己縫製仿冒服飾一樣精巧。她研究顧客的習慣動作，吸納「每個人的優點。」「她會模仿並練習某個人的手勢，學另一個人優雅地揚起眉毛，學習別人走路、拿皮包、微笑、跟朋友打招呼、以及如何跟『地位較低的人』說話。」

　　唐諾文為《售貨女郎》蒐集資料的過程中，百貨公司裡有個同事說，發揮自己的魅力賣出連衣裙的感覺實在太開心。「我最樂的是，我對他們友善到讓他們自覺羞愧。三兩下他們就任我擺佈了。」

　　你在職場發展出來的技巧讓你更擅長約會，反之亦然。原來不論賣手帕或推銷自己，年輕女性都得做許多相同的事，效率最高的女性可以同一時間二者兼顧。

　　到了三〇年代，知名社會學家萊特・米爾（C. Wright Mill）訪談了幾十名售貨小姐，研究結果後來收入他的著作《白領》（White Collar）。他創立的類型理論包含他稱為「迷人精」的售貨女郎：她們在銷售過程中磨練更精湛的調情術，也利用調情術銷售商品。

　　「在這個世界上，你很難想像姣好身材和嬌美笑容能幫你辦到些什麼事。」有個迷人精這麼告訴他。「人們會幫我做事，尤其是男人。只要我慢慢露出笑容，隔著睫毛抬眼看他們。我很久以前就懂這些了。」

　　很難猜測她想從男人身上得到的「東西」究竟是什麼，是贏得約會，或吸引顧客？她想要討人喜歡，這份渴望形成回饋循環。「我把大部分薪水都用來採買能突顯我優點的衣服，」她坦承。「畢竟，女孩子必須善加利用自己的特點，不是嗎？我每星期的抽傭就可以給你答案。」

情感勞務：我們都是售貨女郎

時至今日，「美色有利行銷」這個概念已經是家常便飯。售貨女郎引領風潮，激發消費者的性渴望，讓他們無所不買，什麼都買，不管那個商品跟性扯不扯得上關係。她們是五〇年代身穿比基尼站在跑車旁搔首弄姿的模特兒的前輩，也是六〇年代 Virginia Slims 涼菸廣告裡的女人，一面眨眨眼對你說，「寶貝，妳該寵愛自己了！」一面大膽地舔手上的菸。售貨女郎的專櫃調情也為後來的香氛廣告鋪路，女人們聞到洗髮精氣味，發出性高潮的呻吟聲。還有性感撩人的脫衣舞星黛塔・范提絲（Dita Von Teese）在沛綠雅礦泉水的廣告片裡把氣泡水倒在雙乳上。

當女性出去當售貨小姐，她們動員了魅力的原始力量與新型態的求愛行為，藉此刺激消費。她們就像時代較晚、衣著較光鮮的米達斯（Midas）[3]，將對浪漫愛情的憧憬轉變成對消費商品的渴望。她們對顧客施展這種魔法，也施展在自己身上。隨著經濟活動——買東西賣東西——越來越情色，性愛與愛情生活也越來越需要勞心勞力。不論是工作與約會，她們都得付出同等心力。

她們非但辛苦工作賺錢來買衣服和各式商品，也嚴格控制飲食、採行繁複的美容養生措施，還得努力控管自己的情感。女侍或售貨女郎工作中最重要的關鍵是顯現出某種特質。也就是說，在展露某些情感的同時，她們必須壓抑另一些心情：即使情緒低落，臉上依然掛著笑容；要對所有顧客友善，卻不跟他們之中任何一人當朋友；面對奧客時不能動怒。

3　Midas：希臘神話中的人物，為 Phrygia 的國王，曾要求酒神給他觸手成金的法力。

　　跟約會時一樣，工作時也絕對不能太過直覺反應。「很多售貨女郎心裡很清楚，她們對某個顧客的看法，跟她們該如何應對那人之間有落差。」米爾寫道。「專櫃後方的笑容是商業化的誘餌……『真誠』對職場表現有害。」

　　八○年代社會學家亞莉・霍綺查爾德（Arlie Hochschild）自創一個名詞，用來指涉售貨女郎緩緩展露微笑，眼睫毛對著賣場另一頭的顧客啪眨個沒停的那番心力：「情感勞務」。霍綺查爾德將情感勞務定義為一種工作，要求員工管理自己的感受，只展現出特定情感。我們常說「微笑服務」，可是在很多行業裡，笑容就是服務，至少是最重要的一部分。在今天，我們越來越多人販賣這種感受，從天花亂墜地向客戶推薦某張股票的號子營業員，到哄騙客戶運動健身的個人健身教練；從客服中心安撫客戶的客服人員、到嚇壞客戶的收帳員；從咖啡師到品牌經理。在一個幾乎沒有美國人靠製造商品謀生的年代，約會提供我們職業訓練，反之亦然。

　　無論工作或戀愛，我們努力自我推銷，以便賣出我們想銷售的事物。我們設法變成我們期望中的人。如今我們都是售貨女郎。我們享受第一代售貨女郎享有的愉悅，也冒著她們冒過的風險：比起追求愛情，我們用更多心思去消費。我們有那麼多興趣，得到的愛卻太少。

Chapter 3

走出去：當視線對上，我們就是故事的開端

　　售貨女郎知道正確的穿著與談吐可以幫她們找到工作，而好的工作可以幫她們找到男人。那些不喜歡聽命於權威的人也使用許多類似戰術。他們也一樣，選擇用衣物和舉動來表達自己的想望。

　　約莫 1900 年左右，猶太裔德國醫生馬格努斯・赫希菲爾德（Magnus Hirschfeld）在柏林的診所收到一封來信。當時他致力捍衛有「女人魂」的男性與有「男人魂」的女性的權力，漸漸揚名國際。來信者署名舊金山的「珍妮・O」。法律認定珍妮是男性，她卻說自己是女人，喜歡穿女性服飾。可是她只在家裡這麼做。她曾經因為「男扮女裝」遭逮捕，很擔心同樣的麻煩再度發生。

　　「都怪警方專斷獨行，我只要離開家門，就得穿上男性服裝。」她寫道。「裙子才是我的心靈寄託所在。」

　　赫希菲爾德是呼籲同性戀者「走出來」的先驅之一。他說，如果數千名傑出同性戀人士肯對警方表明自己的性傾向，就能夠帶領大家走上同性戀除罪的康莊大道。輿論肯定也會站在他們那邊。

　　之後赫希菲爾德前往美國拍攝珍妮的照片。他的研究成果《異裝癖：穿著異性服飾的慾求》（Transvestites: The Erotic Drive to Cross-Dress）1910 年出版，裡面有四幀珍妮的照片，包括裸照。如今看起來，這些照片像是光榮的聲明。可是珍妮知道她很幸運，因為那本書只在德國發行。任何人穿著「不屬於自己性別的服裝」出現在公共場所，都可能會鋃鐺入獄，被腥羶媒體大肆炒作。

　　隨著約會擺脫污名化，變成年輕人尋找人生伴侶的主要管道，各大城市隨處可見合適的約會場所，可是約會的主流化，也在「公開」與「隱秘」之間劃出界線。

　　某些喜好比其他喜好更重要。根據那些爭相頌揚約會法則的雜誌、書籍與電影顯示，只有部分人得以參與其中。儘管最優質的

約會似乎發生在邊緣地帶，前述現象卻持續很長一段時間。

「走出去」到底是怎麼一回事？

走出去到底是怎麼一回事？

即使走到今天，智慧型手機可以往你口袋送進無數合適人選的年代，在我們對約會的認知上，「走出去」依然在占有重要地位。當你結束一段歷時甚久的戀情，朋友們很快會敦促你「再出去」，或「有機會多出去認識人。」

有人說，如果沒人帶你出去，那就自己出去。誰曉得呢？也許你會遇見某個人。你已經出去了，還是可能被人「約出去」。

兩個人「出去約會」很長一段時間，而後住在一起，朋友們會提醒他們繼續找時間跟大家出去，也要安排彼此的「約會之夜」。暫時拋開洗碗、修暖氣、養兒育女那些沉悶家務，可以讓你們重燃當初決定住在一起時的火花。2012 年，設在維吉尼亞大學的保守派智庫「國家婚姻專案」發表研究報告指出，夫妻每週至少安排一次外出約會，是增進婚姻滿意度的顯著指標之一。出門約會可以讓長期伴侶之間的神祕感短暫浮現。

然而，外出的原因卻不盡然是為了尋找或強化同居關係。你出去以後，什麼都可以尋找。樂評家喬齊諾夫說，跟他一樣成長在1900 年左右，紐約下東城廉價住宅區的移民只能在公開場所找到隱私。走出家門，置身陌生人之間，不但讓你覺得隱姓埋名，也可以創造不經意的愉悅時刻。

1921 年美國通過禁酒令，地下酒館在紐約與全美各大城蔓延，來自不同背景的人可以在脫離警方監控的環境下互相交流。那裡的

氛圍充滿刺激，卻也有點危險，周遭全是你未必信任的陌生人。事實上，你也不需要信任他們。

「某個道德敗壞的愛爾蘭籍政客就在我們後面那桌，乏味又高調地跟金髮小妞打情罵俏，那又怎樣？」1925 年艾琳・麥凱（Ellin Mackay）在《紐約客》雜誌如此寫道。「我們跳舞的時候，旁邊的嫩妹跟她有點痴肥的男朋友貼身磨蹭又如何？」

麥凱將這篇文章命名為〈初登場後〉。她是礦業鉅子之女，含著鑽石湯匙出生。16 歲時父母為她舉辦了初次亮相的正式舞會，之後隨著母親出席無數社交活動。她在這些場合遇見的年輕人都是門當戶對的合格人選，個個榮登社會名人錄，可惜也都很無趣。麥凱描述那些人：「幾百個臉蛋白皙的年輕人，如出一轍。」所以一等舞會結束，她就會借用她父親的車，叫司機帶她進市區。

1925 年早春某天晚上，她在一家叫 Jimmy Kelly 的地下酒館瞥見一個男人。她朋友悄聲轉述剛從酒保那裡聽到的消息：「那邊那個男人就是歐文・柏林（Irving Berlin）[4]！」

早個幾年，富家女遇上知名流行歌曲創作者這種事根本是天方夜譚。如同喬齊諾夫，柏林也是成長在廉價住宅區的猶太裔俄國移民，事業起步之初是在中國餐館演唱賺取小費。

正是這些經歷吸引了艾琳。她走過去自我介紹。歐文請她喝酒，就此譜出一段驚天動地的戀曲。不到一年他們就私奔，到紐約市政大樓辦妥結婚手續。當時狗仔隊長跟蹤歐文的車，所以他們搭地鐵進城。她家族的反彈登上《紐約時報》頭版。〈艾琳・麥凱下嫁歐文・柏林；麥父震驚〉。可是他們相伴 63 年，直到艾琳過世。

從此之後，單身男女紛紛走出家門，希望能交上這種好運。

你該常過來，這地方很 gay ！

　　1900 年左右，拉夫・渥爾特（Ralph Werther）遷居紐約攻讀醫學，他在自傳裡描述自己當時的驚訝，因為他發現了這座城市的公開祕密：滿街都是跟他一樣的男人。「感受性」人格：感受性強烈的偉大詩人惠特曼（Walt Whitman）如此稱呼他們。惠特曼時代的醫學文獻則稱他們為「性倒錯者」。這兩個詞語都指喜歡男人的男人。

　　英國知名性學家哈維洛克・艾里斯（Henry Havelock Ellis）在一本 1890 年代出版的教科書宣稱，全美各地都有大規模性倒錯者族群。他寫道，在美國的大城市裡，擁有自己的「『俱樂部』，其實是大型酒館（saloon）附設的舞廳，由酒館負責人親自主持，負責人幾乎一定也是性倒錯者，所有的侍者和樂手也一樣。」艾里斯說，警方通常視而不見。不只如此，「經常有陌生客人靠警方指引，」他在書裡如此描述那些俱樂部。「才找到這個地點。」

　　渥爾特在紐約的酒吧和咖啡館遇見過幾十個男同志。深夜以後，看上去最尋常的餐館，也可能會搖身一變，成為「『第三性』（八卦小報《百老匯小道消息》如此稱呼他們）這個夜行族群的聚會所。」Childs 是紐約哥倫布圓環附近一家 24 小時營業的餐館，那裡每天晚上高朋滿座。渥爾特在類似這樣的場所看見抹粉塗胭脂的男人，他們自稱「仙子」。那裡有建築工人，高高捲起的衣袖露出結實飽滿的二頭肌。也有西裝筆挺的男士，戲謔地爭辯著最新文藝雜誌的價值。餐館裡常有至少一群妓女圍坐一起，再來就是三五成群放浪形骸喧鬧狂歡的文化人，男女都有。有些人在那裡跟同性戀友人聚

4　美國作曲家。

會，也有人只是冷眼旁觀。離開餐館以後，他們可以移師到某家「種族融合」酒館，不同種族的愛侶們在那裡盡情搖擺。

通常不太容易分辨誰是誰，也很難知道他們要的是什麼。在櫃台區靜靜啜飲咖啡的男人只是在消磨時間嗎？或者他等著別人上前搭訕？那種不確定感叫人情緒亢奮，卻也可能潛藏危機。就在渥爾特第一次前往 Childs 的幾星期前，他在日記裡記載警方臨檢東村一家叫 Hotel Koenig 的酒吧。警方在某個房間裡發現一群男人在共舞親吻，其中 23 人以「行為墮落脫序」罪名被起訴，判處在感化院服勞役十天。

為了安全起見，你得學會在眾目睽睽之下隱藏自己。正如售貨女郎利用髮型和衣飾宣揚自己的性格，吸引心儀顧客或同事，想要吸引其他男人的男人也發展出祕密語言。他們也跟售貨女郎一樣，透過自己的品味表達。

渥爾特記得自己曾經戴小羊皮手套和紅色領結，向第十四街的勞工階級少年標示自己的「仙子」身分。也有其他「性倒錯者」偏好綠色。這些服飾被用來做為識別標記穿戴上身，等於對圈內人士宣告自己的性傾向，在異性戀同事與朋友面前卻又不至於洩露真相。像渥爾特這樣的人如果戴著紅色領結去講課或進實驗室，辦公室同仁或許會對他特立獨行的時尚品味側目，卻不會想到要去報警。如果渥爾特喜歡那個打紅色領結坐在公園長椅上抽菸的男士，他大可以安心地走過去問一聲，有火柴嗎？

像渥爾特這樣的男人運用的傳情招數，把尋常街道與公園變成某種祕密劇場。他們所屬的次文化提供戲服與劇本：這個顏色，那個手勢。1951 年心理學家愛德華・薩格因（Edward Sagarin）說明其中的運作機制。他化名「柯里」出版的《美國的同性戀者》（*Homosexual in America: A Subjective Approach*），成為那十年間連串同性戀宣言之中最受矚目的著作。這本書也變成許多緊張不安的逡巡者的基本指南。

柯里說，「同性戀街道」表面上可能跟一般街道沒有兩樣。如果你是個對男人感興趣的男人，當你在這樣的街道跟人攀談，最好全神貫注。如果你的交談對象正是你期待的人，他也會很專心。「在對話過程中，」柯里寫道。「彼此都在留意線索。兩個人都不想顯得娘娘腔，卻都需要一丁點這樣的暗示，比如溫柔的語調，過度清晰的發音方式，刻意裝模作樣的手部動作或拿香菸的方式等。」

為了得到你想要的，你必須有能力辨識，也讓自己能被人辨識。於是，你表現得稍微誇大些。男人學會模仿其他男人發送的訊息：拉高嗓門、歪一下頭。只是，在四〇年代到五〇年代間，出櫃依然是冒險行為，你得謹慎拿捏。

柯里說，同性戀男人找的是「極其細微的女性行為特質，更確切地說，是社會邊緣人的行為特質。只是為了讓自己安心，確定這不是陷阱，不是會給自己帶來挫折或更慘重後果的愚行。」

行話也有同樣效果。當柯里忙著寫書——可能也在逡巡——gay 這個字剛開始被用來代表「同性戀」。在大多數人心目中，它的意思仍然是「爽朗」或「歡樂」。當一個男人鼓起勇氣拋出這樣的暗語：你該常過來，這地方很 gay ！或者：這家酒吧看起來很 gay ！他很微妙地在透露訊息。如果他的談話對象回應出這類的話：是啊，看起來確實很 gay。柯里說，那麼「話就說清楚了……從那一刻起，這個夜晚的發展都會在預期中。」

可以扮演任何人

　　人們的期望是，只要熟悉這些劇本，就擁有更多自由可以挑選角色。你不但可以遇見任何人，也可以扮演任何人。總之，「走出去」帶給你想像空間。無論同性戀、異性戀或其他性傾向者，誰不是穿戴著某種型式的戲服？

　　回顧地下酒館時期，當時「變裝舞會」在紐約市的黑人男同志之間風靡一時。最知名的一場在哈林區，地點在漢彌爾敦會所（全稱：漢彌爾敦會所，怪伽大聯盟第七一〇號）。二〇年代初期，漢彌爾敦會所開始舉辦年度舞會，之後迅速變成哈林區的年度社交盛事。它的官方名稱是「化妝舞會兼市民舞會」。二〇年代晚期，它已經是遠近馳名的同志舞會，每年吸引數以百計的變裝皇后和數千名觀眾。

　　一如格林威治村與包里街，哈林區是禁酒令時期的同性戀避風港。沒錯，那些非裔美籍領袖們口口聲聲強調「莊重」的重要性，譴責舞會的參與者，官方卻默許包容，甚至給予鼓勵。每年的漢彌爾敦會所舞會裡，數千名「男同志」博得滿堂采。

　　名詩人藍斯頓・休斯（Langston Hughes）後來寫道，「對知識分子與哈林區、市中心區的社區領袖而言，端坐舞會的包廂裡，俯瞰底下舞池裡那些奇裝異服人士，是很時尚的活動。」休斯自己據說也有點同志傾向。可是，諸如亞斯特家族與范德堡家族等紐約望族這些表面上是異性戀的社會名流，也沒缺席。女明星姐露拉・班克海德（Tallulah Bankhead）也去過。

　　像《阿姆斯特丹新聞》這類大型黑人媒體也報導漢彌爾敦舞會。1931 年，《巴爾的摩非裔美國人報》出現這樣一道標題〈初登場者在本地「娘娘腔」舞會上台一鞠躬〉，文中稱之為「出櫃……

進入同志圈。」其他報紙也沿用這個詞。到了1932年，八卦媒體《百老匯小道消息》下了一道讓讀者震驚的頭版標題：〈同性戀舞會曝光：同志男女翩翩起舞，會場擠進六千人〉。到那個時期，「男同志遊行」已經在某些主流地點舉行，例如麥迪遜花園或市區的亞斯特酒店。

變裝角色可以讓性倒錯者保守祕密，不讓家人得知他們「出櫃」後的生活。三〇年代，「梅·韋斯特」在變裝皇后之間蔚為流行。任何男人都可以對他在漢彌爾敦會所以外的地點遇見的人自稱「梅·韋斯特」或「深褐梅·韋斯特」（意指有色人種），就連接受媒體訪問也可以用這個代號，不必擔心被家人識破。他在外面可以做自己想做的事，不會危及「真實」生活。

女豔星梅·韋斯特本尊非常贊同，1926年她寫了一齣劇本，名為《變裝舞會》，由數十名男同志歌手與舞者主演。籌備過程中，她要他們聊聊他們在格林威治村的公寓，也問起警方突襲他們最喜歡的酒吧的情形。她用演員回答的內容和一些俏皮話拼湊出她的劇本。《變裝舞會》以煽情手法描繪男同志生活，卻也對他們面臨的難題寄予同情。第三幕有一場變裝表演。據說有個人脈極廣、家財萬貫的上流社會男人捧著大筆現金給韋斯特，換取一次登台演出的機會。

你能想像嗎？合唱團的男生們交頭接耳，某個范德堡家族成員之類的傢伙也在舞台上！那男人願意用大把鈔票換取一次穿著女性服裝公開亮相的機會。因為沒有人能認出他來，所以他既可以大膽向全世界宣告內心慾望，又能保有自己的祕密。經過康乃狄克州與紐澤西州試演後，《變裝舞會》因為過於淫穢，進不了百老匯，很快就下檔了，但它激發出的幻想流傳至今。公開演出不但可以讓

你在眾目睽睽之下找到隱私，也給你機會找到自己的新面貌。

走進他人的半私人領域：全新的社會運動

　　去地下酒館或出席變裝舞會雖然提供了爭取新型態認同的機會，卻也有它的弊病。古今皆然，你把某個地點炒熱，它的價格就不是你能高攀的了。

　　二〇年代中期，很多哈林區居民已經負擔不起住家附近的消費。黑人記者華勒斯・特門不平地說，到了 1927 年，充滿傳奇色彩的哈林夜店慢慢變成「練達的白種人、格林威治村藝術家、百老匯狂歡者與外地通勤族熱衷的朝聖殿堂……事實上，」他接著說。「白人顧客帶來豐厚利潤，而且源源不絕湧入。黑人被排擠出去，甚至在自己的爵士樂地盤上被隔離。」

　　在知名夜總會裡，家庭幫傭的日薪買不起一杯汽水，而在二〇到三〇年代，大多數年輕黑人女子都從事「家事服務」工作。這些女傭與多半是白人的售貨小姐或女侍不同，她們工作時碰不到可以約會的對象。如果她們想談戀愛，只能出去找。

　　幸運的是，除了高價夜店之外，還有「籌租派對」可供選擇。這些聚會地點都是民宅。哈林區的白人房東索取的租金向來高於市場價格，因為他們知道種族隔離政策可以防止他們的黑人房客逃往附近的廉價社區。隨著租金節節攀升，一股新的潮流出現了：如果房租壓得你喘不過氣來，不妨開個派對，收一點入場費。

　　這些派對通常備有不錯的廉價食物和飲品，有時候會有豪華爵士夜店的樂手下班後來演奏。有些人甚至全心投入，變成專業的籌租派對主辦人，把自己家變成長期的「自助餐公寓」。他們會製

作邀請卡，發給朋友和朋友的朋友。

> 我們有黃種女孩，也有黑人和褐膚女孩
> 賓客能享有美好時光嗎？必須的！
> 邀請卡派對
> ──主辦人──
> 瑪麗・溫斯頓
> 西 145 街 147 號　第五號公寓
> 週六夜晚，1932 年 3 月 19 日
> 曼妙音樂　飲料點心

　　休斯只要在哈林區度週末，幾乎都會出席籌租派對。「我在那裡遇見仕女的女僕、卡車司機、洗衣工人、擦鞋童、女裁縫師和腳夫。」他寫道。這些勞工階級與作家、知識分子和當代最偉大的音樂人共聚一堂，在那裡認識新朋友、調情，也帶自己的約會對象前往。

　　休斯說，這個面向的哈林「不喜歡被白人盯著瞧。」這些派對讓黑人勞工階級得以「享有屬於自己的聚會空間，你可以在那裡大跳黑人扭臀舞，不必擔心陌生人在背後東施效顰。

　　籌租派對賓主雙方都發現「走出去」的一條重要規則：並非所有人都享有使用公共空間的同等權利。熱門約會場址經常排擠許多人。在接下來那幾十年裡，約會男女將利用半私人領域，創造全新的社會運動。

同志空間

　　二次大戰以後，約會的男同志開始聚在某些地點，慢慢變成他們的專屬空間。起初只出現在為數不多的幾個城市和社區，但它釋出的能量終將改寫全美的法律。

　　大戰期間，軍隊急於招募新血，許多在自己家鄉覺得被孤立的男女同志視從軍為逃離的機會。在 1978 年的紀錄片《真理之聲》（Word Is Out）裡，女同志演員派特・邦德從小生長在愛荷華州戴文波特，她回想起十幾歲時想加入陸軍婦女部隊的那股強烈決心。「當時我愛上一個不愛我的女人，」邦德說。「所以我只能進婦女部隊，之後去巴黎，因為美國女同志作家葛楚・史坦（Gertrude Stein）曾經住在那裡。」

　　邦德並沒有如願去到巴黎，不過，她倒是發現婦女部隊對女同志頗為友善。這其實不是祕密。留短髮、穿燈芯絨西裝的女孩走進新兵招募中心，顧左右而言他，順利通過面試。

　　「妳愛上過女人嗎？」

　　瞪大雙眼。「女人是什麼？」

　　理論上，婦女部隊不鼓勵同性戀，但在實務上，他們也不贊同處分。軍中訓練手冊告訴軍官們，女同志「跟你、我沒有兩樣，只是她們從同性身上獲取性滿足。」很多婦女部隊的軍官心知肚明。讓邦德通過面試的軍官穿裙子、長襪和高跟鞋，但邦德一眼就看出她也是同志。

　　「她看起來跟我以前那些體育老師一模一樣，」邦德興奮地說道。「差別在於她穿的是女裝！」

　　那是在大戰期間，軍方需要人手。等到戰爭結束，軍方開始

肅清數以百計男女同性戀者。東京的婦女部隊剔除了五百名女同志，大多數人收到不名譽的「藍卡」，理由是「精神問題」，包括「性向偏差」。邦德回到舊金山港。如同其他許多男女同志，她在那裡定居。不久後更多人陸續來到，因為相傳在這裡可以享有新的自由。

有些人來自華盛頓特區，那裡有不少男女同志在國務院上班，發展出生氣勃勃的夜生活。1953 年 4 月 27 日，艾森豪總統簽下一紙行政命令，責成各級政府機關清理門戶，開除同性戀員工。表面理由是，這些人不光彩的生活祕密，很容易成為共產黨特務勒索的對象。這件事受到的媒體關注雖然遠遠不及由參議員麥卡錫主導、類似女巫追殺行動的反共運動，但對那些被清理的男女同志而言，這波「淡紫色恐怖」的破壞力比起紅色恐怖毫不遜色。眼見職業生涯毀於一旦，許多被逐出政府部門的男女轉往更友善的城市尋找綠洲。

邦德記得五〇年代，舊金山的百老匯街至少有五家酒吧容許女性在裡面彼此眉目傳情，不必擔心被驅趕，或被店東惡臉相向。她每天晚上去去這家或那家，聽聽老朋友聊八卦，也在人群中找新面孔。她晚上從來不工作，也不會待在家裡。她說，否則「可能會錯過什麼？」

這些地方倒不全然是「女同志酒吧」。在這段時期，警方仍然將多種「罪行」混為一談，把同性戀、變裝癖與性工作或販毒畫上等號。剛從海外歸國、喝得爛醉的美國大兵和上岸休假的船員擠進酒吧來。這些人盯著常客看，纏著她們邀舞。可是女酒客有權拒絕。二〇年代，麥凱寫過這樣的一段話，她說去地下酒館的樂趣之一就是，可以不必理會任何妳看不上眼的人。處在公共空間，對男

人不感興趣的女性也擁有同樣權力。

「走開，我是女同志！別來煩我！」邦德會這樣對上前騷擾她的男人吼叫。她吼得暢快，卻也怒火中燒。待在酒吧裡得到的保護並非萬無一失。有時候被吼的男人發現她說的是真話，會惱羞成怒。有些男人會等在酒吧外頭，痛毆女同志。有時候警方會查抄酒吧，到那時，那些女人面對警察的凌虐與羞辱，可說求助無門。

即使在最好的情況下，必須再三重申我是女同志！別來煩我！也是很累人的事。可是一步一步地，那些只想跟女人約會的女人持續這麼做，趕走好奇觀望者，漸漸開創出全新局面：外界承認的女同志空間。

同性戀很好，異性戀如果想來也行

外出涉及的不確定感正是它迷人之處。調情的趣味在於，你永遠不確定這個行為背後的真正意義。我們會主動接近在外面遇見的人，是因為那人在某方面吸引我們。也許是他的頭髮，或她的眼鏡，甚至只是一張我們無法判斷性別的漂亮臉蛋。通常是某種我們跟對方相遇時瞥見的、不具體的東西。一個笑容，或點飲料時的神態，某種讓我們覺得想多認識對方的東西。

很多時候，這種想進一步認識的感受，是「走出去」最叫人興奮的體驗。它帶有些許冒險性質，我們既不知道那人是不是也對我們感興趣，在我們送秋波之前，其實也不確知自己對那人有多感興趣。我們調情也是為了探測自己感興趣的程度。以微笑回應酒吧另一頭的陌生人，你對她一無所知，只知道你喜歡她的笑容。這份未知很吸引人，有別於第三方撮合——例如線上交友或同事策

劃──的壓迫感。在壓迫感底下，你提出的問題和得到的答案總是顯得生硬不自然。

只有，有些風險冒起來一點也不興奮刺激。那些外出找對象的人，如果不是異性戀、白人外加遵守性別規範，都曾經害怕傳送秋波會讓自己身陷險境。經常提心吊膽造成心理壓力，即使你不曾真正遭人暴力相向，那種感覺依然威脅著你。

「男人不會發簡訊告訴彼此自己平安到家，」有個朋友說。

「如果哪位男士想體驗那種感覺，」另一個朋友開玩笑說，「就該看看《致命的吸引力》。在未來的人生中，每次出去獵豔之前都得先看一次。」

正因如此，荷西・沙里亞才決定把黑貓咖啡館變成同志酒吧。黑貓老闆梭爾・史都曼在五〇年代初期雇用了沙里亞擔任侍者，當時這家店已經聞名一時，是躁動世代作家（Beats）與浪蕩文化人偏愛的去處。軍方風紀管制委員會也將它列入軍職人員禁止出入場所的名單裡。美國詩人艾倫・金斯堡（Allen Ginsberg）宣稱黑貓是「全美最優的同志酒吧」。

只是，當時它還沒那麼 gay。

「當時只是隱隱約約，」沙里亞回想道。「不像後來那些年那麼明顯。」

五〇年代的黑貓是「來者不拒」的酒吧，接納任何型態的穿著打扮與行為舉止。知名的同志作家杜魯門・卡波特（Truman Capote）去過，好萊塢影星貝蒂・戴維斯和金・凱瑞也都去過。

「所有人」都去那裡，金斯堡寫道。那裡「三教九流齊聚一堂」：「包括異性戀者和同性戀者。」有「高調的變裝同志」、「碼頭工人」，甚至有「異性戀生意人」，「所有詩人也都去。」

　　作家傑克・凱魯亞克（Jack Kerouac）也選擇黑貓做為他的躁動世代成名小說《旅途上》（On the Road）場景。小說中描述這家酒吧的場景顯示，金斯堡喜歡的龍蛇雜處現象，正是黑貓刺激氛圍的來源。故事主角薩爾・佩瑞戴斯坦言，他出言恫嚇向他示愛的男人，從中獲取快感。

　　「有好幾次我帶手槍去舊金山，如果有哪個男同志在酒吧廁所跟我攀談，我就掏出手槍，對他說，『蛤？蛤？你剛剛說什麼？』那人落荒而逃。」然後那份豪氣變成困惑：「我從來搞不懂自己為什麼那麼做，我在全國各地都有同志朋友。」

　　薩爾為自己的無禮行為致歉。他跟古往今來許多同性戀恐懼症者一樣，信誓旦旦地說，我有同性戀朋友！他跟很多同性戀恐懼症者一樣，也跟傑克・凱魯亞克一樣，明顯對男人有「性」趣。即使不是專精的心理分析師，也能判讀其中的象徵符號。我就是想要向他展示我的陰莖──我是說，我的手槍！他走進黑貓，希望有人看上他，然後怒斥採取行動的人。

　　沙里亞在黑貓的職位迅速竄升，他開始跟客人寒暄，演唱抒情歌曲，最後成了酒吧表演節目的主持人。到了六〇年代，他每天晚上推出四場變裝秀。在聚光燈下，只要台下有任何他覺得可能讓同志顧客緊張不安的人，就臨場應變，以機智手法讓對方軟化。到了西元兩千年，沙里亞向那些研究黑貓歷史的人誇口道，「我把它變成同志酒吧。我去那裡之前，它還不是。」你要怎麼把酒吧變成同志酒吧？藉著創造一種氛圍，讓每個走進去的人自然而然被認定為同志。在表演的時候，不管台下坐的是什麼人，沙里亞都把他們當成同志看待。

　　他曾經把一塊「我是男生」的牌子掛在胸前，嘲諷警方用「喬

裝女性意圖欺瞞」做為逮捕變裝者的執法藉口。（掛那類牌子也是那些因為「裝扮與性別不符」被捕的人所受的懲罰之一。）沙里亞也說黃色笑話，散布同志圈名人的八卦，唱幾小段歌劇，把歌詞改得淫穢粗野。有時候他的表演會充滿政治味，比如大聲朗讀報紙上的文章，評論近期的新聞事件。如果他發現觀眾中有人擺高姿態看笑話，就會怒氣沖沖地走到那人桌邊，高跟鞋踩得噠噠響，全場目光緊盯著他。多年以後，他想起曾給一名觀光客和他那位穿羊毛衫的妻子一場震撼教育。

「噢，你這傢伙！」他驚呼道。「原來你是雙性戀，對吧？我不知道原來我只是小三！」

那男人發火了，他太太滿臉通紅。可是不久後，他們不得不承認沙里亞說得沒錯。酒吧裡每個人都是同性戀，同性戀很好。異性戀如果想來也行，但他們必須接受自己是圈外人，體驗一下那是什麼感覺。

在黑貓，以及其他無數「親同志」酒吧。約會人士走出家門，為自己爭取某種新的公共空間。藉著走出去，那些長期以來自覺像社會棄兒的人找到或創造新的社區。一旦他們確信這些地方屬於他們，也感受到族群壯大後的力量，就敢於反抗那些長期以來一直試圖控制他們的執法者。這股新興運動讓「出櫃」變成強而有力的戰鬥口號。

同志解放運動的許多知名事件都是不期然發生，地點都在人們從事社交活動的場所。通俗史家多半把同志平權運動的起始點定在 1969 年 6 月 28 日凌晨那幾小時，也就是發生在紐約西村石牆酒吧那場暴動。當時便衣警察臨檢酒吧，一群跨性別者和理平頭的女同志拒絕到廁所接受性別檢查。其他客人也開始拒絕排隊接受身分

查驗。過不了多久，酒吧裡的酒客和街上的民眾便公然造反。

　　七〇年代如火如荼的多元性別（LGBT[5]）運動究竟始於何時，其他歷史學家有不同見解。有人說是 1959 年 5 月洛杉磯警方與一群變裝者和街頭拉客的人在 Cooper 甜甜圈鋪發生的衝突，或 1966 年 8 月一群跨性別女子在舊金山田德隆區的康普頓餐館掀起的動亂。無預警發生的小型抗議活動往往會受到更廣泛的注意。

　　「走出去」為多元性別平權運動帶來力量與能見度。不過，有人視走出去為發起革命的良機，也有人視之為商業契機。

單身酒吧的出現

　　六〇年代初期，有個名叫阿倫・史迪曼的年輕企業家遷居紐約。他原本滿懷希望，卻發現在那裡很難看見單身女子。但他知道城裡住著無數未婚女子，比如擠在上東城合租公寓裡的秘書與打字員，另外，幾百名空姐集中在五十九街橋上方的「女子貧民區」，因為那裡離機場很近。然而，這些成天在世界各地飛來飛去的女孩們如果沒有男士相伴，就進不了很多本地酒吧。廣場酒店的橡木廳下午三點以後才開放女客進場。McSorley's Old Ale House 酒吧直到七〇年代都禁止女性入場。酒吧裡到處張貼告示，上面寫著：美酒、生洋蔥、女性勿入。其他數不清的酒吧只允許「攜伴」的女士進場，意思是，攜帶男伴。如此一來，單身女子沒有機會出去認識男人。妳進入那些找對象場所的唯一方式是，妳已經有對象。

　　史迪曼想改變這個現象。某天晚上他漫步走過西村，忽然靈光一閃：他要開一家像同志酒吧那樣的店，卻是為異性戀者開的。

　　這點子妙極了。不久以後，他在上東城第一大道與六十三街口開了第一家星期五餐廳，成為史上第一家「單身酒吧」。史迪曼只是創造一個讓單身男女相遇的場所，卻因此蔚為風潮。每天晚上他都得在門口架設天鵝絨繩，規範蜂湧而至的年輕男女。不久後對街也開起另一家單身酒館，叫 Maxwell's Plum，緊接著又開了兩家。到了1965 年夏天，每星期五晚上八點起直到午夜，警方都得派員前來封街，因為有太多顧客在酒吧與酒吧之間走來走去，汽車根本無法通行。

　　1967 年，《生活》雜誌宣稱，單身酒吧已經發展成一種「慣例」。「整個曼哈頓和其他為數漸增的城市，到處都有搖擺喧鬧的酒吧，只接待年輕的單身男女。它的功能差不多等於連續不斷的大學畢業舞會。」到了七〇年代早期，史丹福大學的學者研究發現，美國的已婚夫妻之中，有 20% 到 25% 是在酒吧相遇。

　　1971 年史迪曼出售星期五餐廳經營權，之後這家餐廳慢慢演變成今日的經營模式：你在幾十個國家的小型商圈或商店街可能會見到、適合家庭聚餐的連鎖餐館。如果你在星期五餐廳一覺醒來，光看店內裝潢，可能很難判斷自己究竟是在日本的東京或阿拉巴馬州的塔斯卡盧薩。高背皮椅隔開用餐客。同志酒吧或許是社會革命的起點，可是它們創造的反文化一旦被吸納，就迅速變成全球最不性感的連鎖餐廳。

5　LGBT 分別代表：女同性戀（Lesbian）、男同性戀（Gay）、雙性戀（Bisexual）與跨性別者（Transgender）。

狄斯可潮流：讓自己被人看見

狄斯可也遭遇類似命運。狄斯可舞廳源自紐約市最北邊布朗克斯區一處全年無休的籌租派對，叫「愛情可解憂」，是 DJ 大衛‧曼庫索（David Mancuso）從七〇年起在自己的公寓「Loft」經營的。

「以前我常去對公眾開放的酒吧，」曼庫索告訴音樂史學家泰利‧威廉森。「但我更喜歡籌租派對，因為那裡的氣氛比較融洽，身邊都是認識的朋友。」

在 Loft，曼庫索對每位賓客收取三塊錢費用，客人可以享用免費點心，可以跳舞。「不會有人在門口檢查你的性傾向或種族。因為我認識各式各樣的人……它不是黑人派對或同志派對，客人來自不同背景。蒂凡（Divine）[6] 也去過，你覺得她應該歸類在哪一群？」

另一名 DJ 納森‧布許也是曼庫索的客人，接受過高等教育的他不敢踏入同志酒吧。萬一碰巧被哪個朋友或親戚看見他走進去或出來呢？他想要有一個遠離家人與鄰居的監視眼光、可以從容探索自己的性傾向與藝術天分的空間。

「Loft 是個截然不同的世界，」他說。「你可以遇見形形色色的人，藝術家、音樂家、時裝設計師、銀行家、律師、醫師。男人、女人、異性戀、同性戀，全都無妨。」

納森就是在 Loft 跟賴瑞‧李凡重逢。他們是中學時代的朋友，納森從以前就覺得李凡可能是同性戀，他猜對了，他們倆墜入愛河，後來共同創立西村的傳奇性夜店 Paradise Garage。

然而，隨著狄斯可浪潮席捲紐約，人們走出去漸漸不再是為了遇見那些不出門就無緣相識的人，更常是為了確認自己在某個族群的歸屬感。你出門是為了出現在派對攝影師捕捉到的畫面裡。

之後你可以笑著說，當時我也在場。

當「被人看見」變成目的，外出就只是達到目的的方法。那些最熱門的迪斯可舞廳變成媒體寵兒。在 Studio 54，門口的壯漢會簇擁一群名流和常客入內，然後再根據衣著和外表，從其他無數渴望入場的人群之中挑選。所有熱門迪斯可舞廳都會精挑細心每晚的顧客，以創造正確的環境，也就是能搏得媒體版面的那種。

同性戀演員理察‧布雷納（Richard Brenner）回想起當時最受歡迎的狄斯可舞廳，比如 Arthur 和 Cheetah。「它們不是同志酒吧，他們只是允許固定人數的同志進場，算是某種配額，營造更濃厚的派對氣氛。」

那些帶動狄斯可潮流、排斥非裔美籍同志 DJ 的創業者，通常最後都會將那些引領風騷的先鋒排擠出去。正如星期五餐廳將同志酒吧重新包裝為單身酒吧，類似 Buster T. Brown's 這類狄斯可舞廳也剽竊 Paradise Garage 的音樂，賣到美國中西部。

Buster T. Brown's 是七〇年代辛辛那堤市唯一家單身酒吧。1974 年，酒吧被控種族歧視。某些女侍和客人私下對媒體透露，他們認為真正的問題在於白種男人的性別危機感，因為那些比他們會打扮、舞也跳得更好的黑人讓他們覺得自卑。不過，表面上他們都異口同聲地為管理階層辯護。

「喔，我們不會歧視黑人，」有個女侍告訴《辛辛那堤》雜誌記者丹‧畢雪夫。「只是，有時候舞廳實在擠進太多人，我們就開始播海灘男孩樂團的歌，通常他們會選擇離開。」在沒有法律隔離約會人士的年代，還是有一些檯面下的手段可以達到相同目的。

6　本名 Harris Glenn Milstead，美國演員、歌手及變裝藝人，Divine 是他的藝名。

「出去約會」：成為一種手段

公私領域之間的界線漸漸消失，或者說，在行動數位科技無所不在的時代，隱私根本不存在。這已經不是什麼新鮮話題。我們拍下食物，跟數千人分享。我們趁約會對象上洗手間的空檔，上推特發表一則笑話。智慧型手機大幅度改變了外出的意義。智慧型手機讓我們得以把整個網際網路裝在口袋裡帶著走，包括所有我們愛的人、曾經愛過的人、可能愛上的人，他們的個人資料都在手邊，一眨眼工夫就能跟他們聯絡上，所以我們其實沒有真正出門或在家。

在此同時，更多原本是約會活動「局外人」的人如今可以公然走出去。男女同志和雙性戀者再也不需要躲著警察。在許多城市的許多地方，過去在公共場合表達濃情蜜意就可能以「行為不軌」罪名遭到逮捕的愛侶們，如今再也不必擔心害怕。

這些都是勝利的果實。只是，那些我們稱為「外面」的地方仍然不屬於所有人。過去幾年來，越來越多跡象顯示，跨性別人士漸漸被一般美國民眾接受，跨性別情侶卻依然經常面臨敵意或暴力威脅。跨性別女子通常會遭受那些被她們吸引的男人攻擊，成為這種吸引力造成的混淆與自我嫌惡下的代罪羔羊。美國許多州法律仍然明文規定「跨性別恐慌」——發現某人的性別不同於你原先想像導致的驚駭反應——屬於正當防衛，可以引用來減輕殺人罪的罪責。美國的跨性別非白人女性的平均壽命大約在 35 歲左右。

外出向來是為了跟別人聚在一起，如此一來，它創造了兩人以上的人際關係，通常也潛藏策略性。我們出去的時候，期待的是驚奇。那份驚奇或許很平常，比如別人打量你的長期伴侶時那份輕微的嫉妒快感。或者是你自己被人打量時的那種愉悅心情。說到底，

約會的人走出去是為了被人辨識，即使被人看出的一面是她自己還不知道的。

當兩個陌生人的視線隔空對上，不管多麼短暫，他們都變成了一組我們。不管這種關係以什麼方式呈現，不管它持續多久，它代表的都是一份對我們的渴望。我們是所有故事的開端，外出的人們也因此打造出全新族群。「出去約會」可以說是一個手段，是一種要求世界認可所有人渴望的權利。

Chapter 4

在約會中實習——
大學校園的重點課程

　　正如同志酒吧給了第一家異性戀單身酒吧靈感，為「同性戀、雙性戀與好奇男性」開發的交友 App 也啟動一場軍備競賽，業者爭相為異性戀人士開發類似程式。2009 年問世的 Grindr 運用定位技術，讓會員得知有哪些會員在他們周遭。它可以告訴你那些人跟你之間的精確距離，也可以讓你們多方同步聊天。到了 2012 年，Tinder 問世，沒多久就變成提供類似功能產品之中最成功的一個。

　　若說每個交友 App 都在重建某些更早期、前數位時代的約會經驗，那麼 Grindr 讓使用者重新體驗地下酒館的刺激感。如同昔日的「性倒錯者」，你可以在萬頭鑽動的酒吧裡四下張望，尋找一點線索。他會不會就是你正在瀏覽的個人檔案上那個除過毛、塑過身的無臉身體的主人？或者那身體藏在那件緊繃的襯衫底下？即使你的手機一口咬定那人就在三公尺外，想到要冒著搞錯對象的危險，主動上前詢問某個陌生人「你是 Sw33tbun 嗎？」，內心不免忐忑不安。

　　然而，使用 Tinder 的外出夜晚，感覺比較像在大學裡，不像在逡巡。

無須承諾的「在一起」文化

　　那些宣告戀愛已死的人經常說，大學裡的「在一起文化」就是謀殺戀愛的頭號嫌犯。一如第一代約會男女發展出來的「請客」與「善心」等術語，「在一起」（hook up）這個詞也將貨物與服務的交換跟親密行為融合一氣。語言學家發現，在非裔美籍人士之間，「hook up」這個詞通常仍然帶有類似「給予」或「安排」的涵義。能借個火嗎？某某人居間安排，幫我們弄到這些後台通行證。可

是在九〇年代，郊區白人小孩開始用它來代表跟異性的接觸。

如同許多俗語，這個詞的力量就在它的語焉不詳。如果有個十多歲少女說她跟班上某個男孩在一起過，那麼她的意思可能是他們倆看電影的時候摟摟抱抱，也可能是他們參加轟趴時在洗手間裡做了愛做的事。我記得自己以前使用這個詞多半是為了有所保留。是啊，我跟他在一起可以委婉地責備對你的週末活動細節打破砂鍋問到底的朋友。

使用「在一起」這個詞讓我們覺得自己像個大人，脫離了接吻而後坦白承認的「真心話大冒險」時期。只是，這句含糊話語也給了那些包打聽大人們想入非非的空間。

知名道德習俗觀察家湯姆・伍爾夫（Tom Wolfe）將他在兩千年出版的文集命名為《在一起》（*Hooking Up*），副題則是《第二個千禧年轉角處的生活面貌》。在他看來，美國已經淪為一個沒有規則可循，也沒有互許承諾的「荒唐狂歡會」，在這樣的國度裡，「在一起」正是絕佳譬喻。他很跟得上潮流。

我們這些當時的美國小女孩也許還記得，新聞記者黛安・索耶（Diane Sawyer）在晨間新聞裡訪問一個小學五年級女生，因為小女生被發現在學校操場販賣「性手環」；或者看過歐普拉（Oprah Winfrey）警告家長們，全美各地的中學生都在開「彩虹派對」。派對名稱的由來是，參加的女孩各自塗上不同顏色的唇彩，然後吸吮那些想收集所有顏色的男孩身上某個你也知道的部位。記得當時我有點納悶，到底歐普拉知不知道吹簫是怎麼回事。我老媽明示暗示地告訴我答案是肯定的，噁心死我了。

「跟妳一樣大的小女生隨隨便便跪下來做那種事，天哪！」她驚呼道。「我以前一直覺得這種事只能等到妳……比方說懷孕八

個月，覺得老公很可憐，才能做的。」謝天謝地，幸好當時我就要離家上大學了。當然，父母的擔憂不會因此終結。

　　等我跟室友搬進新生宿舍，電視螢幕出現一群行為不檢的大學生，讓我們對接下來的生活心裡有個底。電視裡有個叫〈狂野女孩〉的真人實境秀，成群喝得爛醉的女生學聯會成員衝向攝影機，高聲叫嚷著，「我們要狂野！」她們相互親吻，或者排排站露出酥胸，換取〈狂野女孩〉潮帽。MTV 頻道的節目〈春假〉則是秀出無數生龍活虎、身材結實或身穿比基尼的學生們彼此三貼磨蹭。

　　而在電影院裡，電影《美國派》第一集追隨一群高中好友急於破處的胡鬧行為，一路創下票房佳績。在後來的續集中，你看到同一群人上了大學，在夏日海灘小屋重聚，再次放浪形骸。差不多同一個時期，一群某些好萊塢記者冠以「學聯會幫」的演員靠著拍攝像《留級之王》（Van Wilder）和《重返校園》（Old School）之類的噁心喜劇走紅。任何人只要能連上網際網路，就有各式各樣似乎取之不盡的業餘或專業色情片，聲稱可以讓你見識到「真正的大學浪女。」

　　根據《柯夢波丹》之類的雜誌所做調查，第一代看網路色情片長大的孩子進入學校後，急於把他們對肛交、多 P、女女交的了解從理論進展到實務。我記得曾經聽一個女同志朋友抱怨，有太多異性戀女生為了惹旁觀男生輕蔑叫囂，主動親吻其他女孩，結果沒人把她的情意當真。如果妳想證明妳「真的」喜歡女生，就得花一學期的時間，跟學校裡所有女同志上床。

　　那就像青少年性泡沫。你在谷歌的 Ngram Viewer 鍵入「在一起」，就會發現這個詞在第一波科技熱潮時蹦出來。Ngram Viewer是一個搜尋引擎，它會搜尋谷歌資料庫裡的數百萬筆書面資料，然後以圖表顯示某個字或詞的出現頻率。「在一起」現象勢不可擋地

往上攀升，就像房地產和股市的市值，也像違反資本主義基本理論的經濟，奔放沸騰。

有那麼一段時間，孩子們彷彿真的總是得天獨厚。至少那些出現在電視上的中上階級白人小孩是如此。

男大生與女大生，塑造約會的歷史

九〇年代或二千年早期，上學的一般美國人在「性成熟」與「定下來」之間大約有十五年，假設他們確實定下來。從 2010 年起，女性初婚的平均年齡是 27 歲以上，男性則是 29 歲以上，而越來越多人根本沒有結婚的打算。

二十世紀初期中學與大學教育的普及，創造了介於童年與工作和婚姻之間的一段曖昧期。似乎有越來越多千禧世代停留於其中。1910 年都市的高中入學率幾乎百分之百，到了 1930 年，就讀大學的比例比 1900 年成長三倍。高中與大學都延長了心理學家所謂的「初始成年期」。

一個擁有成年人所有自由、卻沒有成年人該負責任的階段，自然而然成為諷刺作品的最佳題材。1912 年的暢銷校園小說《耶魯的斯托弗》（*Stover at Yale*）開心地傳唱一首流行歌曲的副歌：「喔，付錢的是老爸老媽，玩樂的是我！」

然而，上大學並非只是隨心所欲的自我放縱。隨著美國從工業化邁向以消費與服務為導向的社會，大學提供必要的全新訓練。售貨女郎和女侍必須在職場中經營自己，爭取最大的成功機會。二〇年代到三〇年代，一群更好命的年輕人進入校園，去練習同樣的技巧。

　　二十世紀大學興起與男女合校的普遍化，也塑造了約會的歷史。踏進四年制大學、同一個班級的學生們開始以全新方式相遇、相處。他們對求愛的看法也有別於以往：視之為一種學習過程。

　　時至今日，朋友們會再三告訴我們，即使最枯燥乏味的約會、最慘絕人寰的分手過程，都可以教我們些什麼。如今很多男男女女已經揚棄以往婚前性行為伴隨的污名，即使我們不打算跟伴侶結婚，通常也會「突破最後防線」，不必擔心遭到逮捕或受人譴責。只要是為了學習，你什麼界線都願意跨過去。

　　對於那些有幸能在宿舍住上四年的大學生而言，校園生活更是如此。在外界看來，大學求愛模式狀似混亂，人們普遍覺得，大學生約會歷史有多久，這種現象就持續多久。事實上，它只是學校提供的延伸教育。招生手冊上說，最重要的學習往往發生在教室外。很多學生表現得彷彿「出去玩」才是上大學的目的。

　　他們意識到，在大學時期出去玩，會跟他們人生的其他時期──或其他情境──有所不同，這點很正確。由於學校挑選學生的機制，以及學生們生活與讀書的環境相對雷同又可預期，意味著出去玩的體驗會跟到地下酒館或來者不拒的酒吧大異其趣。大學生的玩樂似乎比較安全，即使那份安全感只是幻覺。（根據最近的統計數字，有1/4的女性在大學期間曾經遭受性攻擊。）

　　過去放蕩生活留下的回憶，將來可能會成為上班族的慰藉，幫助他們挨過年復一年的朝九晚五生活。你必須選擇長大，他們若有所思地想。你放縱的青春歲月太過瘋狂，持續不了太久。可是，表面上看起來最無法無天的求愛行為，卻能訓練學生去遵守鉅細靡遺的人生劇本。能不能通曉這些劇本，對他們的愛情影響不大，對日後成就影響比較大。售貨女郎與女侍必須學習調情技巧，才有機

會在職場上出人頭地。那些出身比較好的學生們則可以在校園或學聯會裡慢慢學習。

介於一壘與本壘之間

二千年前後，年輕人無視經濟泡沫化危機，依然故我地狂歡取樂，美國媒體不是第一次為這種現象瞠目結舌。二〇年代，全國性報紙與雜誌大篇幅報導高中與大學生的糜爛性事。「在一起」出現以前，流行的是「撫弄」（petting），而且大家都這麼做。

四〇年代到五〇年代，美國性學權威金賽博士（Alfred Kinsey）將 petting 定義為：「蓄意碰觸腰部以上或以下的身體部位」（以此區別摟抱〔necking〕，或親熱時的一般性軀體碰觸）。如果用棒球術語比喻，撫弄指涉介於一壘與本壘之間的所有行為。

〈媽媽們控訴新潮女孩在撫弄派對上『勾引』她們的兒子〉，1922 年《紐約時報》的標題如是宣稱。享譽全美的老牌雜誌《大西洋月刊》（The Atlantic）和《新共和》（The New Republic）經常刊登有關「狂野年輕世代」的特寫，撰文者也是「當事人之一」。

至少有一群人關注這些事，就是撫弄者的父母。從 1900 年到 1930 年，人口結構的巨幅變遷改變了美國的家庭狀態。出生率從 1800 年開始遞減，到了 1900 年，美國女性的平均生育數只有三個世代前的一半。隨著避孕方法越來越便利，專業人士與經理階層的美國夫妻選擇在生育二到三名子女後喊停。這些人不需要像那些生養九到十個孩子的父母一樣採取嚴厲的管教措施。

家長們盡情寵愛小孩，想方設法去探尋並發展孩子的興趣，以利開創美好人生。市面上對這些新式「訴諸情感」的家庭提供建

言的書籍多不勝數，證實家長們矢志以愛為教養核心。到了三〇年代中期，專業人士家庭裡的婦女有 80% 每年至少閱讀一本育兒書，經理級家庭的婦女則是將近 70%。大多數人讀五本。當爸爸的也開始買這些書，或出席諸如教師會議之類的活動。

這些就是第一代怪獸家長。他們讓孩子受更多教育，讓孩子生活得遠比自己小時候安逸得多。諷刺的是，他們給孩子越多，對孩子的影響力也就越小。真正有影響力的是孩子的同儕。隨著年輕人跟家人相處的時間越來越少，跟彼此相處時間越來越多，他們創造出自己的文化，撫弄就是其中之一。這可以幫助孩子做好準備，迎接一個他們父母因應不及、快速變化的世界。

這個過程從高中開始。二〇年代，美國小孩就讀高中的比例超過 3/4。三〇年代早期，白宮委外進行的一項兒童福利研究顯示，市區孩子平均每星期有四天晚上是跟自己的朋友從事一些不受大人監控的娛樂活動。他們的活動包括約會；欣賞輕歌舞劇或電影；一起吃冰淇淋或喝可樂；參加學校主辦或在同學家地下室臨時舉辦的舞會；或者只是一起擠進車子裡，到處兜兜風。

家長與校方想方設法制定指導方針來規範這些活動。我的祖父本身就是三〇年代的約會青年，他記得曾經有個學校老師告誡他們，如果出門兜風時讓女孩子坐在他們大腿上，那麼兩人之間至少要有一本雜誌隔開。

知名小說家費滋傑羅提出警告，「維多利亞時代的母親們……沒有人想像得到自己的女兒可以多麼若無其事地接受別人親吻。」只要快速翻閱美國作家艾蜜莉・普斯特（Emily Post）的《禮儀》（Etiquette）系列書各個版本的目錄，不難看出變化進展得多麼快。1922 年的版本，有一章節探討「年長女伴與其他常規」；到了 1927 年，

章名改成「消失中的年長女伴和其他新的常規」；到了 1937 年，是「已成絕響的年長女伴與其他消失的常規」。

某些常規的消失，不代表求愛一事人人得而為之。相反地，年輕人集中到校園裡以後，發展出自己的全新規則。同儕壓力取代了父母的管教。

1925 年法官班傑明‧林齊（Benjamin Lindsey）發現年輕人的心態在改變，也設法讓外界明白。林齊在丹佛法院青少年法庭服務幾十年。他在《現代青少年的叛逆》（*The Revolt of Modern Youth*）裡描述的許多案例，都是從變調的約會開始。譬如 15 歲的海倫，她約了朋友的朋友某天下午來學校接她，要搭他的新車去兜風。她清楚告訴對方，她不會「跟他做愛」，但可以給他一個吻。

「這樣很公道，」她作證時說。後來海倫的校長阻撓了這場約會，還檢舉那個開車的年輕人意圖走私白人奴隸。可是林齊法官對「校長所處的那個顛倒錯亂的古怪世界裡激烈、嚴峻、自我否認的常規」感到無比詫異。無數案例告訴他，海倫其實走在時代趨勢裡。「那些參加派對、舞會或搭車兜風的年輕人之中，90% 都會親親抱抱。」林齊說。「這不代表所有女孩都願意讓任何男孩抱她親她，而是她確實被親了被抱了。」

林齊的結論是，等到高中生涯接近尾聲，那些一開始可以接受親親抱抱的人，大約有 15% 到 25% 會「突破最後防線」。男生的比例跟十九世紀末相去不遠。只不過，過去大多數中產階級男生說，他們的初次性行為發生在紅燈區，如今他們在約會時撫弄女同學。雖然「好女孩」會堅持底線，但對於男方提出的要求，她們不再有受辱的感覺。

鑑於這些事實，林齊表示，家長和教育者都應該揚棄他們那

些「一文不值的道德觀」，敞開心胸跟孩子溝通。然而，真正出人意表的是，學校本身就構成某種性教育。男女生在校園裡的相處模式，以及下課後發展出的約會文化，變成他們在校園學習的重點課程。在學校這把保護傘底下，學生願意去冒那些過去只有「善心女孩」敢於在三流酒吧或木棧步道上冒的風險。等上大學，他們就會轉進同儕的世界裡，全天候學習那些儀式規矩。

女大生大膽追愛

大學男女合校的新潮流讓約會活動蓬勃發展。從 1890 年到1920 年，美國大學生人數三倍成長。到了 1927 年，大多數大學都變成男女合校。美國人向來注重自我提升，喜歡接受高等教育，男女合校更增添一股性吸引力。二○年代到三○年代之間，大眾媒體與娛樂事業的發展，助長了這波大學風。新一代的廣告業運用衣著光鮮的學生影像促銷新產品。新的服裝品牌將流行服飾定調為「大學風格」。許多小說或非小說作家教導廣大群眾如何模仿大學校園的求愛模式。他們創造出兩種原型性格：男大生與女大生。

部分道學家企圖用舊時代標準套住男女大學生。校園基督教青年會、女青年會和教會定期舉辦「聯誼活動」。學校主任們敦促男生到女生宿舍會客室拜訪女同學，或帶她們出去散步。只是，就連頑固的傳統人士也得承認，他們在打一場大勢已去的戰爭。

男女大生無拘無束地交往，在 1922 年出版的短篇小說集《大學城》開頭幾頁裡，來自鄉下的彼得‧渥修進入一所不知名州立大學，成了新鮮人。他整個人怔住了。

來來去去的學生教人頭暈目眩。披著毛皮大衣的女生臉頰抹

了腮紅；男生戴牛角框眼鏡；一兩個老師拿著綠色提袋，行色匆匆走過去；一群群中國學生；兩名有色人種女孩，腳步躊躇，刻意低調；情侶雙雙對對漫步走過去，開心地張望，尋找熟面孔。這個突然闖進大學叢林的鄉下學生必須習慣跟比老家多更多的同學互動，他還得精通一套新奇古怪的語言。

男女大學生脫口而出的流行語汰舊換新速度驚人。校園小說裡大量穿插流行用語。年輕時代的費滋傑羅在他的暢銷處女作《塵世樂園》（*This Side of Paradise*）裡不停提供定義。

快速翻閱〈吾家靚女〉（popular daughter，或稱 P.D.）章節，會有一串解釋名詞像骨牌似地嘩啦啦落下。「過去的『美人兒』變成了『調情女』，」費滋傑羅寫道。「『調情女』又讓位給『小妖精』。」跟這些女孩旗鼓相當的男性，就是「情場高手」。

即使你進大學以前已經有過性經驗，通曉校園流行語也是高等教育很重要的一環。《大學城》裡的明星安迪·普羅特洛是「一所州立大學裡的 A 伽情場高手，這所學校裡的所有活動都有競賽性質。」「安迪14歲初吻，16歲時他已經能夠給她們『愛愛』。」可是，他進州立大學的第一年發展出「新台詞」，「他學會用『撫弄』取代『愛愛』，用『大驚小怪』取代『拖拖拉拉』。」他也學會適當裝扮，「一點小鬍子、貝殼框眼鏡、緊身衣褲、灰色外套和絲質手套。」

安迪是「學聯會員」，即男大生學聯會成員，所有值得被女生看上的男大生都是。漂亮的女大生可以靠容貌提升社會地位，可是那些「野蠻人」，也就是非學聯會成員，運氣可就沒那麼好了。

二〇年代，學聯會是校園生活的重心。這個組織在幾十年間迅速擴展，男女學聯會成了大學約會的起點。若說男大生的生活以學

聯會社區為核心，那麼女大生的生活就繞著住在那裡的男大生轉，至少那些男大生畢業後寫的書裡都這麼說。在這方面，女大生跟她的前輩們大不相同。1870 年到 1880 年間，進入大學的第一批美國女生讓學者專家憂心忡忡，擔心高等教育會讓這些女生的性別特質趨於模糊。（比方說，心理學家史丹利・霍爾〔G. Stanley Hall〕就提出警告，取得學士學位會讓這些女生遭到「功能性去勢」。）

這些女大生中有很多人確實維持單身。1889 年到 1908 年之間在布林茅爾女子學院受教育的學生之中，53% 終生未嫁，而在衛斯理學院或密西根大學，這個數字分別是 43% 和 47%。這些女性或許根本不在意。像曼荷蓮女子學院這類的學校向來被稱為「培養特別深厚友誼的溫床」，校園裡的女學生彼此「一見鍾情」，在宿舍房間裡「擠壓」，也就是擁抱和親吻。不過，很多新一代的女大生似乎有別的興趣。

在《大學城》裡，獨身的女訓導長敏銳地察覺出這些差異。「她們衣著粗俗、口無遮攔、抽菸、跳舞，她們讀的書、看的表演，簡直是瘋狂的性別混亂！」年輕女子不再需要在男人和求學之間做選擇。女大生將大膽追愛當成學業重心，藉此反抗傳統。約會主宰了社交生活。由於男女生人數比例懸殊，大約五～六比一，她每星期可以跟三四個不同的男大生出去。

有車的男大生：舞會、酒吧、性

大學生的約會是什麼模樣？一開始可能是開車兜風。密西根大學教授羅伯・安傑爾（Robert Cooley Angell）1928 年出版《大學校園》（*The Campus*），他說，「汽車對兩性關係的影響」不容小覷。

　　「擁有車輛的情侶毫不費力就得到絕對隱私空間，配合月光下高速行駛帶來的不顧後果與自我放縱，共同打破傳統的藩籬。」他嗤之以鼻地說。「俗稱的『撫弄』其實是通則，而非例外。」

　　有車的男大生通常會帶女大生去某個地方。A 伽情場高手安迪用他的「低底盤跑車」帶女孩子到歐爾夫輕歌舞劇院，是《大學城》裡最熱門的約會地點。男女大學生觀看表演有時會涉及淫穢。在劇院裡，衣著暴露的售貨女郎、上空的「埃及」女舞者與浪蕩妖姬以緊湊的步調輪流登台，台下的男性觀眾則是尖嘯著「好樣的！」或「騷娘兒們！」

　　表演結束後，男大生會帶女大生去吃或喝點東西。安迪偏好的「足球小酒館」叫 You'll Come Inn。酒館位在地下室，有木桌、隔間包廂和羊皮紙色的燈光。兩杯巧克力麥芽酒要價五十分。安迪有個天真的約會對象去那裡「興奮極了」，但她更為老練的同學們幾乎沒注意到那裡的食物或爵士樂。只要那個緊迫盯人的經理走到別處，「包廂裡一對對男女就會上下其手。」經理之所以高度戒備，是擔心學院院長的一紙布告毀了他的生意。

　　男女大學生最重要的約會活動是舞會。學聯會經常主辦正式舞會，時間點通常選在運動賽事期間。安傑爾教授估計，在二〇年代的密西根大學，每年大約有三百場舞會。不論在男女合校或單一性別校園，學生都會邀請「校外人士」觀看足球賽、參加比賽期間的舞會。比起其他活動，這些舞會讓大學約會規則更為純化、更為生動。

　　第一條規則是，性是不足為外人道的私人祕密。過去的求愛活動都在父母的監督下進行，如今約會完全走出大人的監控範圍。男大生進入舞會現場時，會先遇到「年長女伴」，因為大學內部章

程規定他們必須在場。不過，學聯會主辦人都練就了轉移他們注意力的功夫。在彼得‧馬克 1924 年出版的小說《虛假的年代》（*The Plastic Age*）裡，主角休‧卡佛第一次參加學聯會舞會，就知道他們是怎麼辦到的。「六個人奉派將年長女伴帶到圖書館，想盡辦法哄她們開心。」

第二，學聯會舞會激化同儕之間的競爭。男女雙方都竭盡心力讓自己變成「高人氣」的約會對象。通過年長女伴那關之後，男大生走向擁擠舞池邊，跟其他男生站在一起，等待機會攔截，也就是把女大生從她舞伴身邊搶過來。這種制度進一步說明求愛本身就是一種競爭。即使男大生自行攜伴到場，他也做好心理準備，哥兒們會輪流跟她跳舞。事實上，如果你帶的女伴一整晚邀舞不斷，代表你行情夠好，吃得開。至於那些想讓邀約她的男士另眼相看的女大生，最佳策略就是努力跟更多人拋媚眼。如此也能提升她在女同儕之間的地位。在《大學城》裡，憤世嫉俗的虛榮女愛倫‧普利切特尋思道，「男人只是手套，人們拿它來打女孩子臉。女人的對手是女人。」

最後，大學舞會擺脫不了性。你的性徵是在這個競技場遊玩時投注的通貨，而在這個地方，把金錢用在衣飾、鮮花、汽車和門票上，讓年輕人可以無所顧忌地消費彼此。

九〇年代的孩子在嘻哈音樂中互相「磨蹭」，我父母過去經常被這種現象嚇壞。同樣地，二〇年代的成年人擔心，在爵士樂中跳舞容易讓年輕人血脈賁張。他們憂愁地訴說「擦鈕釦」（男孩跳舞時跟女孩靠得太近，像要用女孩的洋裝擦亮自己西裝或襯衫鈕釦）、「嚼煎餅」（跳舞時故意緊貼舞伴，正如有個年輕女孩對林齊法官所說，「想體驗那份快感。」），還有「依偎的幼犬」（別問）。如同不滿嘻哈音樂的人，那些認為「爵

士糟糕透頂」的人，發出的怨言通常帶有種族偏見色彩。

「有人聲稱男女青少年即使貼身相擁」——四肢交纏、軀幹貼合——「也不會有任何不良後果，根本胡扯。」《婦女家庭雜誌》一篇社論說。「保持這個姿勢，再加上一點扭動，搭配可憎的爵士樂隊演奏著那帶有巫毒魔法的小調引發的感官刺激，以及它對感覺中樞的直接衝擊，如果你相信青少年在這種情況下絲毫不受影響，那麼上帝保佑你的孩子。」

在大量酒精作用下，舞會讓孩子們放膽撫弄，或更進一步。在《虛假的年代》裡，休·卡佛第一次參加派對，發現竟有那麼多校外女生已經爛醉如泥，震驚不已。他第一個搶到的舞伴「滿嘴威士忌酒味」。另一個跳舞的時候整個人掛在他身上，悄聲對他說，「小子，把我扶好，我醉了。」他還得趕忙帶另一個女孩到花園，好讓她嘔吐。其他的學聯會男大生也好不到哪兒去。「很多哥兒們在瘋顛笑鬧；也有人喝太多，反胃作嘔；另一個哭個沒停。」當卡佛搶來的第一個舞伴引誘他，口齒不清地說，「我……我們來撫弄。」然後一嘴親下來，他嚇得拔腿就跑。他離開的時候，快步衝進一個朋友的房間，幫某個年長女伴拿不慎遺落在那裡的圍巾，卻撞見兩個陌生人在嘿休。

卡佛對這些場景的描述告訴我們，紳士不會趁女大生沒有行為能力的時候占她便宜。天曉得真實世界裡，有多少男大生會遵守這條規則？到《虛假的年代》結尾，就連自命清高的卡佛也同流合污。他聽從朋友的建議，在畢業舞會前買了烈酒，先跟女朋友辛西亞一起喝茫。到了午夜，「他滿腦子只想著辛西亞的肉體。」當辛西亞要求他「帶……帶我到別地方去。」他帶她到一個離派對地點最近的老古板朋友的宿舍房間。彷彿天降神兵，他朋友提早結束度

假返回，發現他們在他房間地毯上撫弄。由於這個意外插曲，這對情侶才沒有「突破最後防線」。卡佛和女友都對自己當晚的荒腔走板行為感到尷尬，在卡佛畢業前夕分手。

大學生的自由解禁

　　大學生胡鬧由來已久。1752 年，耶魯大學校長湯瑪斯‧克列普開除一名學生，理由是「罄竹難書的滋事與無禮罪行」。那個年輕人喝了啤酒，大發酒瘋又叫又跳，破壞指導老師研究室牆壁，最糟的是，竟說他不在乎學校要不要開除他。可是到了二十世紀，大學開始招收女生，人們心目中對大學校園裡「可被接受行為」的認定有了重大改變。漸漸地，那些師長或管教人員開始放棄監督角色，讓孩子們去摸索出自己的制度。

　　法界長期以來抱持的觀點是，大學校方有權代替家長管教孩子。理由是，學生自願註冊進入大學，或未滿十八歲者由監護人代為註冊，他就放棄了很多自由。1928 年，紐約高等法院支持雪城大學開除一名女學生的決定，因為該生行為表現「不像典型的雪大學生」。然而，六〇年代，接連幾個案例讓代替父母行使管教權現象走入歷史。那十年之間法官們主張，大學校方如果未經正當程序，不得開除學生。隨著越來越多大學生積極參與各種公民權抗議活動，法院也悍衛學生們的言論自由和校園集會自由。

　　這些決定對於大學生如何處理男女感情有重大涵義。直到六〇年代或七〇年代，無論是男女合校與否，大學的「住宿規章」向來嚴格規範男女學生的互動。不過，從六〇年代末期開始，學校陸續取消這些規定，而且越來越多宿舍男女兼收。

到了二十世紀，企業大學與得不到補助款的州立大學對學生的私人生活幾乎放任不管。這套新的理念認為，學生是顧客，顧客永遠是對的。但願如此。從七〇年起，私立學校學費調漲的速度幾乎是一般通貨膨脹率的三倍，公立學校也超過兩倍。繳了那麼高額的學費，找點樂子應該很說得過去。

於是，身為大學生，你的自由沒有上限。如果有人提起那次你跟學生議會主席在洗衣中心做愛，事後不小心發電郵給校刊全體工作人員，你只要聳聳肩就好了。那麼你跟三個朋友光天化日之下在 U-Haul 卡車上親熱的事呢？這就是大學生活呀！

到了公元兩千年，媒體越來越多有關大學生雜交的報導，引起大學裡社會學者與行政人員的關切。從 2005 年以來，多位學者展開大規模社會科學調查，意在探討大學生如何「在一起」，以及他們對此觀感為何。正如 1920 年的林齊法官，他們發現現代青年的反叛並沒有造成混亂，相反地，這股叛逆衍生出一套全新規範，在同儕之間嚴格執行。

旁觀者或許會感到驚訝的是，2000 年到 2010 年之間，大學生發生性行為的次數反倒比八〇年代或九〇年代的前輩來得少，如果他同意他們的定義，認為性行為指的是性器官交媾。（我們這些在柯林頓執政期間長大的孩子，從我們的總統那裡學到，交媾以外的活動無論多麼親密，都不構成「性關係」。）由疾病控制中心所做的代表性研究則發現，過去二十年來，青少年性交次數事實上大幅減少。

紐約大學的社會學家寶拉・茵格蘭（Paula England）對「在一起」文化做了一次史上最詳盡的研究。她發現，學生從入學到畢業這段期間「在一起」次數的調查結果，往往會因為那些格外貞節或格外放蕩的學生而出現偏差。然而，大四學生的中間值是四到七次，實

在不是什麼令人咋舌的數字，尤其當你考慮到這些次數之中，只有40%會進展到性交。再者，學生們的交往也未必都是「隨機行動」。

學者們縮小調查範圍，只以那些目前沒有男女朋友的學生為對象。這個群組裡只有50%上一次「在一起」的對象是以前沒交往過的人，其中20%對象曾經在一起「十次或更多次」，也就是「回鍋」或「連續在一起」，換句話說，就是「砲友」。大學生跟陌生對象「在一起」的比例只有不到15%。

總括來說，這一代的年輕人，一生中的性伴侶有可能比他們的父母多，因為他們結婚較晚。可是，調查並沒有發現學生雜交現象日趨嚴重。

深究「在一起」文化

在「在一起」的年代裡，學生性生活最顯著的改變不在他們從事哪一種性行為多少次，而在社會學家所稱的「性愛劇本」。也就是人們覺得自己可以扮演的角色，以及他們認為那些角色具有什麼涵義。

社會學家凱薩琳・柏格爾（Kathleen Bogle）曾在美國東岸鎖定一所一般大學與一所天主教大學，進行一項有關「在一起」文化的研究。

她說，「約會劇本」已經被代換掉了。更正確地說，它整個被翻轉過來。接受調查的學生們不再出去正式約會，而是在大型兩性交誼場合中彼此「相處」或「玩樂」。研究對象說，如果某兩個學生彼此有意，他們就會「放電」。如果對方給回應，他們就「在一起」：在派對現場、回到宿舍房間、或二者之間某個地點。如果

連續多次「在一起」有了感情，就必須「談一談」或「釐清關係」，免得情況越來越「詭異」。

從二〇年代到至少六〇年代，外界通常認為，連續多次約會之後必然進展到親密關係與情感的確認，現代學生則傾向於把性活動放在第一位。如果你希望「在一起」可以有某種「後續」，最好別說出來。所以，「在一起」的決定要素便是情感態度。加州西方學院的麗莎・韋德（Lisa Wade）與卡洛琳・海爾德曼（Caroline Heldman）將之形容為「不只是偶然」。學生們「在一起」之後，覺得自己必須表現得很淡然。

調查數千名學生「在一起」文化的教授多娜・弗芮塔絲（Donna Freitas）表示贊同。「『在一起』文化教導學生，要有親密的性行為，情感就得放空，所以當他們準備享受性愛的時候，也得排除自己的感覺。」

這種劇本的翻轉激發兩個主要反應。

某些作家對「在一起」文化的解讀是，對婚姻與單一配偶制的排斥受到誤導。

蘇珊・佩頓（Susan Patton）便抱持這種見解，而且是最悲觀的那種。佩頓更為人知的稱號是「普林斯頓媽咪」，2013年春天她在《普林斯頓人日報》（The Daily Princetonian）發表一封公開信，一夕之間變成網路名人。她撰寫公開信是為了給她的假想女兒一點忠告。她的建議是，頂尖教育機構裡的女大生應該把大多數時間用來找結婚對象。

「妳們再也不會有機會碰到這麼多值得嫁的人。」佩頓如此告誡她想像中的女兒們。接下來她參加了一場又一場的電視節目，一年之後出版了一本叫《嫁個好對象》（Marry Smart）的書。

　　一如預期，《嫁個好對象》強調，「在一起」絕對不是找老公的方法。佩頓不否認誰也沒辦法勝過「比花生醬三明治更容易到手的女人」或「比洗衣機滾筒更常在你身邊打轉的女人」。好消息是，「值得嫁」的男人也不想娶這種女人。因此，妳最好當個「在一起」文化的旁觀者。

　　其他作家持相反觀點。他們說「在一起」文化是女權運動的勝利，如果女大生追求的不只是「人妻文憑」，那麼她們更該參與其中。《大西洋月刊》撰稿人漢娜·蘿辛（Hanna Rosin）在她的著作《男性的末日》（The End of Men）裡宣稱，過去十年來女性之所以能在教育與專業領域上表現比男性同儕更傑出，「在一起」文化正是其中最重要的因素。在〈鐵石心腸〉章節裡，蘿辛讚揚「在一起」文化讓企圖心旺盛的年輕女性得以甩開性的包袱，不會把時間花在可能損及她們職業前景的關係上。

　　同樣在 2013 年，《紐約時報》刊出一篇引起熱烈討論的文章，報導賓西法尼亞州大學的女學生用明確的經濟與企業術語為她們的愛情生活做辯解。撰稿記者凱特·泰勒的受訪者說，她有空時會跟某個不是約會對象的朋友上床，因為「在一起」是一種「低風險低成本的投資」，根據「成本效益」分析，她覺得這樣很合理。「我在大學裡為自己設定這樣的立場，防止自己談有意義的戀愛。」

　　只是，這種務實態度卻留下許多沒有處理的問題。

　　我們仍然不清楚，蘿辛與泰勒描繪的那些解放後的女性，將來如何從鐵石心腸的「在一起」接軌到真心實意的戀愛關係，因為幾乎每個人都說她們最終還是想要談那樣的戀愛。求愛能不能變成像「性愛大風吹」遊戲，有人在妳 30 歲時關掉音樂，妳就得嫁給躺在妳身邊的任何人？親密感不需要練習嗎？就算妳不屬於絕大多

數（超過 80%）有結婚打算的千禧世代，蘿辛描述的那種「在一起」文化——要求自己抗拒情感的拉扯，以便專注在專業發展上——終究會有代價。

年輕女性究竟該如何在「在一起」文化中自處，佩頓和蘿辛的看法背道而馳。儘管如此，她們的確有一點共識：兩人好像都漠視愉悅本身的價值，也不認為只要做法得當，年輕人可以藉由「在一起」探索自己性向。

佩頓曾經在全國電視節目裡反駁約會強暴存在的事實，她也強調，性教育應該留給家長或神職人員（必要時可以請示谷歌大神）。她好像只是為了語不驚人死不休，所以不需要當真。蘿辛和《紐約時報》陣營理性得多，只是，他們好像也在告訴女性讀者，如果享受自己的性能力與情愛會浪費寶貴時間，那麼最好別那麼做。

如果妳能跟男人並駕齊驅，又何必苦苦找個男人來養妳。她們的報導裡那些女性經常說自己「像個男人」。她們看起來更像是設計來做沒完沒了的工作、全天候運轉的機器。

人氣與約會情結

怒吼的二〇年代，那些從大學畢業、變成建言專欄的撰文者與編輯，把自己在學校學到的心態推廣給社會大眾。大學教導他們把約會當成娛樂，運用你的性格與性吸引力，從同儕之間獲得想要的關注與歡笑。他們很幸運，可以在富足的年代約會，有錢父母給孩子買車或付學聯會會費毫不手軟。此外，學生們也很容易找到兼差工作，除了支付那些會引起父母關切的額外開銷，也可以經常買買新衣和鮮花、跳舞看電影、巧克力麥芽酒和烈酒。

　　「比起撲克牌局裡最膿包的賭徒，校園情場高手的揮霍對大學生的零用錢荷包傷害更大。」1921 年伊利諾大學的克拉克院長開了這個玩笑。十年後，即使上得起四年制大學的年輕人都經不起揮霍。於是人們關注的重點轉移了。大學裡的約會規則依然循著當年舞會裡男生排排站等插隊的精神，亦即競爭原則。只是，有別於二〇年代約會男女沉迷的那種外顯消費行為，大蕭條時代男女大學生的競爭在於約會這種通貨本身。

　　三〇年代的建言書籍滿載祕訣，告訴你如何利用約會來提升人氣，反之亦然。雖然你沒辦法到足球酒館花大錢，也不能每兩個星期採買一次新潮時裝，但成為一名受歡迎的約會對象卻可以帶給你聲望，也算安慰獎。經濟情況不容許情侶定下來，很多約會男女因此只好繼續享受約會時光。

　　整個三〇年代裡，報紙與婦女雜誌唱起一曲又一曲輓歌，因為「能嫁的男人」寥寥可數。幾乎沒有男人賺得到足以養家活口的收入。1928 年到 1932 年之間，18 歲到 35 歲結婚的女性人數比前一個五年減少將近 20%。學生們的作為很類似如今的千禧世代，不停約會是累積自己身價的方法，因此，即使約會演變成穩定關係的機會越來越渺茫，約會的競爭卻是更為激烈。

　　校園裡的教授們開始觀察到學生的這些行為。1937 年學者威勒德・渥勒（Willard Waller）重拾一句二〇年代的俚語加以闡釋，變成學術理論。他說，校園裡的求愛模式被「人氣與約會情結」操控。

　　渥勒博士則對約會的看法原本就不樂觀。他在三〇年代早期進入賓西法尼亞州立大學任教，當時他剛離婚，對學生欠缺求知熱忱的表現很是失望。等他把注意力轉向他感興趣的現象時，看見的情景卻令他憂心。

　　渥勒發現，他教的學生多半是中產階級白人小孩，他覺得這些年輕人很有理由晚婚。這些孩子進大學是為了追求「社會流動」，對他們而言，真心墜入情網會是一場災難，因為結婚的後果通常是退學。為了不浪費投資，他們必須等到畢業、找到工作。這樣很合理。可是渥勒覺得，這種不以結婚為前提的新式約會，已經扭曲了求愛活動的功能。

　　「跳舞、撫弄、擁抱、汽車、遊樂園和各式各樣的習俗和慣例，允許或助長追求感官刺激的行為。」渥勒寫道。「原本該用來利益世界的精力，都消耗在興奮感上面。」

　　約會把原本該用來組成全新配偶與家庭的資源，都轉移來追求輕佻的娛樂，因而發展出「相互利用的關係」。尤其，求愛禮節的快速變遷造成的困惑，讓年輕人得以取巧，占彼此便宜。「在舊時代的道德觀裡，一個吻有它的涵義，告白也不是毫無根據，連續幾個週日夜晚的約會更代表某種意義。」渥勒寫道。「在新的道德觀念裡，這些事可能不具任何意義……如此一來，約會男女之中或許就會有某個人為了興奮感剝削另一個人。」

　　過去世代的改革派社會學家們關注的焦點放在約會為女性帶來的危險，渥勒與他們不同，他認為約會對男女雙方的道德觀都造成傷害。「當女人利用男人時，通常是為了禮物和高消費娛樂，也就是普遍可見的『淘金行為』。男性剝削者追求的則是女性身體帶給他們的快感。快感需要用金錢換取——通常是男性的金錢——往往會為男女關係帶來強烈的猜疑與敵意。」

　　某方面來說，渥勒表達的是從善心女孩時代以來持續讓約會污名化的「賣淫焦慮」。女大生並沒有真正用性換取金錢。不過，偶爾她確實也會接受自己不是很喜歡的男性邀約。她喜歡的不只是

男方提供的雞尾酒與電影票，還用約會買名望，再用來獲取更多約會。另外，男生則盡可能享受肉體的「快感」。正如股票市場，「人氣與約會情結」是一場信心遊戲，男女雙方各自遵循不同的規則。

「年輕男子的約會行情，就看他在校園風雲排行榜的位置。」渥勒說。「為了得到Ａ級評價，他們必須是比較優質的學聯會成員；在各項活動中都有傑出表現；有許多可支配金錢、衣著體面、『流暢』的舉止與儀表、健美身材、高超舞技、有汽車可用……女生方面講究的則是漂亮衣裳、柔美曲線、舞跳得好、約會行程滿檔。」

你必須有人氣，才有約會，只有靠約會，你才能有人氣。然而，為了維持高檔行情，還得顯得稀有。為了衝人氣，女孩子最重要的任務就是讓大家知道妳人氣很高。

「只有這個地方，沒有什麼比成功更能換來成功。」

「在一起」提供的是什麼？

瑪格麗特・米德（Margaret Mead）也認為，大學校園裡的約會活動並不適合創造幸福婚姻與快樂家庭。二○年到三○年，米德都在南太平洋，正好有機會觀察到迥異文化裡的求愛與婚配行為。她的著作《薩摩亞成年禮》（*Coming of Age in Samoa*）非常暢銷，讓她變成世界知名的人類學家。1946 年，史丹福大學邀請她以美國求愛行為為題講授一系列課程，她帶來了十分獨特的觀點。米德跟渥德一樣，覺得約會「基本上是一種競爭活動。」然而，她卻不認為這讓約會淪為喪失功能的求愛方式。相反地，她說約會跟求愛不相干，因為美國人沒有求愛行為。

「渴望約會的男孩，渴望的其實不是女孩子，」米德在以授

課內容集結而成的《男與女》（*Male and Female*）裡寫道。「他只想置身某種情境，主要在公共場合，可以讓別人看見他跟女孩在一起，而且是夠正的女孩，會打扮，也懂得聆聽。」米德說，約會教導年輕人把彼此視為身分地位的象徵。男孩任何時候都想得到想要的女孩，因為他相信她可以改善他的形象，繼而提升他的價值。「他帶女孩出去，就像開著新車出去一樣，只是更不帶感情，因為車子永遠是他的，而女孩只有當天晚上屬於他。」

也許女方預期自己會先收到好人卡：問題不在你。米德說，撫弄甚至與性無關。年輕人為了跟彼此競爭，學會「假裝隨時可以上床」。你的皮膚、四肢、頭髮和笑聲都是在競賽中的籌碼。獎品不是愛情，而是人氣。大學生從約會學到的最重要一堂課是：學會消費，學會正確地展現自己。正確的穿著打扮；構思有趣的約會活動；在對的時候開適當的玩笑。這些練習與其說是為了求愛，不如說是為求職。

大學也漸漸把優先順序轉向這方面。二十世紀初美國大學開始改變，在提倡「做中學」的美國哲學家兼教育家約翰‧杜威（John Dewey）這類人物影響下，行政人員准許、甚至鼓勵學生發展自己的社團組織。除了學聯會，校園社團活動如雨後春筍般出現，從學生刊物與劇團到校際運動隊伍。這些社團也跟抬高人氣與約會一樣，有助於訓練學生日後在性質類似的企業裡順利發展。

耶魯大學英語系教授亨利‧坎比（Henry Seidel Canby）寫道，「如果判定所有與智力發展無關的活動都是浪費時間，未免流於迂腐守舊。」坎比說，耶魯「每年都教出數以百計的『優秀搗蛋鬼』。」

一如衝人氣、約會與學聯會文化，當代「在一起」行為將學

生分門別類。在《嫁個好對象》裡，普林斯頓媽咪對約會採取直言不諱的菁英理論。她告訴年輕女性，除了普林斯頓，沒有別的地方能找到「值得嫁的人」。所有相關社會科學數據都顯示，「在一起」文化參與者幾乎清一色都是中上階級異性戀白種人。實際情況並不如《大西洋月刊》或《紐約時報》所說的那般普遍。麗莎‧韋德研究發現，非裔美籍人士長期以來背負性慾強烈的刻板印象，而且為此受到懲罰，因此非裔美籍學生遠比白人同儕更不可能參與這些活動。通勤族與打工族也沒有時間或可支配的金錢去參加派對。同性戀學生迴避學聯會有自己的理由。此外，儘管外界向來認為同志比異性戀更有雜交傾向，社會學家、校園輔導老師與心理學家都表示，事實並非如此。事實上，同性戀學生通常更清楚自己想從情感關係中獲得什麼，也更懂得提出要求，通常包括克制性慾。

　　媒體為什麼特別關注「在一起」現象？某種層面上答案很明顯，售貨女郎都能回答你：性有利行銷。寫這些文章和讀這些文章的人多半都是中上階級白人異性戀者，這些人能夠決定某種現象可以被視為「主流」文化，即使那種現象只是例外。另一個層面上，有關「在一起」現象的報導傳達一個概念：時時經營、冷漠地利用他人，就會被人喜愛、會有魅力。

　　「在一起」提供的是什麼樣的教育？那些畢業後繼續追求「在一起」的人後來都怎麼了？我們從中取得的經驗能不能讓我們得到夢幻職位？或者「在一起」只是讓我們累積更多等同於助學貸款的感情債？

　　年輕人不免懷念大學時期那種無窮無盡的性愛機會，而 Tinder 這樣的 App 正是提供給散居各大城市的他們這樣的假象。使用者平均每天登入十次。只是，它的媒合效能卻不是那麼地強大。正如

人們說自己在「玩」Tinder，對他們來說，它更像一種電玩。它最有價值的服務恐怕是，當你想到外面有單身對象願意把你滑向「右邊」[7]，想到外面某個地方有個人願意考慮跟你「在一起」，你的腦內啡便會分泌，帶來快感。

有個住洛杉磯的朋友坦承，他玩 Tinder 主要是在為了消磨通勤時間。「比如在車上……還有蹲馬桶的時候。」他欲言又止地說。他上了癮似地玩了十八個月，期間總共出去約會三次。然而，這個程式給他信心，讓他相信總有一天能找到他的線上灰姑娘。獨自心滿意足地坐著，褲子堆在腳踝；或一邊找機會，一邊為科技產業創造免費收入：或許這才是「在一起」自始至終教導我們的。

米德觀察美國的求愛行為，發現這些融合了求愛與競爭的產物，傳達給年輕人的是極度混淆的訊息。美國說，女孩，勇敢去吧！努力贏取越多約會越好。跟他們出去，盡情撫弄！不過，萬一妳真的屈服於撫弄在妳男伴體內勾起的衝動，那麼上帝祝福妳。這種思維假設所有血性男孩都想「更進一步」。它並不認為，女孩子被親吻時一顆心小鹿亂撞，可能也想盜進下一「壘」。換句話說，它沒有教導女性去了解自己的慾望，更別提表達出來。

三〇年代，性被視為女孩會損失的東西。好女孩盡可能給得越少越好。然後，一旦結了婚，美國態度一百八十度轉變。它說，年輕妻子不但要有性生活，而且要很多，她應該享受性。如果妳不像妳丈夫一樣喜愛性生活，妳的婚姻可能會「失調」。

米德發現，拉抬人氣和頻頻約會對培養長期伴侶關係幫助不大。現代的「在一起」也不行。若說撫弄只是讓好女孩覺得自己意

7　交友 APP 的功能，將有興趣的對象檔案滑向右邊，代表正面回應；滑向左邊，代表沒興趣。

志不堅定，毫無愉悅感，「在一起」也一樣教導人們如此看待自己的感受。「在一起」可以指涉幾乎任何活動，意味著它的顯著特質並不是某一類特別的性活動。所有被稱為「在一起」的親密行為只有一個共同點：參與者不應該在意，也不該對另一個人懷有期待。「在一起」就是不做承諾。所以我們才可以用很奇怪的方式跟某個我們「在一起」幾個月的人分手，不必多做解釋。

　　這個時代告訴大學生，他們必須不停適應新環境，做好準備，迎接一個什麼都靠不住的經濟局面。難怪他們會有這樣的愛情觀，難怪很多人畢業後依然故我，「在一起」教給我們當代經濟需要的適應力。

　　今天，千禧世代同一份工作平均不會做超過三年，超過 30%的勞動人口自由接案。「在一起」給了你在這種環境生存的鐵石心腸。如同傳播理論學位，它讓你什麼都能做，卻不特別會做什麼。

Chapter 5

彼此認定

美劇《歡樂單身派對》（Seinfeld）總共播出九季，傑利‧聖菲德（Jerry Seinfeld）飾演的角色前前後後交過 66 個女友，個個都有問題。這些女生姿色不凡，夠資格出現在電視聯播網上，卻也都有致命缺點，這也變成重點話題。

「雙面人」、「笑聲太大」——在沒有任何重點的那一集裡，任何芝麻綠豆小事都能變成分手的理由。在某一集，傑利想像交往中的金髮女友肚臍會發出某種哈囉囉囉的聲音，經常以真假音哼唱模仿。女友火冒三丈，要求他停止，否則分手。傑利選擇分手。有何不可？他好像認為，像他這樣有正當職業的紐約男人，從來不必擔心把不到妹。就像那個又禿又胖、諸事不順的喬治‧康斯坦扎，不也經常找到願意跟他嘿休的美眉？

「那是當然，」我提起這件事時，有個朋友不屑地說。「九〇年代的喬治，就等於如今的啤酒肚潮男。這種人經常有飯可炒。」只是，傑利或喬治這麼做，是基於對性愛本身的強烈渴望嗎？其實他們的放蕩行為主要是為了創造故事，這樣一來，戲才演得下去。

情境喜劇的構成中，約會可以為某種本質上必然重複的模式帶來新鮮感。任何一段戀情都不可以太認真，以免掩蓋了全劇的前提。傑利和伊蓮在《歡樂單身派對》開播前就約過會，這沒問題。他們偶爾還會同床共枕，也沒關係。但如果哪天他們當真舊情復燃，整齣戲就會面目全非。

惱人的郵差和粗魯的熟食店經理往往會在我們生命的背景裡逗留多年，不過，跟你約會的人如果不是越來越重要，就是徹底退場。於是，在《歡樂單身派對》裡，一個接一個的約會對象來了又走。《六人行》（Friends）裡也是如此。《六人行》裡的角色沒有傑利、喬治、伊蓮和克拉默那麼明顯不愛跟人互動，但他們同樣不急

於跟人海誓山盟。他們會嗎？不會嗎？變成全劇的核心策略，用來吸引我們一季一季看下去。錢德勒和莫妮卡會不會結婚？羅斯和瑞秋呢？

只要美國全國廣播公司繼續吊我們胃口，數百萬美國人就會繼續打開電視追劇。不過，那種戀情模式並不是傑利·聖菲德或珍妮佛·安妮斯頓發明的，始作俑者是二次大戰初期的約會男女。我們稱之為「一期一伴侶」，他們說那叫「彼此認定」。他們的通俗用語如今聽起來或許有點古早味，不過，很多單身男女依然採行當時首創的模式。

成雙成對，穩定相處

那類文字大約四〇年左右開始出現在高中體育館牆壁。那個年代的年輕人不追求人氣，也不頻頻約會，他們成雙成對。高中生——甚至國中生——一起出去跳舞、看電影，一起到雜貨店買可樂或沙士飄浮冰淇淋。他們把車停在僻靜處，像怒吼的二〇年代那些大學生般彼此撫弄，只是對象總是同一個人。他們宣稱自己跟某個人「出去」，即使多半時間都待在室內。

所謂「認定」這種說法來自登門拜訪時代。那個時候，「穩定相處」代表認真嚴肅的誓約。青年男女如果經常單獨相處，大家自然而然認為他們即將共結連理。「彼此認定」重現登門拜訪時代的某些面向。情侶可以到對方家裡做客，在那裡聊天吃點心，聽唱片或看電視。穩定交往的人也可能會自稱「湯姆的女朋友」或「鮑伯的女朋友」。有固定對象的男性會送「他們的」女朋友某些憑證，讓她們對外展示自己名花有主。被「別住」的女孩會在上衣或毛衣

別上男朋友的大學別針；或者在男朋友的班級戒指上纏膠布或毛線縮小戒圍，戴在自己手指上。

　　某些情侶交換「訂婚前戒」。然而，實際上他們很少人認真考慮過結婚這件事。首先，他們多半年紀還太小。到了五〇年代中期，1/5 的國中生在 11 歲前至少就有一次「彼此認定」的經驗。與其說「定下來」是邁向婚姻的前哨站，不如說它是成年的象徵。

　　1942 年，有個名叫莫琳・戴莉（Maureen Daly）的小女生觀察到「彼此認定」產生的振奮感，以及它會為你帶來多大改變。戴莉一家人早年從愛爾蘭北部移民美國威斯康辛州的豐迪拉克郡，當時莫琳年紀還小。等她高中畢業時，已經發表過幾篇短篇小說，儼然是分析同年齡年輕人的權威。當時媒體才開始稱呼這群人「青少年」。

　　戴莉發表第一本小說《17 歲的夏天》（Seventeenth Summer）的時候，還是伊利諾州羅沙利學院的大學生。書本的宣傳強調內容都是莫琳自己的經歷。隨著書評出現的照片裡是個面容嚴肅的年輕女子，心形臉蛋，神情專注；一頭深色頭髮旁分，紮成女學生的柔軟馬尾，眼神卻是銳利又機靈。一點都不難將她想像成書中女主角安潔琳・莫洛。

　　《17 歲的夏天》是以安潔琳的角度敘述一段為期三個月的戀情。那年六月初安潔琳高中畢業，麵包店老闆的兒子傑克・杜魯斯約她一起去一家熱門的冷飲店。她有點焦慮。

　　「感覺有點像我即將初次踏入社交圈。」她說。「之前我沒在那家冷飲店約過會。在我們這個小鎮，那算是決定性的考驗。」

　　之後，她覺得自己搞砸了。「我什麼都沒做對……一想到那件事，我就渾身不舒服。」

　　安潔琳不只顯得笨拙，她也太天真。她看見冷飲店外面停了

一排排汽車，覺得一頭霧水。

「外面停了那麼多車，店裡卻好像沒那麼多人。」她說。傑克覺得她八成是在開玩笑。那些車子裡顯然都坐了一對對情侶。不過，不出三天，安潔拉跟傑克一起去鄉村俱樂部跳舞，主動要求傑克帶她到高爾夫球場，因為她想體驗初吻。

「在那甜美的下一刻，」安潔琳回味說，「我覺得我長大了。」

不久之後，多家大學的教授也確認，他們的學生偏好彼此認定。1948 年，巴克納爾大學的研究者請 484 名大學生談談他們的愛情生活，其中 105 個人表示當時他們只有一位固定對象。

到了 1955 年，社會學家羅伯特・赫曼（Robert Herman）宣稱，威勒德・渥勒的「校園人氣情結」已經過時，被「彼此認定」的新現象取代。赫曼調查了威斯康辛州將近兩百名學生，發現大多數學生都是以彼此認定的心態在約會。77% 的學生說自己曾經跟某個對象彼此認定，其中超過半數有過不只一次這樣的關係。

「我念高中的時候，大家都彼此認定，」赫曼的學生寫道。

「在我以前念的高中，彼此認定很時髦。」另一位附和。「你要嘛跟人彼此認定，要嘛永遠不認定任何人。」

『彼此認定』：蠢事一樁？

我讀的高中大致上也是如此。彼此在一起，不認定的男女朋友的人頂多五六個。我們其他人頻頻交頭接耳，懷著不恥與讚嘆評論那些人之間的互動。但我大多數朋友都經歷過單身、有對象、回到單身的循環。他們——包括我——似乎都假定，我們都會經歷一長串伴侶，直到經由某種神祕機制，其中某個人突然變成「那個人」。

然後我們會並肩站著，成雙成對，隨著螢幕漸漸暗去。

　　在我 15 歲的時候，這樣的人生軌跡似乎再自然不過。如今，我覺得當時竟有這種念頭，簡直太天真。然而，當成年人初次發現青少年以這種方式約會，會覺得這些少男少女的行為既怪異又可恥。四〇年代到五〇年代之間，美國報紙通常有個解惑專欄，供讀者詢問私人或感情問題，這批在全國報紙同步發聲的新型態專家似乎都同意：彼此認定是很不明智的做法。

　　其中最慷慨激昂的要算是伊莉莎白・吉爾摩（Elizabeth Meriwether Gilmer）。她以朵芮絲・狄克斯（Dorothy Dix）的筆名成為美國收入最高的女性媒體工作者。在她聲望最高點，全世界共有數百萬名讀者固定追蹤她的專欄。早在 1939 年，她已經開始警告年輕女孩千萬不要做出『彼此認定』這種毫無理性的蠢事。」「這種事有婚姻所有的壞處，卻沒有它的好處。」她寫道。

　　多麗絲・布雷克（Doris Blake）點頭稱是。布雷克也是筆名，本尊叫安朵娜莉・唐納利（Antoinette Donnelly）。她的專欄每天在全美 45 家報紙同步刊登。1942 年布雷克發表一篇文章，追悼高中大學時代參加舞會那些美好往昔：當時年輕人插隊搶舞伴，女孩子則是邀舞連連應接不暇。

　　「16、7 歲的情侶在舞池成雙成對，把別人排除在外，真是一種可笑的風氣。它背後的成因只是一種不知從何而來的有害習慣。」布雷克大動肝火。

　　《巴爾的摩非裔美國人報》的言論顯得慎重些。這份全美發行量最大的非裔美籍報紙每星期刊出一個名為〈約會數據〉的專欄，撰文者署名只有簡單的「年長女伴」。專欄對面臨各種問題的固定情侶提供頗有深度的建言。不過，在文章最後，「年長女伴」也認

為，年輕人最好多交往幾個對象。

有個女孩寫信來表達她的失望，因為男朋友從軍去了。年長女伴責罵她：「別忘了妳跟他還沒結婚，他有他自己的人生要過。」

另外有個 14 歲的小女孩說，跟她彼此認定的男孩對別人「甜言蜜語」，她想知道該如何挽回這段關係。「年長女伴」毫不留情，「看來他已經不要妳了。不過，別太難過。妳這種年紀的孩子對很多異性感興趣是很正常的事，別太早認定某個人。」

這些懷疑論者到底在擔心什麼？首先，彼此認定似乎剝奪了年輕人追求別人與被人追求的樂趣。二〇年代，如果某個情場高手想約某個新潮女孩出去，依照慣例他得打電話給她。如果男大生想見女大生，他得提議兩人要一起從事什麼活動，比如在校園逛逛，開車兜風，或去看場電影。彼此認定改變了這一切。有史以來第一遭，約會男女可以把對方視為理所當然。

1851 年，RCA 唱片公司的教育部門推出一支短片，用來在高中教室裡播放，教導學生進入一對一戀情的危險性。短片是有關一對困在小小兩人世界裡的情侶傑瑞與瑪麗，他們看上去還是孩子，卻已經覺得乏味、不自由。在開場第一幕，媽媽問瑪麗，晚上傑瑞會不會來帶她去參加學校舞會，瑪麗苦惱地絞擰十指。

「噢，媽，問題就出在這裡。傑瑞從來不約我，他都直接過來！」

畫面跳接到傑瑞，他也輕鬆不到哪兒去。

「我們沒有任何約定，」他嘆息著對他更有智慧的哥哥說。「我們沒聊過要不要彼此認定，就這麼……認定了。」

他停頓一下。「情況怎麼會變這樣？」

如果你蠢得一頭栽進穩定的戀人關係，高中校園那種封閉狹

隘的環境會讓你很難跳脫出來。同儕會合力強化這種認定法則。在
《17 歲的夏天》裡，有一群男孩子自稱「查核小組」，每天晚上
在小鎮幾個熱門約會地點閒晃。「他們想知道誰跟誰去喝可樂，然
後檢舉那些已經跟別人彼此認定的女孩子。」主角安潔琳說。

有一本大學「婚姻與家庭」課程的暢銷教科書宣稱，想嘗試跟
別人交往的年輕人必須安排「晚班約會」：在固定對象送她回家之
後，偷溜出去吃第二回合晚餐、喝可樂或啤酒。這算劈腿嗎？對一
個你誓言真心相待一學期或一個夏天的人，有所謂背叛嗎？當然，
一點內疚是免不了的。

若說彼此認定會剝奪婚前的生活樂趣，那麼權威人士也擔心
它可能對婚姻造成不良影響。朵芮絲·狄克斯告誡道，它的結果會
是雙輸。女孩子很可能會浪費大把青春歲月，到最後男方卻棄她於
不顧。更糟的是，情侶可能基於習慣，莫名其妙步入禮堂。

狄克斯語帶保留，沒有明白指出另一個可能性：彼此認定的
情侶可能被迫奉子成婚。天主教教會卻很直接。在 1957 年的聖灰
星期三[8]，芝加哥樞機主教山繆爾·史屈奇（Samuel Alphonsus Stritch）公
開譴責彼此認定行為。他說這種行為是一種陷阱，會引誘青少年發
生性行為。他說，「青少年男女對彼此太過熟悉，非但危險，也是
一種罪行。」

同一年，全美各地的天主教學校大施鐵腕，開除那些被人發
現「只跟同一個對象往來」的學生。一份天主教雜誌告誡讀者，「男
女生單獨親密相處，無論時間久暫，都會犯下嚴重罪行。」

在彼此認定中「堅守最後防線」

樞機主教史屈奇沒說錯。在美國，傳統上一直默許交往中的男女探索性愛，只要他們不真正交媾。殖民時期的美國有個人們不陌生的習俗，叫「捆裹」。年輕男女可以同床共枕，但身上必須保留部分衣物，或者裹在布袋裡，在頸部用細繩捆住。有時候會在兩人之間擺上一根叫「捆裹板」的木片。

美國革命之父班傑明‧富蘭克林在自傳裡提及，他第一個結婚對象的父母曾經鼓勵他跟他們女兒盡情「胡來」。他們會邀請他上門，把他們倆單獨留在客廳。對認真交往的情侶這種明示暗示的放任，一直持續到登門拜訪時代。

到了都會區風化組警員開始打散第一批約會男女的時代，許多勞工階級父母已經接受現實，不反對他們的子女跟未來的婚配對象發生婚前性行為。1910 年代，紐約州多位父親控告那些對他們女兒始亂終棄的男人，說他們「以結婚承諾進行誘拐」，而且打贏官司。判決這些父親勝訴的法院等於暗示大眾，跟未婚妻上床是合情合理的事。

到了四〇年代，金賽博士發現，他在印第安那大學訪談的學生之中，大多數都有「高度撫弄」行為，通常包括讓彼此達到高潮。凱利縱貫性研究（Kelly Longitudinal Study）長期追蹤三百對五〇年成婚的白人夫妻，發現婚前只限於擁抱或親吻的夫妻只有 7%—10%，其他都「有進一步接觸」。

不過，若說婚前性行為早在彼此認定年代之前已經司空見慣，

---

8 Ash Wednesday，教會年曆大齋期（即四旬期，指復活節前四十天）的第一天，當天教會舉行塗灰禮，在教友頭上灑灰，象徵悔改。

彼此認定則會增加青少年跟無意結婚的對象發生婚前超友誼關係的機率。五○年代的研究一再顯示，青少年認為只要彼此認定，就可以名正言順地發展最高度的撫弄，前提是他們「堅守最後防線」。到了 1961 年，社會學家埃拉‧里斯（Ira Reiss）為這種全新道德規範創造一個新詞，他稱之為「愛撫」。

　　這倒不全是壞事。跟伴侶建立親密情感，可以創造比隨機約會或「撫弄派對」更安全的探索機會。至今依然如此。我記得高中時常跟男朋友在他家待一整個下午，因為他的雙薪父母晚上六七點才會回家。我們把情侶會做的事都做了以後，就開始探索彼此身體有哪些地方不能變成性感帶。我們在哪學到這個詞的？這種探索變成遊戲。有時候我們會出去看場運動賽事，回來時性慾更是高張。如果我被迫只能在某些派對的洗手間摸索，就永遠學不會這個重要課題：基本上感情絕非兒戲。

　　彼此認定可以保住情侶的名聲，尤其是年輕女子。它會減少妳的交往人數，而跟妳「摟摟抱抱」的也會是關心妳的人。因為他的外在形象跟妳息息相關，所以他不會吻了妳之後到處炫耀。有個男朋友，也可以保護妳免受登徒子騷擾。1963 年，女子樂團「天使」（the Angels）在她們的成名作裡開心地重述有固定男友的女孩對孟浪追求者的警告：我男朋友回來了，你麻煩大了。任何曾經被死纏爛打的女人都能感同身受。有時候，光靠表情態度、甚至直截了當表明妳對某人沒興趣，還不足以讓對方死心。妳必須使出殺手鐧——告訴對方妳有男朋友，不管是真是假——才能勸退他。

　　只是，愛撫依然帶給年輕女性沉重包袱。它徵召她們加入某種糾察隊，任務是防止性行為的發生。根據各種調查結果，青少年仍然聲稱，好女孩會守住最後防線。然而，他們同時也斷言，只要

女朋友不反對，男孩不會主動踩剎車。結果就是入人於罪，女孩們總是承受壓力、自責和後悔。再者，情侶們經常遊走邊緣，到最後往往會出差錯。

1950 年代，青少年懷孕比例暴漲。1957 年，每一千名 15 歲到 19 歲的少女之中，有 97 個生產。（相較之下，2013 年的數字是 26。）在 1944 年到 1955 年之間，需要外界認養的非婚生嬰兒人數成長了80%。如果女孩懷了孕，父母通常直接要求年輕人結婚。同一時期有關非裔美籍青少年的可靠數據付諸闕如，但在那段時期裡，白人新娘未婚懷孕──婚後不到九個月就生產──人數成長超過一倍。

1958 年的電影《玉女痴男》（Going Steady）把這種冒險行為轉變成喜劇。年輕女演員莫莉‧畢在主題曲裡把彼此認定的關係跟婚姻劃上等號。她輕聲哼唱：我要嫁給我夢中的白馬王子，那個我日思夜想的男孩。以後我們心裡永遠只有彼此……

莫莉飾演一名活潑開朗的高三女孩，有一天父母允許她跟交往六星期的同學到外地看棒球賽，她趁機跟男生私訂終身。小倆口找了一名碰巧也經營小旅館的公證人，願意在下班後破例為他們公證。他們用男生的班級戒指當婚約憑證。只是，他們的婚姻看起來基本上跟彼此認定的約會關係沒有兩樣，所以他們打算隱瞞到兩人高中畢業。可惜天不從人願，因為經過新婚之夜，新娘懷孕了。男生搬進女方父母家裡，兩個新手夫妻馬上發現自己完全沒有準備好迎接新生命，接下來就是一籮筐笑料。

只是，在真實生活中，大多數年輕固定情侶除非必要，並不會發展成終身伴侶。相反地，他們讓彼此的關係順其自然發展。之後，他們會做出另一件過去的世代無法想像的事：他們分手了。

在彼此認定中⋯⋯分手

　　彼此認定的情侶們發明了分手這回事。要體驗這種特殊的心碎，前提就是彼此認定。在二〇年代與三〇年代，男大生即使從此不再打電話邀約某個女大生，也不需要多做解釋。話說回來，那個女大生多半也不乏約會對象。即使男方向女方邀舞遭拒，內心感到一絲絲失望，也會第一時間找機會插隊跟其他女生共舞。

　　然而，對固定情侶們來說，情況有所不同。你的固定伴侶可能比其他任何一起出去過的人更重要些。再者，高中社交生活很大部分出雙入對緊密牽連，分手意味著你失去的不只是一個男朋友或女朋友，它代表被群體孤立。忘記去忘記前男女友的第一批情侶們學到這一課：分手很難。

　　分手以後，我認識的大多數人會刻意跟前任保持朋友關係。如果他們巧遇某個認識前任的朋友，他們會說，喔，他是我大學時代的好朋友！只是，當前女友突然打電話來，問你要不要跟她吃頓晚餐，因為她碰到只有你能理解的家庭問題，你不得不承認那頓晚餐會吃得很彆扭。如果你們從同居處搬出來，各自住進一個小小房間，多年後他寫信來問妳，他的大學文憑會不會還在妳這裡。妳會說，沒問題，他可以過來翻找堆在地下儲藏室裡那些箱子。你們倆一起成長。只是，當我初戀情人這麼做，我不禁好奇我有沒有什麼東西留在他那裡。

　　我指的不是箱子。回頭看看那些曾經熟記每個細節的臉孔，我們領悟到，前任肯定也把過去的我們儲存在內心某處。「愛情的紀念碑一如我們生命的墓碑。」四〇年代心碎的年輕詩人詹姆士・梅里爾（James Merrill）如此寫道。翻找已逝戀情的回憶，感覺像漫步

走過廢墟，它昔日的完整景象如今只留存在你夢境。我們過去的生活片段不時出沒在網際網路上。

分手後那幾個星期，你會重讀舊訊息和電郵。為戀愛初期那些顧慮太多的調情深情蹙眉，而後循著那些顯示你們相處越來越自在的日常瑣事，直到親密感漸漸歸零，你們的軌跡在那裡消失。繼續捲動，很快地，爭吵出現。接著是歷時甚久的道歉與反道歉，然後開始譜出終曲。

取消舊照片上的標籤，你不確定自己究竟是在保護過去，或為未來騰挪出空間。你覺得自己變成陌生人。在我的假期裡那場派對上的人是誰？刪除、刪除。直到你──正如此刻的你──只剩你自己。

世界大戰與種族

既然風險這麼高，旁觀者自然很難想像，約會文化為什麼還會如此劇烈又迅速地變動。第二次世界大戰導致男性人口銳減，顯然脫不了關係。女大生在大學舞池裡被成群男大生簇擁、爭相插隊的時代裡，男性人口數遠多於女性。然而，等美國軍隊部署後，性別比例徹底翻轉。

「不管陸軍或海軍或普通老百姓！根本沒有男人可以約會。」1945年《紐約新聞日報》（*Newsday*）如此昭告天下。

撰寫那篇報導的「巡迴記者」利用午休時間向一位年輕女性人事職員提出這個問題，對方打斷他的話：「你剛剛說老百姓嗎？哪裡有老百姓？」

在這種環境下，吾家靚女很難靠著跟很多男孩約會來建立自己

的地位。相反地，女性彼此競逐，爭相鎖定單一伴侶。心愛的人派駐海外的浪漫感，以及想以筆友身分為他打氣的滿腔熱血，也讓女性對在海外打仗的男友矢志不二。即使反對彼此認定的人也同意，不回覆來自歐洲戰場或南太平洋的信件，未免不通人情。

這種解釋不無道理，後來的歷史學家也屢屢採納，可惜它有欠完整。一定是這樣，因為彼此認定的戀愛方式並沒有隨著戰爭結束而終止。相反地，要等到戰士們返國，彼此認定的戀情關係才開始在更年輕的一代流行。它的發展軌跡顯示，這種約會風格基本上與男性人口稀少無關，而與過去難以想像的富裕生活有關。

二次大戰的結束，帶領美國進入一段空前絕後的繁榮期。戰爭期間，美國迅速走出大蕭條陰影，可惜市面上沒有商品可買。等太平日子來到，人們荷包滿滿，很想好好揮霍一番。在此同時，政府頒布多項法令，鼓勵向上流動，至少鼓勵白種人向上流動。經濟繁榮讓更多白種人晉身中產階級，有色人種卻沒有沾光。美國國內生產毛額成長了，但 1945 年到 1960 年間從墨西哥和波多黎各湧入美國的大批移民卻沒有受益，在美國土生土長的黑人經濟景況反而惡化了。

在北方，黑人家庭系統性地被擠出市郊住宅區，因為那裡已經漸漸變成美國夢的象徵，也是以房地產彰顯財富的重點地區。而在南方，除了法定的隔離政策之外，他們還面臨無法無天的暴力。

1955 年 8 月，兼具農夫與公民運動人士雙重身分的拉瑪・史密斯（Lamar Smith）光天化日之下被槍殺身亡，地點就在密西西比州布魯克黑文郡的法院外，當時他正在辦理黑人選民報到事宜。十天後，附近的蒙利鎮兩名白人聽說來自芝加哥、暫住叔叔家的 14 歲男孩埃米特・提爾對一名本地白人女性示愛，三更半夜把埃米特從

被窩裡拖出來，毆打凌虐幾個小時，最後朝他頭部開了一槍，在他腳上綁了 74 磅重的軋棉機風扇，沉入塔拉哈奇河。男孩的屍體被發現的時候，已經扭曲變形，他叔叔是靠埃米特手上的一枚戒指認出他來。

埃米特只是黑人被殺的不公開數字之一，原因很可能是白人對黑白聯姻的恐懼。儘管流行文化鼓勵年輕人越早談戀愛越好，但單純的愛慕——不管是真心、幻想，或惡意捏造——卻可能為南方黑人青少年帶來殺機。反之，白人青少年跟他們的父母一樣不愁吃穿。我們對那個時代的約會文化印象都以他們為主角。

約會大眾化：你最好貨比三家？

到了 1956 年，美國有 1300 名青少年平均週薪是 10.55 美元。在那之前 15 年，這筆數額是一般家庭一星期的全部可支配收入，在外打工的孩子往往必須把薪水交給父母補貼家用。可是，在艾森豪總統執政期間長大的孩子對大蕭條毫無印象，也沒有儲蓄的意願。他們每年花掉 70 億美元。

企業界無所不用其極地迎合年輕人口味。諸如大眾平裝版書籍、四十五轉單曲唱片和平價電晶體收音機等新奇產品，讓青少年越來越能活在自己的頻道裡。企業為了持續擴大規模，產品鎖定的對象年齡層逐漸下降，比如少女胸罩。整個四〇年代，年輕女孩在胸部長到足以穿著胸罩之前，通常穿貼身襯衣。到了四〇年代末，媚登峰與其他內衣公司開始為九到十歲的小女孩推出「無鋼圈胸罩」，或稱「芭比胸罩」。專家們也向父母們保證，「彼此認定」其實就像穿少女胸罩一樣，只是預習。

　　二〇年代到三〇年代得天獨厚的學生們讓約會變成冠冕堂皇的活動，五〇年代的彼此認定族群則把約會變成中產階級活動。在他們的世界裡，約會不再具備百貨公司賣場或男大生搶舞伴時那種競爭性，它以大量生產與大量消費的承諾為基礎，每個人應該都可以參加。有錢的情場高手和吾家靚女們彼此競爭，盡可能累積約會次數與人氣。然而，到了五〇年代，有足夠財力可以出去跳舞、吃漢堡或看電影的年輕人多了很多，於是主宰學聯會舞池那種適者生存的競爭退位，取而代之的是全心投入的戀情。

　　約會的大眾化是經濟繁榮的諸多果實之一。如果每個人都要享受這個果實，就不能讓六個男孩排隊搶單身女孩，他們必須雙雙配對。

　　權威人士不時把約會拿來跟購物做比較，由此可見，彼此認定的約會跟消費主義的新文化關係多麼密切。購物已經變成闡釋求愛模式的最佳譬喻。家庭專家勒馬斯特斯（E. E. LeMasters）在暢銷教科書《現代求愛行為與婚姻》（*Modern Courtship and Marriage*）裡寫道，「隨機約會最適合拿來跟美國的購物行為做比較。」用逛商店櫥窗比喻男女大學生時代的隨機約會。「男女雙方草草對望一眼，沒有購買的義務。」

　　1968 年，心理學家麥金尼斯（Tom McGinnis）在《女孩約會與彼此認定教戰手冊》（*A Girl's Guide to Dating and Going Steady*）裡主張，彼此認定也是選擇未來伴侶的好方法。「決定你想要哪一種婚姻，有點像在商店裡挑選洋裝。」他寫道，「妳看過的一百件洋裝裡只有一件適合妳，不代表其他 99 件質感粗糙或品味低劣，它們只是不適合妳。」

　　如今幾乎沒有美國人記得勒馬斯特斯和麥金尼斯這兩號人物，

但我敢說你還記得知名音樂人斯莫基・羅賓遜（Smokey Robinson）轉達他媽媽的那句話：你最好貨比三家。

多看多挑，羅賓遜領軍的「奇蹟樂團」在他背後唱著和聲，貨比三家！

仔細想想，從小深印我腦海的摩城唱片金曲，每一首都是有關「一期一伴侶」。這些歌都讓人回想起深深愛上某人的狂喜、即將失去他或她的痛苦，以及重新展開整段歷程的興奮感。無怪乎這些歌曲變成彼此認定時代的主題，它們就像固定伴侶模式的宣傳廣告。摩城金曲捕捉到正常分手後獨一無二的激情力量。對於聽到這些歌的數以百萬計青少年，這些歌詞和旋律想必讓他們更加堅信，分手而後再戀愛是再正常不過的事。

青少年擁有廉價收音機、唱機和買唱片的錢，隨之發展出同樣節奏的聆聽模式。你買張最喜歡的單曲，一直聽到天荒地老。一旦你對它生厭，就去買另一張。你愛上買來的東西，花時間賞玩，之後分道揚鑣，事後你深情地追憶它們。

這種循環式消費是非常特別的貨比三家，而且在五〇年代，它還挺時髦新鮮。它跟摩城唱片一樣來自底特律。

二次大戰以前有個笑話：任何人都有能力買一部任何顏色的福特汽車，只要那車是黑色的。然而，戰爭結束後，通用汽車開始生產各種顏色的車輛，每年推出熱門車款的新版，只在尺寸、造型和線條上做微幅調整。公司同仁和競爭者紛紛譴責這種做法。他們不屑地說，「這叫計畫性報廢」。可是策略奏效。通用汽車天花亂墜的宣傳手法創造了全新概念：男人的座車是他性格的主要象徵。車子的外觀應該要能傳達你的個性與抱負。

對於體驗過戀人關係的彼此認定世代，約會有著類似功能。

它牽涉到的貨比三家不再是為了尋找一夜的娛樂。反之，約會變成一種更重大的投資，對象是某個會在更長時間裡為你人生帶來意義的人。即使你最終打算換個更新更好的，你還是可以先「買下」一段戀情。

　　正是可預期的富裕生活讓彼此認定模式得以普及。只是，一股焦慮的暗流隨之而來。基於某種驚慌心情，青少年急於投入彼此懷抱。諾曼‧洛克威爾（Norman Rockwell）筆下的冷飲店與高中舞會那個年代，也有一大票美國人相信他們的世界即將結束。

　　五〇年代，知名精神科醫師‧羅勃‧李夫頓（Robert Jay Lifton）寫道，整個國家承受著某種沒有症狀的壓力症候群，他稱之為「核心麻木」（nuclear numbing）。1953 年，53% 的美國人相信，到了下一次世界大戰，他們住的社區「很可能」或「相當可能」被炸毀。到了 1956 年，接受問卷調查的受訪者之中，有 2/3 認為，如果再發生戰爭，俄國會對美國使用氫彈。各年齡層的美國人都想透過消費衣物與愛情，補償原子時代造成的不安全感與災難臨頭的擔憂。那些擔心被核彈擊中的家庭以各式商品裝飾牆面，彷彿它們具有防彈功能，他們的孩子有樣學樣。

　　那些買得起電影票、可樂和漢堡的青少年不想在末日來臨時孤單死去，即使你不會永遠跟某個伴侶在一起，當下有個伴侶在身邊，感覺還是很不錯，特別是，當下很可能是最接近永恆的一刻。

　　在炸彈掉下來以前，大家都希望身邊有個人陪自己一起死。

婚姻變成中產階級的特權

　　時至今日，我們的末日不像彼此認定世代擔憂的核爆那般劇

烈。平均氣溫在升高、冰山在融化、富人越來越富、其他所有人越來越窮。大家一起往下滑，陷入經濟學家所謂的「長期停滯」。在一個諸事危殆的時代裡，一期一伴侶的情侶緊抓住對方，尋求安慰。只是，在我們這個版本的世界末日裡，彼此認定的意義似乎沒那麼明確。沒有炸彈會掉下來，但大家還是選擇單一情侶。不管未來會發生什麼事，我們愛的人要如何保護我們？

獨棟住宅、幸福人妻和全職丈夫這種戰後美夢，在時間長廊裡出現的時間宛如驚鴻一瞥。即使在那驚鴻一瞥之間，也只有少數人有機會享受。自從七〇年代薪水凍漲，勞工階級家庭已經在壓力下瓦解，未婚同居與單親家庭早已經是常態。

鼓吹重建「典型家庭」——彷彿過去曾經存在任何類型的家庭似的——的文化保守派忽略了以下事實：很多人面臨婚姻抉擇時，考量的不只是文化或道德，影響他們的因素還有金錢。研究發現，很多勞工階級覺得自己沒有能力結婚。有人負擔不起婚禮的花費，有人則是負擔不起世俗觀念中認為結婚前的成年人該擁有的其他事物，比如還清學生貸款，買棟房子等等。很多選擇婚姻的人學到了教訓，因為他們發現，生活在看不到盡頭的經濟壓力下，誰也沒有心情你儂我儂。

越來越多證據顯示，如今婚姻已經變成中產階級的特權。在美國，中產階級規模迅速縮減。自從 2008 年的金融危機之後，就連大學畢業生都面臨薪資下降、職業不穩固、福利欠缺等問題。慢慢地，我們別無選擇，只能投向兼職與契約工作。永遠「安頓下來」的夢想——或者期望任何東西永遠穩定——飛速消失。對越來越多人而言，未來似乎無法預測。

我們這一代年輕人得到的忠告是，如果想要獲得機會，就得

保持靈活度。為了謀得某個職位，我們要隨時準備好搬遷到這個國家的另一頭，或者失業後搬回家啃老。只要有升遷或自由接案的機會，也要及時把握。職業壓力往往逼得人們對戀情做出痛苦抉擇。當分手的可能性像揮之不去的陰影，誰也不敢放心大膽許下承諾。再者，如果伴侶雙方都得工作，承諾通常伴隨著一個問題：日後你會願意放棄什麼樣的工作機會。

　　在一個未來充滿不確定性的世界裡，有個伴也可能帶來快樂與支持，這點很類似擁有彼此認定的伴侶。兩個人在一起，彼此都得到安全感與陪伴。即使我們知道這不長久，但有個人關心自己，感覺還是很踏實，可以創造一個小小綠洲。

婚前性伴侶越多，婚姻失敗率越高？

　　儘管五〇年代以來情況已經有所改善，但如果表現出性方面的慾求，女性依然受到雙重標準的懲罰。對於那些從小被灌輸這種雙重標準的女性，一期一伴侶可能是蠻吸引人的折衷方案。有個都市傳說告訴我們，如果女性想結婚，正如大多數年輕美國人依然想結婚，那麼她最好別讓自己的「數字」──終生的性伴侶人數──累積得太高。

　　青少年時我曾經在某家髮廊翻到一本破舊雜誌，上面說，根據統計，這個數字最大值是五。當時我還沒有過性經驗。安娜・法瑞絲（Anna Faris）2011年主演的愛情喜劇電影《先生你哪位？》（*What's Your Number?*）則設定為20。如果你從17歲開始擁有活躍的性生活（一般美國女性都是如此），到30歲才結婚，那麼妳得經常長時間獨身乏人問津，或者選擇彼此認定，才不會超出這個數字。

　　《先生你哪位？》以喜劇收場。法瑞絲飾演的無腦派對女孩聽信雜誌報導[9]，決定要找出過去跟自己有過親密關係那20個男人，說服其中一個娶她，最後自己卻墜入愛河。影片末尾，跟她邁向幸福快樂生活的似乎是第21號男士。可是到了最後一幕，她跟新男友聽到一通答錄機留言，留言者是她名單裡的男士之一。耳朵靈敏的粉絲們馬上聽出來，為「吐克斯群島度假村的阿傑」發聲的正是喜劇演員阿茲‧安薩里（Aziz Ansari）。

　　「嘿，呃，」阿傑說。「我收到妳助理傳來的奇怪訊息，我只是想跟妳說一聲……我們沒有上床。妳表演了一段蹩腳脫衣舞，搭配甩奶操，之後給我來一段很噁爛的手淫，妳說那是妳很喜歡的乾式手法。妳還吐在我的行李箱裡，最後在沖澡時睡死過去。」

　　法瑞絲飾演的角色興高采烈。真命天子終究還是她的20號！

　　《先生你哪位？》必須二者兼顧。一般來說，它嘲弄一則明顯荒謬的媒體忠告，卻也暗示，某條過時的規則或許終究有它的道理。它就像一齣探討女性性解放的《綠野仙蹤》，劇中女主角就像桃樂絲，在一張她以為自己永遠再也找不到的整齊小床上醒來，那些在周遭盤旋的男人帶來的災禍原來只是一場夢。

　　還是有很多人認真看待自己的數字。美國國家婚姻計畫的研究人員2014年發表一篇報告指出，女性婚前性伴侶越多，婚姻失敗的機率越高。社會學家針對研究結果提出許多質疑，媒體卻依然將它視為事實，爭相報導。

　　「研究顯示，結婚前不濫交的女性婚姻比較幸福，男性卻沒有這種顧慮。」英國《每日郵報》（Daily Mail）頭版頭題如是宣告。

9　雜誌報導未婚女人只要有超過二十個性伴侶，結婚機會就渺茫。

我花了點時間讀了幾段，才知道編輯不是在搞幽默。

　　雖然一期一伴侶有諸多益處，很多情侶到最後都覺得被束縛、乏味，或被視為理所當然。有人認為，漫不經心地進入婚前同居關係（如今這已經是我輩中人的常態），會像 1939 年朵芮絲・狄克斯對彼此認定族群提出的忠告：這種事有婚姻所有的壞處，卻沒有它的好處。

　　他們說，更嚴重的是，這種事的風險與長期代價，到最後會不成比例地落到女性頭上。就像那些外界期待她們抗拒「突破最後防線」衝動的女孩，如今一期一伴侶的女性經常聽見要她們謹慎的忠告。專家說，我們有責任控管兩性關係的進展。

　　到了現代，大多數權威人士已經接受女性可能也會想要婚前性行為的事實。不是所有男人都被假定為好女孩必須小心防範的猴急派。更常見的情況是，流行文化似乎懷疑他們都只是像《歡樂單身派對》裡的喬治・康斯坦扎那樣的大孩子。在此同時，社會上有一種共識，認為男人有一輩子的時間可以從一段感情逛到另一段感情，女人可以找伴的期間相對短得多，因為魅力會衰退，生育能力也會降低。根據這種邏輯，妳進入一期一伴侶所冒的風險與其說是危及妳的貞操，倒不如說會讓妳的身價下跌。

　　有個朋友已經跟很不錯的男友同居兩年，過得開心幸福，她媽媽卻是每天給她傳簡訊：沒有戒指在手，此處不宜久留！我認識那個媽媽，她不是跟女兒開玩笑，而我那朋友今年才滿 26 歲。這種威脅背後的假定是——套用修改後的珍・奧斯汀名言——任何有點腦子的單身女子，肯定想找個丈夫 [10]。當然也有相反的情況：男人想娶女友，她卻還想繼續探索。我認識的同性戀朋友之中，就有不只一對因為這個理由分手。如果其中一個伴侶想更進一步，另

一個卻不想，一場傷心就免不了。最大的困擾可能是：誰也不確定要試多少次。

　　人之所以不想結婚，可能有千百種理由。彼此認定族群可能已經知道了。那時期的流行文化把家庭生活理想化，但大家都知道很多人妻人夫過得並不快樂。全美各地的弗洛伊德派精神科醫師都告訴病人，他們的不滿足是一種病。教會勸慰教友，可以藉由祈禱驅走枯燥與煩憂，因而吸引大批信眾。但很多孩子想必目睹了父母受苦的情景。1960 年，《紅皮書》（*Redbook*）雜誌編輯群發出一個問題：「年輕媽媽們為什麼自覺受困？」號召讀者來信提供看法，總共收到兩萬四千封回函。坊間專家們認為，彼此認定族群盲目地摧毀自己的婚姻前景，他們可能只是在拖延婚期。

　　到了今天，美國人似乎對婚姻存在一股歇斯底里的矛盾。一方面，我們為了備辦婚禮大灑鈔票，又狂嗑《我的夢幻婚紗》這類實境節目。我們接受各種鼓勵人們結婚的法令，比如減稅，以及伴隨婚姻關係而來的健康保險、其他福利和探視權等。我們為爭取到相同權利的同性戀配偶感到振奮。那些未曾結過婚的美國人之中，高達 80% 表示他們想結婚。只是，我們很多人的生活方式似乎跟婚姻制度有所衝突。我們工作時間太長，經常搬家，對單一配偶制或生兒育女的事依然抱持矛盾心態。「一期一伴侶」是延遲婚姻的方法，那麼它做為我們文化的「中心價值」這件事是不是也有待商榷？

　　末日預言已經轉移了，「彼此認定」的現代版很容易就變成三

---

10 原文是「凡是有錢的單身漢，肯定想找個妻子。」出自《傲慢與偏見》。

心二意者的救星。儘管熱戀期已過，我們基於方便考量，繼續維持情侶關係。如今婚姻已經不是認真交往者的必要結果，我們可以輕鬆自在地融入那些我們不打算終身相守的對象的生活。我們介紹他們認識家人，一起去度假，我們熟悉他們的朋友與工作上的一切，卻依然下不了決心。我們在戀情裡盪進盪出。

　　你說你們可能不想一輩子在一起，一覺醒來卻發現，你們已經在一起一輩子了。

Chapter 6

自由

　　琳達·雷克萊這個女生實在稱不上性感女神，她是巴納德學院二年級學生，從小在新罕布夏州的哈德森市長大，會規規矩矩去上主日學。20 歲的時候，她把一頭暗金色直髮塞在耳後。接受媒體採訪時，她偏好開襟羊毛衫和長度及膝的粉色寬鬆連衣裙。她跟男朋友彼得·貝爾已經在河岸路一間公寓同居將近兩年。

　　彼得是哥倫比亞學院的大三學生，他們在一場研討會上相遇。1968 年三月，他們同意接受《紐約時報》採訪時，萬萬想不到竟會掀起軒然大波。後來刊載出來的趨勢報導，刊出小倆口的說法，讓琳達一夕之間變成家喻戶曉的名人、以及代罪羔羊。

　　〈居住抉擇：為了便利、安全與性愛同居〉，標題這麼說。這篇報導沒有提到彼得的姓氏，給琳達的化名則是「蘇珊」，但她表明自己是巴納德學院的二年級學生，所以校方很快就查出她的身分。幾乎就在同時，校長瑪莎·彼得森的辦公室電話與信件應接不暇。有些男士寫信來說，高等教育會毀了女性，琳達就是活生生的例子。巴納德學院的社會賢達校友──包括紐約時報千金伊菲吉妮·蘇茲伯格（Iphigene Ochs Sulzberger）──聲稱，如果校方不立刻開除琳達，將要終止對學校的捐款。

　　檯面上，琳達理虧在沒有據實填寫居住情況。根據巴納德的規定，學生除非與家人或雇主同住，否則一律住校。琳達向校方謊稱她在上西城打工換住宿，給的地址是一名願意掩護她的已婚友人的地址。不過，雪片般飛進校長辦公室的抗議信說明，她違反了另一條更嚴重、不可明說的規則。

　　校方紀律委員著手處理琳達的事，全國性媒體積極追蹤後續，巴納德收到來自全國各地的信件。來函者說琳達是「妓女」、「蕩婦」。他們還說巴納德學院「下流污穢」。保守派學者小威廉·巴

克利（William F. Buckley Jr.）在一篇同時登載在多家媒體的文章裡指控琳達是「無業小妾，貪求性愛與名聲。」

琳達登上《生活》（*Life*）雜誌四月號封面故事時，否認上述指控。她說各界的關注讓她身心俱疲。「我很難想像自己還是個人，」她搖著頭說。「我已經不存在。我是琳達·雷克萊，是那個爭議話題。」

那麼爭議點究竟在哪裡？不可能只是某個年輕女子發生婚前性行為。統計數字早就告訴我們，大多數年輕女性都是這樣。琳達也絕不是個「妓女」，她跟固定伴侶相處很多年了。激起眾怒的原因在於，她不覺得需要隱瞞。寄到巴納德的抗議信一而再再而三使用「誇耀」這個動詞。琳達和彼得「公開誇耀他們對道德規範的無視。」他們在炫耀自己的輕慢。

彼得號召了一群學生來聲援琳達。他們公寓裡有一部油印機，所以他們印了幾百份小冊子和問卷。有三百名巴納德學生匿名承認他們也沒有據實填報聯絡地址，另外有六十個人連署寫信給校方，說他們也做過同樣的事。

琳達與聲援者都表示，巴納德的校規構成性別歧視，因為哥倫比亞學院並沒有對男學生有相同限制。他們說，所有學生不論男女，都有權利依照自己的方式談感情。

「巴納德學院的目標是教育學生，或控制他們的私生活？」琳達問《時代雜誌》的採訪者。「我相信答案是前者。巴納德無權過問私人行為。」彼得森校長逼迫琳達退學，彼得也跟她同進退，離開哥倫比亞學院。但他們已經表達了立場，而且那些跟他們持相同見解的人終究會取得勝利。他們已經邁向成功了。到了 1960 年代晚期，任何人的愛情都不該受到外來干擾的觀念已經普遍流傳。

性革命

我們都是性革命的受惠者。無論我們有什麼樣的性偏好，我們都在性革命開創的世界裡生活與約會。拜性革命之賜，如今我們追愛可以比較不擔心被排擠、被迫害或意外懷孕。只是，性革命如今已經被用來指涉非常廣泛的各種現象，所以，我們提及這個詞的時候，很難確知自己指的究竟是什麼。

我們也很容易忘記1960年發生的是第二次性革命。「性革命」這個詞一開始是用來描述怒吼二〇年代的新潮女孩與情場高手的求愛花招。它最早出現在1929年由詹姆士・塞伯（James Thurber）與E. B. 懷特（E. B. White）共同撰寫、塞伯畫插圖的書，當時他們都還是在《紐約客》（New Yorker）雜誌撰文、沒沒無名的年輕作家。那本書《性不可或缺嗎？或者，你為什麼有那種感覺》（Is Sex Necessary? Or, Why You Feel the Way You Do）以詼諧手法模仿在那之前十年間走紅的戀愛指南。那些指南書傾向以弗洛伊德辭彙向讀者陳述作者的性生活與所做的心理「調適」。

書中有一章以〈性革命〉為題，兩名作者以權利的角度闡述各種變化。他們特別指出，性革命的發生，是從年輕女性發現她們有「性感的權利」開始。他們說，當這些新女性原型進了大學，找到一份有給職，她發現可以做很多以前只有男性做過的事。新女性自己租公寓、抽菸、喝酒、剪短頭髮。有時候她甚至想要性愛。

1964年1月24日，《時代》雜誌宣布，第二次性革命來到。封面故事指出，「青少年開香檳派對，12歲小女生穿襯墊胸罩，『彼此認定』的情侶越來越年輕。」結果造就了一波「思想開放的狂歡派對。」

　　每個年代都有叛逆與放縱者的存在。許多統計數字告訴我們，世紀交替時的售貨女郎、女同志們，學聯會員和仙子們，很可能就跟後來的嬉皮一樣濫交。差別在於，前者總是自認他們的性活動「不自然」，或者至少算特殊。他們的性生活很吸引人，卻似乎不見容於法律。

　　相對地，第二次性革命的鬥士們宣稱，沒有任何性慾是不自然的。若說過去的世代暗示規則是用來打破的，越來越多年輕人覺得根本不該有任何規則存在。他們同意新潮女孩的看法：每個人都「有權性感」。然而，他們並沒有強調這個權利賦予他們的平等。反之，他們主張，從事性行為是為了表達另一種不可被剝奪的權利：自由。

關於性愛自由

　　有關自由這個議題，六〇年代最重要的哲學家是名叫赫伯特・馬庫色（Herbert Marcuse）的猶太裔馬克思主義者。馬庫色素有「新左派之父」的稱號，他逃離納粹德國後，在柏克萊大學擔任教授，其教學與著作讓他變成激進派學生心目中的英雄。

　　馬庫色在 1955 年出版的《愛慾與文明》（*Eros and Civilization*）裡預期第二次性革命的發生，他說，科技的進步消弭性壓抑。他承襲馬克思的見解，認為自動化生產的普及，讓人們不再需要工作，擁有更多閒暇。人們擺脫勞動的束縛之後，很快就會逃出馬克思所謂的「必然性領域」，進入「自由領域」。這意味著所有人都有更多時間去做他或她想做的事，包括性的探索。

　　為了善加利用這份全新的自由，馬庫色要大家忘記過去幾十年

來普遍被奉為圭臬的弗洛伊德派心理學。在弗洛伊德眼中，性壓抑是人類文明的要素。他說，如果我們一直以來都能夠盡情享受性，那麼我們的祖先永遠沒辦法發現火或製造輪子，也不會種農作物、建房子或設計機器。

　　在人類歷史的初期，這種說法或許正確。馬庫色卻認為，性壓抑已經不再有必要。新的閒暇會解放性慾，並在過程中改造社會。監督性行為的法律會廢止。諸如婚姻與單一配偶這種傳統制度會被推翻。

　　馬庫色的論調與第二次性革命的支持者不謀而合。躁動世代詩人羅倫斯‧利普頓（Lawrence Lipton）1965 年出版了《愛慾革命》（*The Erotic Revolution*），他樂觀地主張，科技與富裕生活不久後將會帶來性娛樂的解放。「『新的閒暇』已經帶來新的機會，讓生命力得以在狂歡中重新充飽。」

　　利普頓跟反文化其他代表人物一樣，主張結束所有對性行為的法律限制：「廢止所有規範婚前性行為的法規與章程；廢止所有讓男女同性戀違法的法令……廢止所有讓任何性行為違法的法令，包括所謂的『不自然行為』。」

　　這些法令試圖將性圈禁在婚姻的習俗裡，它們規定個人只能把性能力貢獻在某種特定的關係裡，也就是能夠創造新的核心家庭、製造下一代的關係裡。利普頓不表贊同。他說，私人關係就像私人財物，個人應該有權根據自己的喜好，自由花費自己的性慾以及他讓別人產生的性慾。

　　性革命者討論性的方式，往往與自由市場擁護者談論經濟的方式相呼應。他們都希望盡可能擴大個人自由，也都認為自由放任是最佳策略。

　　馬庫色在柏克萊倡導性解放的同時，經濟學家米爾頓‧傅利曼（Milton Friedman）也在芝加哥鼓吹給市場最大的「自由」，做法包括縮小各州規模，大砍社會保護措施。他相信，排除經濟活動的所有障礙，是創造富裕社會的最快速方法。

　　性革命者也以同一套理論談論性。即使傅利曼和馬庫色政治立場相左，卻都想解除加諸在個人身上的所有外在限制。一般認為，第二次性革命就是約會死亡的開始。但約會並沒有死，只是脫離了管束。「性愛自由」將約會的性伴侶市場變成了自由市場。

　　自由放任的愛情有許多面貌。早在馬庫色與利普頓著書立說討論愛慾與狂歡生命力之前，休‧海夫納（Hugh Hefner）就已經推出《花花公子》（Playboy）雜誌。創刊號在 1953 年擺上報攤，中央折頁是一幀瑪麗蓮夢露的全裸照，屈膝坐著，身體後傾，一隻手臂伸向頭部後方，背後掛著豔紅布匹。她杏眼微閉、朱唇輕啟，唇色與布匹相映。

　　除了裸女之外，《花花公子》裡也滿溢著配備了酒器與音響的單身漢公寓照片。這本雜誌要讀者享受一段純休閒的幻想生活，在那裡，做愛就跟喝雞尾酒或聽唱片沒有兩樣。事後，男人可以抽根雪茄，轉眼間把一切拋到腦後，就像忘掉平裝本龐德小說裡的細節一樣。

　　《花花公子》承諾的愜意生活不只讓男人跳脫婚姻與單一配偶制的束縛，它將女性軀體物化的作風也讓男人如釋重負，不必對跟他們上床的女人有任何感覺。編輯群告訴男性讀者，在全新的富足年代裡，他們可以「享受女性提供的愉悅，毋須牽扯到情感。」面積擴大的房子讓男人發現，他們也可以擁有自己的房間。

　　《花花公子》宣告，理想上性是一種消遣，大眾似乎欣然接

受這種觀念。至少某些人是。創刊號兩星期內銷售一空，這本雜誌也迅速變成固定的文化物件。到了 1970 年代，每一期雜誌都賣出數百萬本，美國每四個男大學生就有一個訂閱。到那時，食品藥物管理局已經批准口服避孕藥。避孕措施的問世，讓女人跟男人都至少能幻想著把性事當成無害的娛樂。

1965 年《柯夢波丹》雜誌延攬海倫・布朗（Helen Gurley Brown），希望讓這本銷售量連續十年下跌的雜誌起死回生，《花花公子》觀點的女發言人因而誕生。在布朗掌舵下，《柯夢波丹》變成女孩們的《花花公子》，算是吧。它跟《花花公子》一樣，題材圍繞著聲色之娛，性尤其是重點。它也跟《花花公子》一樣，封面總是袒胸露背、一般公認的美貌白人女性。只是，《花花公子》提供的是讀者可以享用而後甩開的女性圖像，《柯夢波丹》教導女讀者如何讓自己變得可用又好甩，也就是花花公子們渴望的女性。

《柯夢波丹》稱它想像中的理想讀者為愉快的大無畏女性。愉快的大無畏女性主義向女性保證，在性的享受方面，她們可以跟她們的兄弟或男友擁有同等的自由。它說，所有這些樂趣都會落到她們身上，正如另一項過去專屬男性、如今她們索求的特權——外出謀職——一樣。

《女性的奧祕》中的婦女解放

1960 年，人口普查員來到貝蒂・傅瑞丹家門口的時，傅瑞丹正在跟好友兼鄰居葛蒂喝咖啡。葛蒂聽見普查員問傅瑞丹從事什麼職業，傅瑞丹答，「家庭主婦。」

葛蒂打岔說，「妳別不把自己當回事。」

傅瑞丹趕緊糾正，「其實我是個作家。」

她花了兩年時間才完成當時正在絞盡腦汁的那本書：《女性的奧祕》。1963 年書本上市時，傅瑞丹已經習慣接受採訪和在電視上露臉。她發表的書本節錄備受矚目。接下來幾年裡，各界推崇她為美國第二波女性主義的推手。

《女性的奧祕》第一章描寫傅瑞丹在 1940 年代與 50 年代身為全職家庭主婦那種受困與不滿足感，儘管她過的日子很接近她在電視、電影與女性雜誌裡看到的那種理想生活。傅瑞丹說，她很多朋友也不快樂。她說，困擾她們的是一種「無名煩惱」。到了第一章末尾，她已經診斷出來，這些生活充滿焦慮與沮喪，只能用酒精自我麻醉的家庭主婦都在跟自己腦袋裡的聲音拔河，那聲音說：「我要的不只是丈夫、孩子和家。」

在數百頁的篇幅之中，《女性的奧祕》探討那些共謀來說服美國婦女應該想要這種生活的力量。這些力量說，如果她們過得不開心，問題在她們自己。到了最後一章，傅瑞丹教導婦女如何一步步解放自己。

首先，她們需要一份工作。傅瑞丹開玩笑地說，女性必須「終身投入某一範疇的思維，或從事對社會有重大意義的工作。如果終身職這個刺耳的語詞帶有太濃厚的獨身主義色彩，那就稱之為『人生計畫』、『職業』或『生活目標』」。

傅瑞丹呼籲國家頒布類似退伍軍人權利法案的計畫，幫助想繼續接受教育的女性遂其所願，由國家補貼學費、書籍、車馬費，甚至家務協助，讓她們安心去追求或許有助於她們重返職場的更高學位。

她樂觀地認為，那些帶頭闖進男性職業世界的女性，會拉姊妹

們一把。「當有足夠多的女性根據自己的真正能力制定人生計畫，
發言爭取產假，甚至女性休年假⋯⋯她們就〔不〕需要犧牲光榮競
爭與貢獻的權利，正如她們不需要犧牲婚姻與為人母的機會。」

　　然而，就呼籲女性發展人生計畫而言，如果拿來跟另一個更普
遍的版本比較，傅瑞丹論點裡那些嚴肅且系統性的元素相形失色。
海倫・布朗在《柯夢波丹》倡導的流行版女性主義更吃香，因為它
將職業女性的人生計畫改造成另一種光鮮產品。

《柯夢波丹》中的婦女解放

　　早在接掌《柯夢波丹》之前，海倫・布朗已經以她的指南書《性
與單身女子》（Sex and the Single Girl）躋身名流之列。這本書銷售創下
佳績。做個比較：到目前為止《女性的奧祕》總共賣出三百萬冊；《性
與單身女子》上市短短三星期就賣出兩百萬本。《性與單身女子》
告訴女性讀者應該跟男同事一樣，無所拘束地去約會。她們不必理
會親友們的好意催婚，在專心工作之餘，也要享受隨機性愛。

　　一如《花花公子》，海倫・布朗常把性描述成一種「玩耍」
或「趣事」。在她的下一本暢銷書《性與辦公室》（Sex and the Office）裡，
布朗甚至稱她的男性同事為「玩伴」。只是，即使單身女子能夠像
花花公子一樣收集愛人，他們之間仍舊存在重大差異。海夫納經常
披著浴袍出現在照片裡，他呈現的《花花公子》式生活十足悠閒。
反觀海倫・布朗，照片裡的她總是一套量身訂製的合身裙裝。她心
裡很清楚，她的讀者沒有男性那種好運。

　　「想進入單身天堂，要先跨過一道門檻。」布朗提出警告。「妳
得沒命地工作。」

　　儘管布朗筆調輕鬆，她對單身女子生活的描述聽起來卻是很累人。「單身女性為什麼有魅力？」她問道。「她有更多時間——通常也有更多錢——可以花在自己身上。她每天多出二十分可以運動，出門約會前也多一小時可以化妝。」

　　在約會時代早期，善心女孩接受男人的招待，因為她們賺取的微薄工資幾乎養不活自己，更別提娛樂開銷。可是布朗的單身女孩並不渴望休息。

　　「妳最繁重的工作就是妳自己——在家裡。」布朗教導女孩們。「絕不能讓自己流露出一丁點邋遢相。」

　　布朗用一些無疑想討讀者歡心的悄悄話暗示，她自己在日常美容上毫不懈怠。「我結婚的時候，搬進老公家的東西包括六磅重的啞鈴、斜臥腹彎板、除皺機、幾磅大豆卵磷脂，用來調製靜心雞尾酒的鈣粉、濃縮酵母與肝精。還有足以讓雕像活過來的高能量維他命。」

　　布朗鼓勵女孩們學習勞工階級售貨女郎前輩，將工作看成認識男人的機會。只是，布朗告訴讀者，不要有退出職場的念頭。售貨女郎期待找到可以救她們脫離賣場的丈夫，但野心勃勃的單身女子反轉優先順序，將對男人的渴望視為某種引擎，好讓自己更賣力工作。

　　「那些以為談戀愛會減低工作效率的管理階層都瘋了，」布朗高分貝宣告。「愛上主管的女孩一星期會賣命工作七天，還嫌工作時間不夠多。」

　　《性與辦公室》也盛讚工作為至高美德。透過打理自己，塑造自己的專業形象，單身女子才值得擁有辛苦得來的樂事。「妳的目標是性感的辦公室生涯，各種美妙的事發生在妳身上。」布朗說。

「懶女人可就沒有這份榮幸。」

　　在過去的年代，售貨女郎滿心渴望擁有令人嚮往的輕鬆日子。布朗卻讓大家覺得，沒完沒了的工作才是最教人嚮往的東西。循著這種觀點，人生的最高目標其實不是有個人陪，而是自己有多麼搶手。布朗筆下那些單身女子辛勤工作，就為了像收集貨幣一集收集男人的愛慕。男人本身似乎可以替換。

　　「利用他們，」布朗敦促她的讀者。「手法要高超完美，就像他們利用妳的時候一樣。」

　　《花花公子》完全贊同。海夫納最後變成布朗的主要擁護者。布朗堅稱一般女孩們都喜歡性，讓《花花公子》讀者大受鼓舞：原來他們心目中理想的「高顏值玩伴」並不是那麼「遙不可及」，到處都有她們的蹤跡。

　　「潛在的玩伴圍繞在你身邊，」編輯群告訴讀者。「你辦公室那個新來的秘書；昨天午餐時坐你對面那個水汪汪大眼睛美人；你最喜歡的商店裡賣你襯衫和領帶的女生。我們在公司的發行部門找到七月小姐，正在處理訂閱單、續訂和過期雜誌訂單。」

　　布朗向讀者保證，如果妳工作夠勤奮，可能就會走好運，被有力人士相中，變成《性與辦公室》的終極成功故事——全國知名的豔星。

女性外出工作＝消弭性別不平等？

　　終其一生鋪床、做三明治、採買、看著光影變化直到晚餐時間，然後每晚以男上女下的傳教士姿勢被同一個男人撞擊，不難想像為什麼年輕主婦會被布朗描述的生活吸引。不過，如果要用來解

決傅瑞丹診斷出來的那些問題，布朗的方案稍嫌短視。

表面上，《女性的奧祕》和《性與單身女子》似乎有著天壤之別：其中一本背景設定在近郊，另一本則在市區；其中一本的敘述者是煩悶的家庭主婦，另一個女主角則是性解放的職場女性。然而，這兩本書卻有著更多共同點。二者都認定，一旦女性走出家門從事有薪工作，所有女性的問題都可以迎刃而解。

二者也有共同的盲點。它們都誤以為「允許」女性就業就能消弭性別不平等。

1960 年代某些獲得離家謀職機會的女性確實擁有選擇權。誠如布朗強調的，單身女子如今已經可以養活自己。她們擁有收入，可以購買任何東西，特別是如果她們選擇不要小孩。只是，選擇如何運用時間與金錢的自由並沒有帶來男女平等，只是給女人一個機會，在男性壟斷的體制裡用更辛勤的工作爭取平等。

琴吉・羅吉絲做了弗烈德・阿斯泰爾的所有動作，而且她倒退著做，還穿高跟鞋[11]。那句名言這麼說。單身女子也被要求做所有花花公子做的事，在此同時還要成為他的玩伴。

換個稍有不同的方式說，布朗筆下那些性解放女性，並沒有跳脫由男人評斷自身價值的困境。到頭來，《柯夢波丹》女孩與在後座死命抵擋男友的「彼此認定年代」女孩並沒有多大差別。其中一個被告知她必須避開男性的慾望，另一個被要求必須經常勾引男性的慾望。這兩種傳統告訴我們，做為一個慾望化身，女性究竟該如何自處。

---

11 琴吉・羅吉絲（Ginger Rogers）與弗烈德・阿斯泰爾（Fred Astaire）都是美國好萊塢知名舞者，兩人搭配演出許多歌舞劇。這句話最早出現在1982年的漫畫 Frank and Ernest 裡。

　　有關愉快的大無畏女性面臨的限制，黑人女性主義者和勞工階級女性主義者向來比白種同道中人更有先見之明。自從她們的祖先被帶到美國充當奴隸，非裔美籍女性一直都離家工作，她們不會誤以為離家謀職的「機會」可以解決女性所有難題。

　　工作或不工作向來只是極少數人擁有的選項。其他人知道賺取工資並不是萬靈丹。事實上，很多黑人女性主義者表示，只有在自己家裡面，她們才能暫時逃離種族歧視。

　　1984 年黑人女性主義者葛洛莉亞・渥特金斯（Gloria Watkins）發表她的第一本書《女性主義理論》（Feminist Theory），使用筆名貝爾・胡克斯（bell hooks）。她直指傅瑞丹那一派女性主義的謬誤，因為她們忽略了大多數的美國女性。

　　「傅瑞丹的名言『無名煩惱』……事實上指的是某個特定族群遭遇的難題，亦即大學學歷、中上階級的已婚白人女性，對過多的時間、對家、對孩子、對採購感到煩悶，想要生活更精彩的家庭主婦。」胡克斯寫道。「她書裡以單一角度審視女性的生活現實，變成了現代女性主義運動的顯著特色。」

　　布朗大肆宣揚的新時代女性奧祕也歷久不衰，從明星小甜甜布蘭妮到臉書營運總監雪柔・桑德伯格（Sheryl Sandberg）等流行文化偶像，依然告訴年輕女性：要想擁有好生活，就得持續不懈地努力。

　　當年十幾歲的布蘭妮在歌曲中懇求假想男友「再打我一次」，還聲嘶力竭地說她是「他的奴隸」。只是，經歷過結婚、生子、離婚，以及眾目睽睽之下的精神崩潰，她的復出唱片宣揚單身女子的自我信賴。「妳最好工作……工作……工作……工作……」她在她的暢銷金曲裡「工作吧，婊子」（Work, Bitch）吟詠著。桑德伯格在她的書《挺身而進》（Lean In）裡對專業領域的年輕女性提出相同忠

告。碰到困難的時候，「繼續踩油門」。如果努力不管用，那就更努力點。傑出的女孩總是可以付出更多。

符合市場胃口的性自由

如果說愉快的大無畏女性主義沒能照顧到如此多女性的困擾，那麼它為什麼會受歡迎？因為它符合市場的胃口。這種品牌的女性主義幾乎可以用來銷售任何東西。

1960 年代到 1970 年代之間，Virginia Slims 菸草公司把女性主義變成了廣告詞。寶貝，妳該寵愛自己了！意思是，妳該對自己好一點，把妳出生時被賦予的性別當成一包特別的香菸買回去。企業無所不用其極地瞄準愉快的大無畏女性的口袋，把她的勞力當成解放賣還給她。如今，那些無所不賣的廣告都要歸功於他們，從筆到人造陽具到反對將生育權視為權能賦予的候選人。

《柯夢波丹》繼續它的一貫口吻，說得彷彿擁有選擇就擁有權利似的。它的識別標記就是那份表單。每一期刊物裡都條列幾十項「取悅妳男人的方法」。同樣的祕訣一再重複，每個月以不同文字重述一遍，由此應該醒悟到，我們的選擇也許不像雜誌定期更新的表單暗示的那麼多。此外，這些表單的重點或許不在滿足我們的需要，而在滿足雜誌提升銷量的需求。隨便拿一本來讀讀，妳就會發現，妳擁有的選項其實不像封面告訴妳的那麼多。幾乎沒有意外，表單內很多項目都只是改編上一期的選項。其中至少三條會涉及對男性的前列腺施加壓力。

最重要的是，妳的愉悅鮮少登上表單。《柯夢波丹》經常指出，女性需要享受性愛的主要原因在於，男人偏好喜歡做愛的女人。

　　布朗對性的積極態度十分先進，只是，她並沒有挑戰「女性的存在是為了取悅男性」這種普遍存在的觀念。女性想讓生活更順遂，要採取的對策就是繼續扮演被物化的角色。布朗沒有質疑強化性別偏見的權力結構。相反地，她告訴讀者，接受這些權力結構，操弄它來謀取自己的利益，非但有道德上的必要性，也是專業策略。

　　「我不認為世上有任何說得過去的理由來批判上司，」她在《性與辦公室》裡宣稱。「妳必須瘋狂愛戴他。拒絕對一個每天跟妳一起上班八小時的好上司擁戴與奉獻，就等於黃腹沼澤帶母鳥拒絕給她的幼鳥蟲子。」

　　《性與單身女子》開頭幾頁就揭露一個事實：儘管布朗鼓勵讀者陶醉在性自由裡，這些自由並沒有讓她們更獨立。這本書以自我吹捧開場。

　　「我 37 歲才結婚，」布朗寫道。「只要想想當時我年紀多大，他條件又有多好，就覺得這根本是奇蹟。」緊接著她告訴我們，她丈夫是好萊塢大牌製作人，而她自己一開始也沒有任何特殊條件或背景。她長得不是特別漂亮，也不是含著金湯匙出生，甚至沒上過大學。

　　「可是，我不認為我能嫁給我丈夫是個奇蹟。我認為我配得上他！我發奮圖強 17 年，讓自己變成他看得上眼的女人。」她說。

　　在我們踏上由她帶路的單身女子探險旅程之前，她要我們先弄明白我們為什麼應該信任她：最終，她得到了她的王子。

　　如果只能在家務事和昏天暗地的工作之間做選擇，也難怪年輕女性可能會咒罵一句「去它的，」扔掉安眠藥和大豆卵磷脂，出發往西岸去。

第二波性革命

比起《花花公子》和《柯夢波丹》促成的性革命，第二波性革命激進得多。1960年代的嬉皮並不是美國自封性愛自由者的先鋒。打著這面旗幟集氣的美國反文化運動由來已久。白人廢奴主義者弗朗西絲‧萊特（Frances Wright）在1825年建立了美國第一個「性愛自由」公社。她邀請解放的奴隸與廢奴主義者一起，在這個沒有婚姻制度、也不設定單一伴侶制的社區共同生活與工作。

許多十九世紀的馬克思主義者、無政府主義者和女性主義者將婚姻貶為「性奴役」或賣淫。他們反對以私人愛情契約──套用他們的話──讓男女雙方將對方視為財產。這些批評者看出了婚姻本質上的不平等：嚴重偏袒男性的經濟制度與離婚條款。很多人妻沒有辦法出外工作賺錢，意味著她們只能坐視丈夫拈花惹草。如果男人離開女人，他失去的只有她。如果女人離開男人，她馬上生活陷困。

1870年代社運人士維多莉亞‧伍德霍爾（Victoria Woodhull）是美國歷史上第一位女性總統候選人，她鼓吹性愛自由。

「沒錯，我是個性愛自由者。」伍德霍爾在1871年一場演講會上說。「我擁有不可剝奪、與生俱來的自然權利去愛任何人，我可以想愛多久就愛多久；高興的話也可以天天換愛人，在這種權利下，你或任何你制定的法律都沒有權利干涉我。」

伍德霍爾的意思是說，女性有權自由選擇結婚或離婚。她說，影響愛情關係的應該是真情與抉擇，而非經濟需求與社會義務。不過，她也明白，為了讓性愛自由有發展的空間，想參與其中的人必須建構新的制度來取代婚姻與家庭。

　　她告訴台下的聽眾，她「有權要求行使自由且不受限制」的權利去戀愛。「你不但有責任賦予我這個權利，也必須確定我在這個群體裡受到保護。」

　　內戰後年輕人對制度的不信任，在越戰期間以十足勁道捲土重來。年輕人再度趨向性愛自由，以此表達對他們父母的世界的不滿。只是，有別於伍德霍爾，他們的重點在於破壞，而非建設。

　　紐約與舊金山的年輕激進份子心裡很清楚，他們要的絕非當代光鮮雜誌承諾的「性感……成功的人生」。他們不希望將來變成像他們父親那種緊盯《花花公子》雜誌的偽君子，或他們媽媽那種在床墊底下發現黏答答色情雜誌就用力吸鼻子的家庭主婦。他們要的不是自己成長的那個社會變得更愉快、更大無畏，他們要一個全新的世界，他們只是不知道那個世界應該是什麼模樣。

　　傑弗森・波藍（Jefferson Poland）是性愛自由運動最具影響力的人物之一，在職業生涯的不同階段裡，他曾經用過傑弗森・法克（Fuck）和傑弗森・克里特里克（Clitlick[12]）。他跟同志運動人士蘭迪・維克（Randy Wicker）和詩人兼音樂家圖利・庫佛伯格（Tuli Kupferberg）共同在紐約創立了「性自由聯盟」。成員每星期聚會，討論人可以違反多少性禁忌。大家一致同意，性別角色應該揚棄。雙性戀與群體性行為入場，一對一制退場。至於人獸交，他們商量結果是，只要動物不抗拒，就沒問題。

　　性自由聯盟的宣言是「不要強暴、不要規範」。他們相信，當事人同意與否，才是限制任何人從事他或她想要的性活動的唯一因素。一九六五年波藍遷居舊金山，在那裡成立了性自由聯盟分部。他在一處市區海灘舉辦了一場媒體爭相報導的「裸體涉水」活動，

也參與了嬉皮區海特黑什伯里活躍的街頭文化。

在那之前柏克萊大學發生學生抗議事件，校園因此癱瘓，也造就了接受這些觀念的環境。

唯心論者理察．索恩（Richard Thorne）持續運用柏克萊的地下刊物《柏克萊芒刺報》做為發言平台，他說，少了單一配偶制，交媾變得「神聖」。「我們必須揚棄自私、嫉妒、占有，」他寫道。「但不放棄交媾。」

1967 年初，數千名年輕人擠進金門公園（Golden Gate Park）參加「人性存在」（Human Be-In）活動，這是一場發表躁動世代詩作、極左派演說與嬉皮樂團表演的公開活動。觀眾公開嗑藥，裸體日光浴，記者和攝影師在一旁張望、獵取鏡頭。從心理學家變身迷幻藥代言人的提摩西．利里（Timothy Leary）呼籲他們「激發熱情、向內探索、脫離體制。」

那是自由的寫照，可是有人擔心它不長久。艾倫．金斯堡站在台上等候發表詩作時，轉身悄聲問他朋友勞倫斯．弗林加提（Lawrence Ferlinghetti）：「萬一我們錯了呢？」舊金山活動的照片吸引越來越多逃家孩子和追尋者，其中很多人根本不知道自己在追尋什麼。他們只知道自己追尋的不是什麼？

茱莉．史奎德（Julie Ann Schrader）記得她曾經在《生活》雜誌看過一系列舊金山的照片，當時她還是青少年，住在威斯康辛州近郊。2013 年她接受採訪時回憶說，照片上是「一群人在嬉皮談情說愛集會上，臉上掛著燦爛笑容，身上幾乎一絲不掛。」她看到照片的那一刻，就知道自己必須逃家。

---

12 字面意義為舔陰唇。

「如果我繼續留在威斯康辛州，就會嫁給我的大學男朋友，在主日學校教課，建立家庭，過著跟我父母一樣的生活，」她寫道。「我的未來被上了鎖，想到這裡，我心驚肉跳。」史奎德輟學，拋下中產階級人生計畫，搭便車西行。很多人也跟她一樣，急於在傳統婚姻提供的有限可能之外尋找愛與浪漫。

在舊金山，情侶省略了約會的繁文縟節。他們相遇、配對，再以令人錯愕的速度各奔東西。這並不表示他們的關係沒有風波起伏。在舊金山，性可以有多種涵義。一夜情可能順勢演變成習慣法婚姻；一場痴狂戀情也可能讓你從此深陷強效毒品的泥淖。

1967 年末，海特區已經擠滿逃家青少年。嬉皮們企圖打造的新世界很難維持。他們否定了所有法律，卻沒有明確規定那些該有人做的事情由誰去做。在沒有指導方針的情況下，他們通常走回老路，重拾高度陳腐的性別角色。

女權作家瓊·蒂蒂安（Joan Didion）寫過一篇有關「愛之夏 [13]」（Summer of Love）的文章，篇名叫〈浪蕩到伯利恆〉（Slouching Towards Bethlehem），文中她描述跟「麥克斯」的相遇，麥克斯認真嚴肅地向她強調，彼此相愛可以不必承擔任何責任與束縛。

「麥克斯告訴我，他已經完全擺脫舊社會中產階級那些弗洛伊德心理障礙。『我跟一個老女人在一起兩三個月了，有一天她好像幫我做了特別晚餐，而我三天後才回去。我告訴她我忙著跟一個小妞打砲。呃，她好像吼了幾聲。不過我告訴她，這就是我，寶貝。然後她笑著說，這就是你，麥克斯。』」

「麥克斯，」蒂蒂安總結道。「覺得自己的人生戰勝了『不可以』。」

麥克斯或許拒絕了掌控他父母人生的那些高壓法令，可是他

跟他的「老女人」之間的關係最引人注目的是，它顯得非常傳統。麥克斯隨口提及伴侶為他烹煮的食物，理所當然地認為她應該為他料理三餐，無條件地愛他。婚姻與家庭制度被摧毀之後，沒有人清楚一切該如何運作。

海特區確實有一群遊蕩志工：掘地者（the Digger），他們設法處理街頭巷尾各種越來越嚴重的失序現象。這個半匿名組織的主要成員是藝術家與激進派人士，他們在舊金山默劇團演出時彼此結識，他們共同的指路明燈是「自由」這個概念。

這個團體跟一個名叫大衛·史密斯的醫生合作，成立了海特黑什伯里義診中心，主要對治勢如燎原的性病和毒品相關疾病。他們設立了「免費商店」，裡面堆滿外界捐贈的物資，任何人都可以自由拿取。他們還開闢了幾個「供餐點」，為逃家青少年和市府員工提供免費三餐。他們也贊助「老大哥」樂團（Big Brother）和「死之華」樂團（the Grateful Dead）免費街頭音樂會，他們反對任何營利性質的商業音樂活動。

「呆子才買戀人們免費享用的東西。」他們的抗議標語說。「都是你的。如果你想跳舞，就在街上跳。」

掘地者最大的企圖在於：發揮身教效果。

演員彼得·凱歐提（Peter Coyote）是掘地者的創辦人之一，後來他說明他們的觀點：「我們希望，如果我們非常技巧性地演示自由人該如何生存，樹立具體典範，就能發揮風行草偃的效果。」

只是，結果的呈現並沒有他們想像中那麼快速。為免費商店收集捐贈衣物、烹煮並分送食物等等都變得異常費力。於是，男人

---

13 指 1967 年夏天，嬉皮運動達到鼎盛，十多萬人擠進金門公園周邊參與各種演唱會、派對活動。

們忙著規劃各種壯觀場面來吸引外界目光，女性則扛起維持運作的所有苦差事。

　　女生們清晨五點起床，發動破舊卡車，或偷竊或犧牲色相，從小販那裡弄來肉品和蔬菜，煮出一鍋鍋豐盛燉菜，趁熱裝進超大牛奶鋼瓶裡，拖到公園東端嬉皮聚集的大本營，一勺勺分送出去。蘇珊·奇絲是掘地者女性成員之一，她後來參與了舊金山北邊黑熊公社的創立。她還記得當時「自由」這個概念靠什麼支撐。

　　「我們每星期到舊金山農產品市場搜刮免費食物兩三次，」2007 年她告訴媒體記者。「市場上那些男人會給我們食物，是衝著我們的長相。我們拿美色交換。」原來自由並非免費。正如 1890 年代與 1900 年代的善心女孩，這些社運人士用調情換取食物。食物一到手，馬上交給男朋友或陌生人。掘地者倡導的中心思想，必須仰賴女性的勞動成果。

　　就連政治立場最激進的男人也追求傳統的男女關係。社運人士兼學者安琪拉·戴維斯（Angela Davis）在自傳裡表達了她的挫折與疲憊，因為她在跟黑豹黨[14]合作的過程中遭遇性別歧視。「我受到嚴厲批評，特別是男性黨員，因為我做了『男人』的事。」他們說，女人不可以擔任領導者，女人的職責在於「鼓舞」她的男人、幫他養育下一代。

　　社運人士兼作家托妮·班芭拉（Toni Cade Bambara）說，她那些黑豹黨男性同仁向來不在乎女性黨員的感受，而且以贏得種族正義的共同目標為自己的行為辯護。「我總是聽到某些哥兒們說，黑人女性應當一心奉獻、要有耐心，好讓黑人男性重拾尊嚴。」她回憶。「所以情況永遠沒有改善。」

　　不難想見與班芭拉共事的那些「哥兒們」在長期被奴役的陰影

下失去男子氣概。體制性的種族歧視會嚴懲展現性別特徵的男性，也讓他們幾乎沒有辦法賺取足以餬口的薪資。儘管如此，事實的狀況是，黑豹黨的男性至上文化要求女性黨員把自己的渴望與抱負放在第二位。正如女性掘地者與麥克斯的「老女人」，女人就該努力工作、耐心守候。

眾所周知，非裔美籍民權運動組織「黑色力量」（Black Power）領導人斯托克利·卡邁克爾（Stokely Carmichael）曾經對協助他追求目標的女性發表不尊重言論。1964 年他聽說女性志工在散發一份立場聲明，內容是有關女性在學生非暴力調解委員會（SNCC）裡的立場。這是一個人民組織，卡邁克爾後來也擔任這個組織的領導人。當時他說，「女人在 SNCC 裡能有什麼立場，」他取笑說。「女人在 SNCC 裡的立場就是沒有立場。」

在性革命的背後：把高牆推倒，卻沒有建造新世界

很多「嬉皮小妞」最後為「自由」付出的代價不只是採買和洗碗盤。她們隱忍肆無忌憚的性暴力文化，包括強暴或勉強自己接受性行為。「如果他們本性如此，」1967 年《柏克萊芒刺報》如此忠告女性。「就讓他們發揮本『色』吧。」至於那些沒辦法這麼事不關己的女性，我們只能寄予同情。

1967 年，有個名叫切斯特·安德森（Chester Anderson）的掘地者成員懷著厭惡脫離組織，之後用自己的油印機印製公報散發。他在海特區四處張貼公報，抨擊他所謂「種族隔離的放蕩文化界」的虛

---

14 Black Panther Party，1966 年至 1982 年活躍於美國的非裔美籍民族主義與社會主義組織，致力爭取黑人民權與持有武器等正當防衛權。

偽與種族偏見，或批判掘地者仇視女性。有一份公報宣稱，嬉皮區的街道對女性而言危機重重。

「17 歲的漂亮中產階級小妞來到海特區，想看看這地方是怎麼回事，碰上了 17 歲的街頭毒販，」那人整天不停跟她打砲，最後餵她三千麥克（微克的迷幻藥，是正常劑量的 12 倍），再把她暫時失能的身體當成獎品，提供給從大前天就持續的雜交派對取樂。這就是狂喜的理念與倫理觀。在海特街，強暴就跟說大話一樣普遍。

警員柯林‧巴克指出，金門公園裡與周邊地區的強暴事件發生太頻繁，「幾乎沒有人報警。」詩人艾德‧山德斯（Colin Barker）如此描述那幾年的嬉皮區，「幾千隻胖嘟嘟的小白兔擠在山谷裡，被受傷的土狼包圍。」

即使沒有被下藥「當成獎品」送出去，反文化裡的女性過得並不輕鬆，她們必須努力表現得自己隨時隨地都想要性。蘇珊‧奇絲記得自己曾經非常害怕那種似乎反性的革命。「他們有個道德觀，說性行為越多越對妳好⋯⋯如果妳表現不如預期，那麼妳就是精神緊繃、彆扭。某些女生好像很能適應，但我不能。」

在反文化族群裡，在任何性冒險活動裡表現英勇，被視為成熟世故的證明。即使女性心裡不樂意，仍然感受到強大壓力，不得不服膺「性愛自由」原則。

「在 1960 年代，拋開自我設限的責任落到女性頭上。」女性主義者席拉‧潔佛瑞（Sheila Jeffreys）在她的回憶錄《反高潮》（Anticlimax）裡說。「被男人指控放不開是很嚴重的事，背後的涵義是，那個女人古板、思想狹隘，而且某種程度上心理不正常。」

根據這種邏輯，心理健全意味著妳必須接受一種很類似《花花公子》宣揚的那種性觀念。也就是說，性完全只是（肉體上的）「愉

悅⋯⋯不涉及情感。」

性革命確實鼓勵許多女人在自己想要的時間做自己想做的事，不管她們承襲了何種文化禁制。只是，當性愛自由者認為革命就該免除所有束縛，他們忽視了個人也應該擁有繼續接受任何程度約束的自由。我們大多數人如果欠缺安全感，就會放不開。很多人在陌生人面前會不自在，一旦對伴侶失去信任或興趣，我們也可能再度變回拘束與「彆扭」。

正如潔佛瑞，反文化裡的許多女性奮力抵抗著悄悄蔓延的不情願與害怕的感受。通常，這種感受不是毫無由來的。畢竟女性比男性更容易受到性暴力。如果因而懷孕或感染性病，她往往得承受更悲慘的後果，因為「愛之夏」發生在她可以合法墮胎之前五年。

性愛自由人士提倡解除傳統加諸在情感自由交流上的各種障礙，但在某些情況下，性革命者並沒有解放性，而是奪走那些最容易被剝削的弱勢者的性愛自由。儘管這個時代對自由期待極高，卻沒有帶來某些人希冀的烏托邦。在不平等的社會裡，掙脫過去的法律束縛，並不能馬上讓個人獲得同等自由去追求自己的夢想。比如說，如果你沒有一筆資金，創業自由並沒有多大用處。沒有食物的自由，代表的可能只是餓肚子的自由。

性愛自由承諾讓個人跳脫傳統社會習俗的束縛，它卻理所當然地採納了某種特定的男性特質，它植基於《花花公子》那類雜誌推銷的對男子氣概的幻想。不必對性有某些感受的自由，最後變成被迫不能對性有任何感受。這種性愛自由開始變得很像沒有愛的自由。

時下的保守派總說，性革命誘騙女性去抓取她們不想要的自

由。事實恰恰相反。性革命並沒有太過火，它其實做得不夠，它在性別角色與男女關係上引發的改變不夠劇烈，沒能讓所有人都獲得理想主義者描述的那種自由。它把高牆推倒了，卻沒有建造新世界。

Chapter 7

約會市場的利基：
愛情，經濟活動的一環

　　「貪婪沒什麼不好。」充滿傳奇色彩的股市大亨伊萬‧布斯基（Ivan Boesky）對柏克萊大學商學院畢業生演講時說了這番話。「我認為貪婪很健康。你在貪婪的同時，也可以自我感覺良好。」那是在 1985 年五月，距離抗議學生癱瘓校園已經二十年，很多事情都改觀了。1960 年代的激進派學生堅稱，他們有權隨心所欲地過自己的私生活。然而，到了 1980 年代，柏克萊的學生理所當然認為，只要他們願意，可以在任何時間跟任何人上床。比起性愛自由，他們更感興趣的是高額融資。

　　為大導演奧利佛‧史東（Oliver Stone）的電影《華爾街》（*Wall Street*）寫劇本的編劇直接套用布斯基在柏克萊說的話，變成劇中反派主角葛登‧蓋柯最擲地有聲的台詞。蓋柯這個角色由麥克‧道格拉斯飾演，劇中他負責策劃，要惡意併購一家家族經營的造紙公司。

　　「貪婪──我找不到更貼切的字眼──很好。」他對滿屋子搖擺不定的股東說。「不管你貪求的是生命、金錢、愛情或知識，任何形式的貪婪都激勵人類向上提升。」

　　1987 年十二月《華爾街》上映時，股市已經崩盤，布斯基也因為內線交易被定罪。他被判罰金一億美元，還得入獄服刑三年半，而且終身不得從事證券相關工作。可是，他的名言貪婪很好從此流傳。葛登‧蓋柯說的那句更出人意表的話──*貪求愛情*──卻沒有同樣的影響力。

　　當頹廢派像瑪丹娜一樣低聲吟唱著*有錢男孩永遠都是白馬王子* [15] 的時候，口氣總不免帶點挖苦。可是，到了七〇年代末與八〇年代初，美國經濟轉變，婚姻成了奢侈品。社會上普遍認為，只有中上階級和受過大學教育的有錢族群才有條件結婚並維持婚姻。這

種觀念大幅改變約會的面貌。約會的改變還有另一個因素，就是八〇年代遺留給我們的另一個重要概念：如果貪婪很好，那麼慾求越是具體，就越能發揮作用。

投身約會市場

浪漫主義者喜歡把愛情跟美好偶遇牽扯在一起。他們等待著法國人所謂的天雷勾動地火的那一刻，希望被閃電般的吸引力擊中。不過，現實主義者看出策略性壟斷約會市場的好處。為了達到這個目標，你必須了解利基所在。所有以演算法為基礎的交友網站都秉持這個前提：只要數據夠精確，他們就能幫任何人找到他或她的靈魂伴侶。然而，為了更有效率地使用這些服務，你得先精鍊你的搜尋關鍵字。

從售貨女郎的年代以來，約會人士用來展現性格的「喜好」數量倍增，而且更為精準。有個朋友最近告訴我，他之所以找到上一個女友，是在 OkCupid 上搜尋喜歡加拿大女作家艾莉絲·孟若（Alice Munro）的紐約異性戀女子。原本他打算跟那五個搜尋結果一一見面再作定奪，卻跟第二個擦出火花，兩人交往了四年。我很驚訝，孟若竟然只幫他找到五個異性戀女子，畢竟她是諾貝爾文學獎得主呀。「嗯，是啊。」那個朋友說。接著他又承認，其實他試過別的作家，可惜都成效不彰。「我喜歡大衛·福斯特·華萊士（David Foster Wallace），可是如果你在 OkCupid 上輸入他的名字，結果會很悲慘。」

---

15 出自瑪丹娜的歌 Material Girl。

　　為了要吸引潛在對象，你必須知道往哪兒去找。你還得學會突顯自己，好讓合適的人能找到你。交友網站 howaboutwe 的基本概念在於，如果某件你心血來潮想做的事吸引某人，那麼你們一定合得來。使用者提議約會活動，其他使用者會收到這項訊息，如果你想做某人提議的那件事，網站就幫你們牽線。要在這個網站上有所斬獲，就得擅長在光怪陸離與千篇一律之間找到平衡點。如果你輸入一起去看場電影如何？收到的反應可能不會太熱烈。但來我家玩瑪利歐賽車，順便吃我沒吃完的伊索匹亞料理外賣，然後因為被食物搞得腸胃脹氣哈哈大笑如何？恐怕不太吸引人。儘管如此，只要跟對的人一起，那些事做起來好像也挺有趣。

　　哈佛商學院客座教授史考特・寇米納爾（Scott Kominers）在他的市場設計課程教授線上交友實務，對單身者在交友網站或 App 發送的訊息為何總是偏離目標有一番見解。他說，提議看電影與玩瑪利歐賽車之間的推拉效應，是幾股分別趨向「混和均衡」或「偏態」或「極化」的力道彼此競爭的結果。

　　第一種效應說明為什麼這麼多交友網站個人檔案看起來如此乏味。比方說，為什麼幾乎每個人都說他們喜歡旅遊？

　　「如果提供某個被視為不尋常的選項會讓你付出高昂代價，人們就會去參考別人的答案，拿來自己用，就是那些常見的答案。」寇米納爾說。例如，某個人只要在興趣欄底下鍵入「數學饒舌」，馬上就會嚇跑一堆人。

　　「如果我是個異性戀男子，列了某項高代價答案之後，發現沒幾個我感興趣的女人回應我的訊息，我就會去考察考察別的男人都寫些什麼東西。我看到他們寫『旅遊』，沒有提到像『數學饒舌』這麼怪胎的東西。我就想，『嗯，旅遊還可以。我不至於不喜歡旅

遊。』於是我也把旅遊列為興趣，希望提高成功機率。」

不過，混和均衡效應最終還是能帶來相反結果。很多使用者發現自己被平凡無奇的個人檔案淹沒，或在茫茫大海中感到失落，於是開始尋找讓自己鶴立雞群的訊號。寇米納爾說，「偏態正是網站的效應，是大家看起來都大同小異這種現象的結果，也是它引發的反應。」時日一久，這種進程會使得類似 FarmersOnly 這種利基導向的網路服務倍數增加。

約會的目標：鎖定特定族群，找到利基點

找到你的另一半──那個專門為你量身打造的人選──這種夢想由來已久。在羅馬神話裡，孤單的雕刻家畢馬龍（Pygmalion）鎮日專注地塑造他心目中理想女性的雕像。最後女神維納斯動了惻隱之心，賜予他的大理石女孩生命。他們結了婚，從此過著幸福快樂的日子。這個故事在 1980 年代的版本是美國知名導演約翰‧休斯（John Hughes）的《摩登保姆》（Weird Science），內容描寫兩個高中電腦怪伽憑空造出自己的夢幻情人。他們的靈感不是來自維納斯，而是因為在有線電視上看到 1931 年出品的電影《科學怪人》。他們使用的材料也不是石材和鑿子，而是桌上型電腦，用各種電線把電腦連接到一堆從雜誌上剪下來的圖案上。他們製造出來的「科學美人」對他們來說年紀有點大。不過，她憑空變出一部時髦跑車，又幫他們主辦狂歡派對。他們的行情因此水漲船高，終於把到俏麗的真人女友。

《摩登保姆》是科幻電影，原本就走搞笑路線。可是，時下的網際網路拋出叫人心動的願景：任何男人或女人幾乎都能辦到這

點。如今我們大家都可以夢想變成畢馬龍 2.0。

　　表現上看來，利基時代初期顯得跟之前的性愛自由年代大不相同。1966 年雷根第一次競選加州州長時，向選民承諾要清除「柏克萊流浪漢」。到了 1980 年他第一次競選總統，又公開表達對嬉皮的鄙視，贏得保守派陣營的支持，他說那些人「舉止像泰山、外表像珍、身上的味道像奇塔。」而且沉迷於「下流得教我說不出口的縱慾行為。」

　　大多數美國人似乎都有同感，覺得性革命那場人人免費的鬧劇已經歹戲拖棚，所以雷根取得壓倒性勝利。只是，無論保守派多麼急於找回五〇年代的「傳統」價值，他們卻沒辦法直接扭轉五〇年代以來發生的具體變化。氣勢如虹的製造業經濟已經崩潰，工資大幅下滑，數百萬名受薪族群的妻子沒辦法在家相夫教子，他們的彼此認定世代孩子也沒有充裕的零用錢可以加油、買奶昔或跳舞。正因如此，雷根革命並沒有抹除反文化的中心信條，反倒讓它更廣為流傳。

　　媒體總愛諷刺消遣那些在八〇年代轉換陣營的前激進派人士，其實那些人有權選擇。1965 年瓦茲大暴動期間，黑豹黨創辦人之一巴比・希爾（Bobby Seale）在電視螢幕裡高喊「燒吧！寶貝，燒吧！」後來他轉換跑道，變成美食主廚。影星珍・芳達也從反戰偶像搖身一變，一手打造了以有氧舞蹈錄影帶起家的健身王國。

　　激進派人士會從暴動現場走向生意場，背後因素不只是看清世態炎涼或理想破滅，自由市場擁護者儘管穿著打扮有別於性愛自由人士，他們之間卻有著某些奧妙的相似點。羅倫斯・利普頓與提摩西・利里這類作家或社運人士倡導的個人自由思潮，催生了嶄新世界觀。在這種新穎世界觀裡，正如布斯基所說，「還不錯」代表

「健康」，「健康」代表「覺得自己很好」。而生活在自由世界的重點在於，可以無拘無束地追求快樂（快樂的定義個人自由心證）。

「愛之夏」期間湧入嬉皮區的年輕人就像過去的彼此認定世代，相信生命的目標就是幸福安康：只要消費，你就能得到它。差別在於，他們拒絕接受現存的有限商品與生活方式。她們不想跟「某個特定男孩」一起去喝沙士冰淇淋飄浮；不想嫁跟他們在汽車裡撫弄的第一或二個女孩；更不想過著朝九晚五的生活，只為了償付那棟組合式房屋的貸款，好讓她在裡面洗著碗盤慢慢變老。他們想要體驗，意思可能是使用毒品或擁有情人，或二者皆是。

有些激進派成年後變成雅痞，更加強這種曲解。社會制度，比如婚姻，不但不應該阻止個人追求任何內心渴望，健全運作的經濟體更應該提供你能想像的任何一種愛。核心原則依然存在：貪婪很好。你可以自由地追求你要的東西，不管是迷幻藥，或在嬉皮區為你的公社煮飯的「老女人」，勞力士錶或有個律師事務所女同事在回家途中繞點路、買外帶鮪魚壽司來到你住的大樓。當柏林圍牆倒塌、蘇聯解體，似乎拜金女孩看法正確：慾求擺脫束縛之後衍生的益處，將能雨露均霑。

1950 年代，某些行銷專家就已經看出，二次大戰後大量消費帶來的經濟成長不可能持久。1956 年的《行銷雜誌》（Journal of Marketing）指出，未來將另有出路：也就是經濟學者溫德爾·史密斯（Wendell Smith）所謂的「市場分割」。不久後，越來越多公司負責人認為，比起企圖將所有消費者一網打盡，鎖定懷抱獨特慾求的人顯然合理得多。到了八〇年初，科技的進步似乎讓人覺得，用心經營的公司可以無上限地進行市場分割。到了 1970 年代，行銷人員開始採用不一樣的手法：區隔與征服。不管你的目標是介紹全新產品，

或擴大某項現存產品的市場需求，最佳策略就是鎖定特定族群，針對這個族群的需求塑造產品特色。到了 1980 年代早期，「利基」（niches）變成商業界行話。

1983 年的學術刊物《管理評論》（*Management Review*）裡有一篇文章預測，隨著電腦輔助設計（CAD）與電腦輔助製造（CAM）系統的進展，不久的將來，個別公司將能夠迎合幾乎沒有上限的利基市場。在「未來工廠」裡工作的機器人，可以透過程式設計製造出不同產品，耗費的成本遠低於真人勞工的訓練與薪資所需。單一條碼系統在產業界的廣泛使用也是一大助力。因為業界可以標記零件，方便在整個生產線上進行追蹤。Code 39[16] 讓消費者得以事先明確指定他們要的樣式。你不只能買到今年的別克汽車，還能指定任何你喜歡的顏色、內裝和鑲板。

在此同時，新的傳播科技也讓廣告能夠更有效地針對利基客群。1980 年全美有五家電視公司，其中前四大 ABC、CBS、FOX 和 NBC 囊括了 90% 的收視群。到了 1990 年，美國共有幾百家有線電視，其中沒有任何一家擁有前四大那種收視率。廣播電台方面也發生類似重大變化，而網際網路也開始擴大它的影響力。再過不久，傳播管道就會比電視影集《廣告狂人》（*Mad Men*）裡的廣告商所能想像多得多。

在這段期間，約會的目標也變得更明確。商人設法吸引某一種約會人士。他們跟瑪丹娜一樣，要口袋最深的那一種。

雅痞商機：要「非常特定」的東西

沒有人知道「雅痞」這個詞是誰想出來的。不過，很多人認

為是《芝加哥論壇報》（*Chicago Tribune*）的專欄作家鮑勃‧格林（Bob Greene）。因為他在 1983 年三月一篇有關傑里‧魯賓（Jerry Rubin）的企業人脈沙龍報導裡提到這個詞。魯賓過去曾經是激進份子，跟艾比‧霍夫曼共同領導青年國際黨，也跟「芝加哥八傑」[17] 一起受審過，如今每星期在紐約聞名的狄斯可舞廳 Studio 54 舉辦「人脈派對」。

　　「如果你對商業界懷抱雄心壯志，那麼你的工作不會在下午五點結束。」魯賓對格林說。他的派對必須憑邀請卡入場。賓客繳交八美元費用，進門前還得先留張名片。這些名片事後會拿來分類，依人脈價值排列從 A 到 D 的等級。派對不關燈，音樂是輕柔的古典名曲。

　　「這裡不是單身酒吧，」魯賓強調。「這是讓生意人認識其他生意人的地方。也是一天工作的延伸。」1983 年三月，他計畫在全國 36 個城市連鎖經營。在格林出席的那場派對上有個人話中帶刺地說，魯賓已經從異皮[18] 的頭兒變身為雅痞——年輕的都會區專業人士——的代言人。在這個過程中，他順便也把美國最放浪的約會地點轉變為拓展人脈的場所。

　　並非只有魯賓看見雅痞這個巨大商機。八〇年代早期，政治民調專家與市場調查公司開始關注這個新興族群。加州智庫 SRI 國際公司 1984 年調查發現，全美大約有四百萬名年收入超過四萬美元、25 歲到 39 歲的專業或經理級人士。在 1979 年到 1983 年之間，

---

16 條碼的一種，每個字元由五條黑線及四條白線組成，這九個線條之中有三條是粗線。

17 Chicago Eight，以艾比‧霍夫曼為首的叛逆青年，1968 年大鬧芝加哥民主黨全國代表大會。

18 yippies，即指青年國際黨黨員，YIP 是青年國際黨 Youth International Party 的縮寫。

其中 120 萬人遷入當年他們父母逃離的都市。他們買光了維多利亞時代的紅磚建築和利用工廠與倉庫改造的集合住宅，這些建築物都因為美國工業生產力削減而廢棄，被地產商買來改建為住宅區。

　　一百多萬人還不足以吸引全國性政治人物的目光。不過，當民調公司把戰後嬰兒潮中擁有大學學歷的白領或專業技術人士納入版圖，這個數字就躍升為兩千萬。企業界紛紛鎖定這塊市場大餅，媒體也為他們著迷，根據他們的個別特徵創造出一種又一種分類法。

　　那些伴隨雅痞而來的神話重點不在他們花多少錢買東西，而在他們買什麼東西。手握信用卡的他們會花大錢買些即使在短短五年前都讓人覺得荒謬的商品：頂級芥末、濃縮咖啡機、健身房會員卡。他們不是什麼都要，他們要非常特定的東西。要能鍛練他們的三頭肌，而不是三角肌。不是拉布拉多，而是秋田。

　　1984 年一月上市的暢銷諷刺作品《雅痞手冊》（*The Yuppie Handbook*）界定了雅痞最重要的特徵，也就是他們沉迷於特殊商品。書本封面是一對白人夫妻並肩而立，他們穿戴或手拿的每一件東西都有商標；像極了高中生理學圖表。他身穿細條紋西裝；西裝口袋有枝高仕金筆；勞力士錶；L. L. Bean 獵鴨靴；手提 Gucci 公事包；Burberry 風衣掛在前臂。她身穿雷夫羅倫套裝；卡地亞 Tank 腕錶和白色慢跑鞋；一隻手臂上掛著 Coach 包，另一邊提著頂級新鮮義大利麵；她在聽 Sony 隨身聽。

　　品牌檢視也是所有有關雅痞的嚴肅文章的共同特色。唐・德里羅（Don DeLillo）1985 年的成名作《白噪音》（*White Noise*）裡有這麼一幕，敘述者聽見小女兒在睡夢中喃喃念叨著汽車車款名稱。「她說出幾個清晰字眼，聽來似曾相識，卻又不復記憶。那些字詞似乎帶著某種祭儀含意，像口頭咒語或狂喜吟誦的一部分：豐田

Celica。」

　　魯賓不只是雅痞這個執著品牌的世代的命名繆思，他更捕捉到年輕專業人士在工作態度上的重大轉變，那就是大家越來越相信每個人都應該要——也應該喜歡——不停地工作。二〇年代的售貨女郎在工作時調情、甚至約會，雅痞則是在下班許久以後還繼續奔忙。

　　華爾街銀行家與他們的律師共同設計出來的繁複金融工具與謀略是許多雙關語的靈感來源。「企業聯姻」可以指企業合併——兩家公司合而為一，為華爾街創造了大筆全新財富——也可以指愛情關係：男女雙方都是律師或銀行家，忙得沒時間炒飯，所以容許對方出公差時打打野食。想想以下這些詞語隱含的性聯想：「水平整合（horizontal mergers）」、「利潤壓縮（profit squeezes）」、「部位限制（position limits）」、「展期換匯（extension swaps）」、「轉期（rollovers）」、「董監事（interlocking directorates）」、「要約收購（tender offers）」，那麼你應該就不難想像，企管碩士班雞尾酒會上的打情罵俏會是個什麼模樣。

　　相較之下，蘋果公司總裁賈伯斯 2005 年在史丹佛大學對畢業生發表的知名演講顯得溫和多了。然而，賈伯斯同樣敦促大學畢業生結合工作與愉悅。他強調，他人生最美好的事，是在 1985 年被蘋果公司解雇，因為那件事教會他，熱情是事業成功的必備條件。

　　「我深深相信，能讓我堅持下去的理由只有一個，那就是我愛我的工作。」他接下來的話被媒體與部落客廣泛轉述。「你必須找到你的所愛，不管工作或愛情都是如此……開創偉大事業的唯一途徑就是愛你所做的事。如果你還沒找到，繼續找，別停步。正如所有跟心有關的事情一樣，當你找到它，你會知道的。」

做你所愛，愛你所做。到了九〇年代，這句激勵話語已經出現無數版本，無所不在。只是，這些話依然掩蓋不住一個事實，那就是，美國人的職業前景越來越黯淡。

《新聞週刊》宣布 1984 年為「雅痞之年」。美國研究學會在這一年發現，年輕一代普遍面臨向下流動。從 1979 年到 1983 年，25 歲到 34 歲的年齡層裡，家戶年平均收入以定值美元計算，平均減少 14%。至於那些技術性相對較低的工作，每小時 12 美元的汽車業全職工作漸漸消失，取而代之的是每小時 5 元煎漢堡兼差。

如今做你所愛，那麼你一輩子都不是在工作這句話聽起來很難教人安心。打從 1970 年以來，薪資不斷減少，意味著大家不管愛不愛，都得不停地工作。

同型配對：雅痞們的約會

能不能留在中上階級關係重大，那些有意跟雅痞圈以外的人約會的雅痞簡直腦袋不正常。確實如此，因為自從約會活動在八〇年代初登場後，美國漸漸趨向同型配對。

在生物學上，同型配對是「一種非隨機配對方式，帶有類似基因型或外顯型的個體，配對的機率會比在隨機配對模式下來得更頻繁。」教科書的例子是：體型大致相同的動物常會配對繁衍下一代。我們很少看到嬌小的約克夏企圖上大丹狗，或（但願不會）大丹上約克夏。

早在約會活動出現以前，類似登門拜訪或教會聯誼會或猶太拓居地舞會這些求愛活動鼓勵、甚至強迫執行人類之間的這類配對型態。家長與社區通力合作，確保年輕人跟來自類似背景的人結成

連理。

　　約會並沒有完全打破這些舊有偏見與藩籬。經常出入沙龍或地下酒館的中上階級男性未必都迎娶他們招待的善心女孩。類似學校這種機構根據個人的學業程度劃分年輕人，而學業程度又跟家庭背景與未來收入息息相關。儘管如此，求愛活動從私宅或社區中心的封閉空間移向公共場所，約會男女可以不受監控地四處漫遊，讓約會多了不可預期元素。走出家門跟陌生人對上眼的人，有可能會動真情。

　　不只如此，工作場合也提供來自不同階級與背景的人結交的機會。至少在六〇年代初期以前是如此，專業工作場所裡的年輕女性的原始社經地位通常比男性同事低。到了八〇年代，經理迎娶售貨女郎、老闆娶秘書或醫生娶護士的事例屢見不鮮。隨著女性有越來越多機會以同事或合夥人，以及秘書或速記員的身分進入公司，辦公室約會的機率變高了。年輕男女來自類似背景、就讀同一所大學或研究所，每天長相左右一起工作超過 12 小時，會看對眼也是在所難免。

　　很難找到可靠的官方數據告訴我們某段時期裡究竟是什麼樣的人在約會、頻率如何。不過，二十世紀最後那十年倒是有個顯而易見的現象：在大企業力爭上游的高學歷女性開始嫁給專業領域上的男同事。

　　國家經濟研究局 2014 年的調查顯示，在 1960 年，擁有大學學歷的男性之中，只有 25% 跟有大學學歷的女性結婚。到了 2005 年，這個數字成長到 48%。更甚者，大多數高收入女性喜歡她們的工作，或者說她們只要離開職場，就會付出龐大的機會成本。如果她們生了孩子，大多數人會立刻返回工作崗位。同型配對擴大了美

國家庭越來越明顯的經濟落差，也讓這種配對方式更為鞏固。

雅痞想跟雅痞約會。問題在於，誰有時間？他們可能是人類歷史上第一批可以吹噓自己一刻也不得閒的菁英份子，這也是身分地位的表徵。雅痞當然也花錢在休閒產品上，他們說那是基於工作需要，也就是讓他們得以持續工作（譬如外帶食物），或者是終身自我鍛練（例如節食）的一部分。

市場專家很快發現，你可以讓雅痞買下任何產品，只要你說那東西能讓他們變得更好。1982 年在紐約有一系列叫 Definitions 的健身中心開張，會員費每月六百美金，對象是那些已經參加某個健身房，卻希望得到更精準個人訓練的年輕專業人士。如今你依然可以在該公司十多家健身中心花 2800 美元購買 25 節個人教練套裝課程。

就在雅痞精心打理過的外表底下，藏著一股焦慮與危殆不安的心，催促著他或她更努力、更快地把自己變得更好。1984 年家樂氏公司推出的宣傳活動有這麼一句廣告詞：別問「葡萄堅果穀片夠不夠好，」要問，「你夠格吃葡萄堅果穀片嗎？」Puma 運動鞋的廣告看板提出警告：如果你不是獵食動物，你就是獵物。

難怪大家都精神緊繃！你怎麼知道哪個人值得約？而你又要帶他們去哪裡，才能證明你配得上他們？

約會的雅痞對他們光顧的餐廳也很講究。八〇年代的報紙滿滿都是熱門去處的評論，這些熱門去處退流行的速度之快，連專欄作家們都趕不上。1984 年《華盛頓郵報》的美食編輯菲莉絲・麗琪曼（Phyllis Richman）告訴《新聞週刊》，「每次我去某個地方，總會發現已經有同一群人搶先一步發現那地方了。」她說，她也能事先感覺雅痞們即將拋棄某個地方或某種口味。基本上，就是一般大

眾開始跟風的時候。

「當我看到 Hot Shoppe 餐廳開始推出白巧克力慕斯，」麗琪曼回想道。「我就知道了。」

那些經常得求新求變的約會男女運氣不錯，因為雅痞本身也品項繁多。媒體與民調專家偶爾會提及耶痞（yappies，年輕有抱負的專業人士）和揚痞（yumpies，年輕、向上流動的專業人士）。《雅痞手冊》裡有一份橫跨三頁的表單，列舉巴痞（Buppies，都會區黑人專業人士）、哈痞（Huppies，都會區拉丁裔專業人士）、蓋痞（Guppies，都會區同志專業人士）、賈痞（Juppies，都會區日裔專業人士）和帕痞（Puppies，都會區有孕在身的專業人士）。

每一個亞種都有它的獨特性，不過，每個都以單一雅痞原型裡的客製產物呈現。「巴痞」底下的條列項目包括更熟悉雷鬼音樂；偏愛量身訂製的西裝；幫女兒命名時喜歡凱莎勝過蕾貝嘉。如果是女性，通常會戴第二副穿洞式鑽石耳環。相較之下，「蓋痞」的特色是夏季度假地點是法爾島，而非漢普頓；偏好自由重量訓練，而非 Nautilus 健身器材。

這些押韻的名稱也登上了那些報導約會現況的報紙與雜誌。「雅痞的愛」[19] 這樣的雙關語無可避免地出現了；「巴痞」和「蓋痞」也很有看頭。這些音韻鏗鏘的首字母縮略字讀音近似，進一步強化了雷根時代那些根深蒂固的信念：政治已經過時；每個人的立足點平等；結果無所謂，機會平等才是重點。

根據這種邏輯，雅痞擇偶時可以隨心所欲，就像他為他的 Saab 汽車挑選藍色或棕褐色或銀色車漆一樣。事實上，毒舌派人

---

19 yuppie love，讀音近似 puppy love，即純純的愛。

士認為，雅痞看待愛情生活的態度就像另一次消費或職業選擇。只是，真要說的話，愛情生活比較不重要。

《雅痞手冊》討論約會與婚姻那個章節名稱叫做〈個人介面連接〉。「雅痞不愛他們的情人，」前言開宗明義就說。「他們愛維瓦第、愛他們的公寓和一月份聖托馬斯島周遭的大海色澤。他們跟情人之間擁有的是關係。」根據《雅痞手冊》，雅痞把關係拆解成三階段，就像商場上的交易：（一）建立；（二）維護；（三）離開。

《新聞週刊》1984 年《雅痞之年》有一篇〈雅痞之愛〉，也採用類似的逗趣語調。「愛情可能出現在任何時間任何地點：你在銷售會議上，有個英挺帥氣的男生站起來，發表了一場非常精彩的簡報，那一刻你就明白，你一定得延攬他到你的部門。」

玩笑歸玩笑，很多雅痞約會族其實很灰心。1985 年美聯社訪問一名女性社工，她在成人教育中心教授「如何找對象」的免費課程。她記得在那之前十年，大多數學生都覺得單身生活很吸引人。如今，他們好像都很悲慘。「都市生活太單調無趣，每個人都急著想知道該怎麼認識異性。」

每天長時間待在辦公室，之後又到健身房或個人訓練一兩小時，很多雅痞發現自己沒有餘裕談戀愛。如果做自己喜歡的事會耗費你太多時間和精力，讓你沒辦法去約會，該怎麼辦？八〇年代有一本約會教戰手冊建議讀者買條吸睛的狗，藉此認識其他單身對象。健身控也可以一石二鳥，帶著紅娘狗兒去慢跑。

我把這條建議念給朋友聽，他大聲叫道，「那還是得花時間精力去做呀！」

另一個更有效率的方法是，開始物色對象之前，先想清楚自

己對伴侶有些什麼樣的期待？如果你忙得沒時間煮飯，或想訓練斜方肌又不想浪費時間去划船，生意人就會動腦筋來提供服務，賺你的錢。同樣地，時下也有許多新型態服務，要協助你約會。特別明確的品味會有加分效果：因為那麼一來你就能縮小搜索範圍，更快達成目標。

七〇年代：錄影帶婚友中心

古琪・席勒佛身材嬌小，但她要找個高個子。

「我要高個子，」她再三跟她的紅娘強調。「我跟矮個子男生走在一起的時候，我們倆看起來就像一對小矮人。」

「可是這個是醫生，」紅娘替某個合適對象申訴。「他只要站在他的皮夾上，身高就超過六呎！」

古琪在 1985 年對《芝加哥論壇報》聊起自己的經歷。當時她已經如願嫁給一個高個子，另一半霍華德・費德斯坦是個企業家，他們買下介紹他們認識的那個錄影帶婚友中心 IntroLens 的在地專營權。當時業務成長迅速，每個月都新增幾百名會員，公司也在美國中西部新成立許多連鎖據點。而它還只是專門針對孤單寂寞的雅痞提供服務的許多新興事業之一。這些新事業體誓言幫約會男女利用他們僅有的一點空閒找到理想對象。

婚友服務這種行業從六〇年代就出現了。最原始的電腦交友就是在那十年之間登場。正如臉書，Operation Match 也是由三名哈佛學生設計的。這個服務讓好奇的單身男女提供個人資訊和理想對象的條件，將這些資訊存入資料庫進行交叉比對，得出五六個建議名單。

1964 年紐約有個會計師兼 IBM 程式設計師發表了類似的原型程式，名為 TACT（意為科技自動化配對測試），專門為紐約上東城的單身男女服務。不過這些都只是為了新鮮好玩。最早發展成像樣生意的「婚友服務」都不是高科技。

你會先去登記，通常是打電話進去，然後約時間跟專職「顧問」面談。顧問會問一長串私人問題，比如童年，戀愛史、工作、嗜好和宗教信仰等，然後詢問你有沒有禁忌。介不介意對方抽菸？願意跟離過婚的人交往嗎？幾星期內，就開始收到信件，裡面有一張卡片，上面登載合適對象的姓名電話。只要繼續付會員費，卡片就會繼續寄來。如果電話交談的感覺不錯，就可以約見面。基本上就是承攬了那位沒事就安排你去跟某個交遊廣闊的陌生人相親的三姑六婆的工作。

七〇年代報章雜誌分類廣告的婚友欄，好像引不起八〇年代雅痞族的興趣。這種一開始不需要付出太多的婚友服務，成效通常受人質疑。對於那些希望有更多選擇性的約會男女，錄影帶相親為他們另闢蹊徑。

錄影帶婚友中心是在七〇年代問世，因為當時錄影機、卡帶和放影機的價格變得比較親民。註冊之後，大部分的公司會為你安排一名顧問。你填寫包括種族、年齡、教育程度、職業和宗教信仰等基本資料之後，顧問就會以錄影機對你進行訪談，他本人不入鏡。在 IntroLens，古琪說這個程序叫「談話秀」。訪問結束後，你可以看看拍攝結果，必要時也可以要求重拍或剪輯。她會在完成的錄影帶上標示你的名字，收進錄影帶儲藏庫。那些業績好、規模大的公司通常有很大的儲藏庫。

錄影帶製作完成後，婚友中心把你的基本資料輸入電腦資料

庫，電腦為你列出一份合適對象名單。你可以跟公司預約，把那些人的錄影帶調出來，在公司的小房間獨自觀看。如果有看中意的，就告訴公司，公司會跟錄影帶裡那個人聯絡，看對方要不要看看你的錄影帶。如果你們互相看對眼，公司就介紹你們認識。對於這些服務，大多數公司每年向顧客收取的費用大約落在五百美金到一千美金之間。有些公司甚至提供更高價的「終身」會員，只要你處於單身狀態，會員資格就有效。

美國第一家錄影帶婚友中心 Great Expectations 成立於 1975 年，到了 1990 年，傑夫聲稱該公司促成了六千對佳偶。同時，IntroLens 成立於 1979 年，在 1980 年到 1983 年間，類似公司在全美各大城市倍數激增。

最後，錄影帶婚友中心的價格區間與服務對象全面擴展。

1988 年芝加哥動物園舉辦一場名為 ZooArk 的展覽，邀請遊客代替瀕臨絕種動物玩錄影帶相親遊戲。園方用電腦連上國際物種資訊系統，那是專職動物管理員用來為稀有動物找對象的管道。他們請遊客為動物園裡的一枚「單身漢」和兩枚「單身女郎」瀏覽合適對象。求偶者分別是一隻白犀牛、一隻黑犀牛和一隻亞洲犀牛。

自我推銷：經濟活動的一環

從八〇年代的私人分類廣告、電腦資料庫和錄影帶，彷彿看見當代的線上交友科技正在努力破繭而出。即使雅痞們沒有發明網際網路，他們的私人助理也會發明。這些線上交友的文本與錄影帶前輩們鋪好了路。至少，他們教導忙碌的單身男女濃縮對愛情的期待，說出自己的特質，希望對象具備什麼條件，以及理想對象可能

會出現在何處。

　　平面媒體的分類廣告已經教會約會男女這件事。他們強迫你把自己的渴求精煉成美味餌料，也強迫你去了解閱讀廣告的人。你該知道讀《紐約書評》背面廣告的人和讀《紐約》雜誌背面廣告的人不一樣，而讀非裔美籍報紙《洛杉磯哨兵報》的廣告讀者自然也跟刊登健美肌肉男的《男性健身》雜誌的讀者群不同。你只能用短短幾個字吸引對的人的視線。Great Expectations 的創辦人傑夫・厄爾曼奔走全美各地，發表演講舉辦研討會激勵焦慮的單身族群。我拜訪他的時候，他告訴我，當年他總是告訴台下的聽眾，自我推銷沒什麼好丟臉的，藉此增強他們的自信心。

　　「『什麼叫廣告？』我會提出這個問題。『我們來查查字典。』」然後他就會拿出字典來。

　　「『廣告：針對某項產品或服務進行宣傳。』我相信這就是你做的事。你是一項產品、一種服務，是一件物品——你是一大團碳水化合物。你之所以來到這裡，是因為你想找個伴，想約會，想生兒育女。你們每個人都在為自己打廣告。」

　　隨著越來越多婚友服務開始電腦化——建構客戶的資料庫，交叉編冊——運用利基的必要性就從一個良好策略變成技術需求。你必須能在有限的字母裡表達出自己的性格。約會男女很快就學會把自己轉成代碼。

　　直到八〇年代初期，人們依然認為尋求婚友服務未免可悲。光從錄影帶婚友中心草創時期的業者多麼堅決強調他們的客戶一點也不可悲，就不難看出來。Great Expectations 的負責人傑夫甚至對南加州一家在地銀行提出告訴，因為那家銀行的廣告看板說他們的優惠利率提供客戶「比婚友中心更多的零」。「我看見那個看板時，」

傑夫氣呼呼地告訴《洛杉磯時報》。「震驚得差點連人帶車衝出馬路外！」

「你應該知道這些人都不是魯蛇。」瓊安・漢瑞森對《華盛頓郵報》說明她的客戶情況。她的公司 Georgetown Connection 鎖定華盛頓特區高收入族群。「相反地，這些都是充滿自信、敢於冒險的人。」《波士頓環球報》曾經刊登過一篇商情報導，內容描寫 People Network 和其他幾家新英格蘭地區錄影帶婚友中心從 1981 年到 1983 年的驚人成長，撰文者也抱持類似見解。「過去社會上普遍認為婚友中心是情場失意人士的另類出路，如今情況漸漸改觀，尤其是職場上忙碌的單身專業人士。」

雅痞讓工作這件事顯得很迷人，順理成章地，忙得沒時間交朋友或談戀愛似乎也變得令人敬佩（而非可憐）。

根據人們談論錄影帶相親的態度，大眾已經慢慢認同求愛只是經濟活動的一環。如今，那些爭議性婚友服務公司面對外界質疑時，都以因應市場需求做回應，彷彿這就是最佳道德辯護，不需多費唇舌。當然，市場提供的未必都只是幸福快樂。「科技打造人類慾求的完美遞送系統」這種宣傳詞，讓很多約會男女免不了一場失望，讓人對它懷抱不切實際的期待。

You Tube 上仍然流傳著一段相親錄影帶，畫面中有個留著前短後長老土髮型的男人描述他的擇偶條件：「性感……苗條、緊實的身材，外加一雙美腿。」這時他停下來直視鏡頭，咂了咂嘴唇：「嗯」。他的問題跟許多 App 和線上交友服務的使用者一樣：提供無限可能與選擇的幽靈，讓人在永無止境的追尋中抱守必然再三破滅的希望。

報章雜誌爭相討論錄影帶相親對女性是多麼殘忍的一件事。

《芝加哥論壇報》曾經出現這樣一道嘲諷標題：「四位數的費用換來接二連三的拒絕」。報導講述一名 40 多歲剛離婚的俏麗專業女性的故事，她經不起鼓吹，付了 1450 美金的會員費，卻沒有約過一次會。「錄影帶相親是很好，」撰文者開玩笑說。「只要妳是 35 歲以下的美女，有份人人稱羨的好職業；或者是 65 歲以下，相貌平平、職業普通的男性。」

就連婚友中心的業者都承認，他們很難幫中年以後的婦女找到對象。創造出「雅痞」這個詞的專欄作家鮑勃・格林敘述了 70 歲寡婦南希的心碎故事。有一天南希從芝加哥近郊伯溫市開車過來，到 Sneak Previews 公司報名。

「我丈夫過世七年了，」南希告訴 Sneak Previews 負責人喬瑟夫・巴托羅。「喪偶後的日子非常孤單寂寞。每過一年，你就更寂寞一點。」

巴托羅告訴格林，他原本不想收她的錢。他也提醒南希，「我們沒有很多合適人選可以讓妳挑。」

「沒關係。」她說。「我不奢望今天就挽著男朋友離開。」幾個月後格林追蹤後續，發現南希一個人孤伶伶在家。

九〇年代：線上交友，交流關愛與情感

如同過去的酒吧、地下酒館和校園舞會，線上交友服務只是一種平台。需要日新月異的只有求愛的科技。電腦科技矢志讓約會市場趨於理性，掃除所有效率不彰的障礙，讓單身雅痞順利覓得所求。1990 年中期，線上交友公司開始營運，他們建置了越來越龐大的資料庫，部署自動處理功能。隨著更多美國人連上網路，演算

法和網路攝影機取代古琪‧席勒佛的工作，線上交友變得平價又便利，幾乎任何人都負擔得起，也有管道取得。你可以同時使用二到三個線上交友服務。千禧年以後，Match.com 和 PlentyOfFish 這類網站的會員人數已經成長到數千萬之譜。

根據 2005 年《連線》（Wired）雜誌的一篇文章，Nerve.com 的創辦人魯佛斯‧葛理斯康（Rufus Griscom）宣稱，線上交友必然取得優勢。

「再過二十年，想找對象又不肯上網會是愚蠢行為，幾乎等於進圖書館卻不使用卡片目錄，寧可在書架之間漫無目的地瀏覽，只因為『最好的那本書都是意外找到的。』」葛理斯康寫道。「我們有一種集體認知，認為愛情是偶發事件。很多時候確是如此。但美妙偶遇是無效市場的特徵，不管你喜不喜歡，愛情的市場正在邁向效率化。」

我們難道回到未來了嗎？早在約會活動初期，求愛行為移向戶外，進入無人知曉的公共空間，還涉及金錢交易，引發各界撻伐。警方擔心約會等同於性交易。愛情應該遠離經濟；女性只能無償付出愛。然而，到了八〇年代與九〇年代，正派人士開始相信，或許可以對求愛行動加以約束，讓它像市場一樣理性，辦法就是利用可以讓你「在自己舒適又隱密的家裡對潛在對象貨比三家」的科技。

將戀愛當成交易：《麻雀變鳳凰》

1900 年代到 1910 年代的風化組便衣探員跟蹤善心女孩，對她們把戀愛當成交易的做法無比震驚。只是，1980 年代出現在所有好萊塢喜劇片裡的不速配情侶告訴我們，到那時大眾已經能接受這

種事了。這對情侶是妓女與企業家的組合。

　　這種組合最早出現在 1983 年的電影《保送入學》（*Risky Business*）。在這部電影裡，湯姆·克魯斯飾演的高三學生家境富裕，某個週末他父母出門，留他一個人在家，他經不起朋友慫恿，打電話叫來應召女郎拉娜，一夜風流之後卻給不起夜渡資，拉娜的皮條客偷走阿湯哥父母的昂貴家飾。阿湯哥只好跟拉娜合作，在家裡經營一日妓院，撈一大筆錢贖回他的傳家寶。

　　「我叫喬爾·古德森，」目標順利達成後，阿湯哥如此宣布。「我的工作是滿足人類慾望，一個晚上賺進超過八千美元。」如今，當年電影刻劃的這個年輕皮條客企業家──或者，少男老鴇──似乎成了預言。如果喬爾·古德森晚個二十年出生，或許他會創辦臉書。他跟正牌臉書創辦人馬克·祖克柏一樣，用父母的資金打造了一個平台，讓人們在上面交流關愛與情感，他在一旁坐收漁利。

　　在登門拜訪的年代裡，家中女性長輩監控下的客廳是女性世界的核心聖殿，專責馴服男性的侵略性、貪婪與慾望。到了《保送入學》的年代，客廳變成了生活空間，而後是臨時妓院。家裡沒大人。

　　八〇年代到九〇年代初期的神話，將伴遊女郎與企業家的結合完美化，因為雙方什麼都願意賣。在電影《麻雀變鳳凰》（*Pretty Woman*）裡，李察·吉爾說得夠直白：「妳跟我是非常相似的人，」他飾演的文雅企業家對茱莉亞·羅勃茲扮演的阻街女郎說。「我們都為錢去搞別人。」

　　這句粗魯的雙關語饒富深意。譬如說，追根究柢，伴遊女郎和企業家做的是同類型工作。七〇年代晚期，美國工業生產持續衰退，國家出現貿易逆差。競爭力趕不上來勢洶洶的日本和德國，也

買不起工業生產所需的昂貴石油，只好轉而發展服務業。阻街女郎和股市交易員都屬於這一行。

從這個角度看來，李察說得沒錯：他們倆差別不大。只是，這個服務業本身持續分裂成兩個越來越不平等的群體。一邊是收入微薄、朝不保夕的大多數；另一邊是金融貴族。前者一般認為都是屬於女性的工作，清潔打掃、端盤子、應付客人等等。後者的工作多半數量化、競爭性強，它的代表人物總是西裝筆挺的男性形象。因此，儘管這對情侶之間有相似處，卻也天差地別。他們都搞別人，可是他們跟別人之間維持著截然不同的權力關係，得到的報酬也判若天淵。

《麻雀變鳳凰》成了這個時代獲利最高的愛情故事，因為它把美國中產階級的消失變成了神話故事。

其他許多愛情喜劇描寫的則是社會流動，謙卑正直的人藉由婚嫁跳脫看不到未來的處境，進入雅痞圈。例如 1988 年的經典之作《上班女郎》（*Working Girl*），片名再度暗示企業家與性工作者之間的基本差異。電影一開始，由梅蘭妮·葛瑞芬飾演的「上班女郎」秘書每天從史泰登島通勤到華爾街的辦公室上班，擔任個人助理。她的頂頭上司由雪歌妮·薇佛飾演，是個總是一身褲裝的超級女魔頭。然而，基於一連串不可置信的事件，梅蘭妮被迫代理她的上司，主導一筆重大交易。她也順道搶了上司的未婚夫哈里遜·福特。

電影最後一幕描繪雅痞家庭幸福快樂的生活。清晨時分，梅蘭妮和哈里遜以流暢優雅的無聲動作吞下低卡早餐。她幫他倒咖啡，他彈出晶亮烤麵包機裡的土司，塞進她嘴裡。

約會市場的黑暗面

在登門拜訪與舊式求愛活動裡，客廳的場景與布置給人一種錯覺，彷彿愛情與經濟毫不相干。對中產階級人士而言，婚姻應該是自發性的精神誓約；對其他人來說，則是為了繁衍社會或家族香火。可是，當約會邁向一百週年，情況已經扭轉。約會漸漸被視為另一種交易。很多人百般辛苦地與自己的慾望妥協，好讓自己在慾望中活得有效率，以便感受到內在的性慾。

1987 年股市崩盤後不久，《新聞週刊》報導指出，一種新興病症困擾著雅痞族群。「精神科醫師與心理學家都說，有越來越多病人⋯⋯對性革命的主要回應是類似『親愛的，今晚不行。』的話。」維也納來的精神科醫師海倫・卡普蘭七〇年代在紐約設立第一家受學術界認可的性治療機構，正是她診斷出這種病症。她稱之為「性慾不振（ISD）」。這個名稱於 1988 年納入精神疾病診斷與統計手冊第三版（*DSM-III*）。

「過去這十年來，ISD 已經躍升為所有性相關困擾的首位。根據各種不同評估數字，大約有 20% 到 50% 的人有機會在某個時間點碰到這個問題，症狀輕重不一。」《新聞週刊》說。「有個臨床醫師甚至稱之為『八〇年代的瘟疫』。」在這種背景下，性工作者開始變成一種新女性原型。她們擅長處理感覺，一方面激勵他人的特殊情感，一方面壓抑自己的情感，直到有利時機才表露出來。這種專長讓她有能力將別人的慾望轉化為金錢。這正是大多數雅痞情人最需要的：她讓感情有了獲利能力。

在《麻雀變鳳凰》裡，茱莉亞就是靠這種本事套住李察。李察坦言他害怕承諾，覺得沒有能力去愛人。在賽馬會上，李察的朋

友們對茉莉亞再三強調，李察是個萬人迷。好像沒有人發現，自稱沒有能力愛人的李察就是教科書上所謂的反社會人格。

李察是個帥氣的黃金單身漢，茉莉亞駕輕就熟地把自己的肉體變成商品，藉此引誘他。「我的腿從腰到腳趾全長 44 英吋，我跟你說過這個嗎？」她問。那是在電影前段，他們在比佛利威爾希爾飯店李察的豪華套房裡共浴。「所以現在我幫你做的是 88 英吋的治療，環抱你整個人，只收你區區三千元。」

李察為了帶茉莉亞去聽歌劇，幫她向珠寶店借了一條項鍊。他提不起勇氣跟她交往，只好將項鍊歸還。珠寶店老闆收回項鍊時嘆息道，「放棄這麼美的東西，你一定很捨不得。」

正是這番將茉莉亞與項鍊畫上等號的話，讓李察醒悟到自己幾乎犯下大錯。他拔腿狂奔，想去挽回她，七手八腳爬上防火梯，及時趕上喜劇收場的結局。

布萊特・艾里（Bret Easton Ellis）的《美國殺人魔》（American Psycho）上映時間比《麻雀變鳳凰》晚幾個月。《麻雀變鳳凰》一上檔立刻征服人心，《美國殺人魔》至今依然充滿爭議。書稿曾經被多家出版社拒絕，最後才由 Vintage 出版社出版。《美國殺人魔》的故事主軸其實跟《麻雀變鳳凰》一樣，只是以不同文類——恐怖小說——呈現。

如同李察・吉爾，《美國殺人魔》主角派屈克・貝特曼也是出身名門、英俊瀟灑的金融鉅子，必須靠性工作者的服務，才能感受到性慾。李察象徵性地消費茉莉亞的肉體。茉莉亞讓李察把自己的身體看成美麗的物品，藉此幫助他體驗愛情。派屈克卻殺害並吃掉跟他上床的妓女。

「我看見漂亮女孩走在街上的時候，」他曾經對同事開玩笑

說，「會有兩個念頭。其中一個要我約她出去，跟她說話，對她溫柔體貼，好好對待她。」

「另一個怎麼想呢？」那位同事問。

「她的腦袋插在竹竿上會是什麼模樣。」

整本小說裡，派屈克用牙齒咬掉女人的陰部，撕開她們的四肢，往她們身上的孔洞塞布利乾酪，催促他的寵物鼠從屍體內部往外啃咬。他也企圖把女孩們料理成香腸和肉捲，卻失敗了。他身上那件家庭主婦圍裙是個笑話，因為他根本不擅長烹調。他顯然從來不需要自己動手做家事。

布萊特・艾里刻意讓讀者分辨不出敘述者所說是否屬實。只是，即使我們不能肯定派屈克究竟真的殺了人，或只是在幻想，卻也感受不到一絲安慰。那只是無感的另一種駭人症狀，他個人世界裡情感的徹底貶值。

《美國殺人魔》突顯了約會市場的黑暗面：任何東西，只要有人花得起錢買，就該任人發落。在這種情況下的雅痞非但失能，更是猙獰。

在此同時，市區有一場真實世界的噩夢正要展開。

Chapter 8

網際網路的年代：
約會的無限可能

「難怪非洲人稱之為『驚悚』，」1988年安德魯・霍勒倫（Andrew Holleran）在《原點》（*Ground Zero*）一書的前言裡這麼說。《原點》是一本文集，內容記錄愛滋病剛在紐約市爆發時的情景。剛出版第一本小說的霍勒倫當時是同志文學雜誌《克里斯多佛街》（*Christopher Street*）的專欄作家。起初，他的專欄〈紐約記事本〉主要報導畫廊開幕、俱樂部和裡面的音樂。到了1982年，霍勒倫的朋友和情人開始生病。

時間一星期又一星期過去，霍勒倫眼睜睜看著健康的年輕人失明、衰弱憔悴，臉孔和手腳出現傷口，化療掉光了頭髮。霍勒倫寫下到醫院探視朋友的歷程。他給朋友們帶雜誌去；努力在他們身上找一處沒有插接管線的部位，好伸手碰觸他們。

「在紐約生活，」他回憶道。感覺好像「參加一場晚宴，賓客陸續被帶出去槍斃，我們其他人卻必須繼續吃喝，繼續閒聊。」

1986年11月，女同性戀藝術家兼社運人士珍・羅塞特（Jane Rosett）到朋友大衛・桑默斯家參加派對。1997年，她撰寫一篇悼詞描述那場派對，刊登在愛滋帶原者雜誌《POZ》上。大衛已經愛滋病晚期，他的伴侶薩爾・里卡塔籌辦這場派對，慶祝他們相守七週年。薩爾邀請朋友到他們的公寓，「在床上聚會，大衛嘔吐時幫忙扶著他。」身受病苦的大衛依然熱情風趣。

「那是一場派對，」珍寫道。「大衛是眾人目光的焦點。他強調自己無比榮幸，竟能把一個女同性戀者拐上他的特大床舖。」賓客轉述一些誰又跟誰上了床的八卦給他聽，大衛開心笑道，「幸好相愛的人比躺在醫院的人多。」只是，幾天後大衛就去世了。珍又去了一趟公寓，陪薩爾等搬家公司的人來清空公寓。等待的時間裡，薩爾彈了鋼琴，還教珍一首歌，歌詞說：想念你，想念你雙手

的觸摸，我的兄弟。二次大戰期間，軍隊裡的同志曾經用這段歌詞做為密語。隔年，薩爾病逝在聖文森醫院的走廊。

「短短幾年內，」珍說。「除了我之外，那天在大衛床上的其他人也都死了。」

愛滋的出現

疾病控制中心在 1981 年注意到這種現象。同年六月，該中心的《發病率與死亡率週報》發布，洛杉磯爆發不尋常的肺囊蟲肺炎。從 1980 年十月到 1981 年五月，有五名年輕人確診罹患此症。週報猜測這種現象可能與「同性戀生活模式的某個面向有關」。次月，週報又報導，過去三十個月以來，紐約市與加州地區總共有 26 名年輕男同志被診斷出罹患卡波西氏肉瘤，這是一種癌症，在美國非常罕見，而且通常只會發生在老年族群。1982 年六月，共有 355 名美國人罹患卡波西氏肉瘤及其他伺機性感染。醫界與媒體開始稱呼這些疾病為 GRID（男同志免疫不全）。同年七月，疾病控制中心將 GRID 更名為「愛滋」（AIDS），也鑑別出四個特別危險的族群：同性戀、海洛因使用者、血友病患者及海地人。為了便於記憶，醫生們稱之為「4H」[20]。

當然，愛滋病大幅改變了男同志的約會模式。「位於疾病風暴中心的男性個個有如驚弓之鳥，」1982 年同志刊物《提倡者》（*The Advocate*）如此報導。「幾乎沒有人知道該做什麼，或不該做什麼。」然而，受感染的不只是男同志。

---

20 同性戀（homosexuals）、海洛因使用者（heroin users）、血友病患者（hemophiliacs）及海地人（Haitians）

　　早在 1983 年，疾病控制中心發現有 4% 的愛滋病陽性反應病患並不屬於 4H，非裔美籍女性族群也陸續傳出新病例。到了 1996 年，非裔美籍愛滋病患人數已經超越白人病患。起初，許多以中產階級黑人為主要讀者群的雜誌傾向於認定，只有使用毒品或表面上過著異性戀生活的同性戀或雙性戀黑人男性才會得病。疾病控制中心稱這個族群為 MSM，意指「跟男人性交的男人」。

　　1987 年《烏木》（*Ebony*）雜誌提出警告，「這種病不只奪走『他們』的命，也會要『我們』很多人的命。」同年稍晚，另一篇報導提醒黑人婦女，要留意她們的約會對象。「如果我碰到有點同志傾向的男人，」作者耳提面命。「我會保持距離。」

　　整個八〇年代，愛滋病以迅雷不及掩耳的速度，把約會族群區分成陽性與陰性、異性戀與同性戀，以及我們和他們。對雅痞世代而言，利基戀情或許出於個人偏好。但對那些在愛滋陰影下求生存、維繫戀情的人來說，面臨威脅的可不是他們的紳士派頭，這是性命交關的事。

　　那些想方設法因應愛滋狂潮的社群不得不重新研擬協定，規範大家如何討論性事。幾十年來，類似「摟抱」與「撫弄」之類的婉轉語詞已經足夠表達所有「突破最後防線」以外的行為。那是過去式了。愛滋危機強迫美國人以一絲不苟、鉅細靡遺的態度談論性。就連保守派政治人物也被迫在公開場合這麼做。

　　愛滋病拉高約會的風險。過去也曾有過危機，但從沒有過這種致命結果。約會人士只好發展出全新的互動規章。配合新科技的運用，社運人士構思出的精確愛慾模式將會改變人們追愛的方式。

採取行動

　　「男同志癌」在加州與紐約出現後的六年內，雷根政府幾乎是袖手旁觀。支持雷根勝選的右翼基督徒將愛滋視為「毒蟲和玻璃」的傳染病。在他們眼中，那些徘徊死亡邊緣的人非但死不足惜，更是活該。1983 年保守派電視主持人派特・布坎南（Pat Buchanan）曾經貓哭耗子地說：「那些可憐的同性戀者，他們向大自然宣戰，如今大自然已經展開嚴厲的懲罰。」

　　1984 年美國國立衛生研究院找出導致愛滋病的病毒。只是，即使自己的好友洛克・哈德森在 1985 年死於愛滋相關病症，雷根總統依然保持緘默。1987年，他才公開對外談論這個話題。到那時，愛滋病已經在全美奪走超過兩萬條性命。面對政府的漠視，飽受愛滋病衝擊的社群只得啟動並擴展現存社交網絡，讓生病的人得到妥善照料。他們也得發展策略，想辦法把如何保護自己的相關資訊送到那些風險最高的人手上。

　　在第一起「男同志免疫不全」病例出現之前很久，很多城市的多元性別活動人士就已經設立了自己的公共衛生機構。波士頓芬威社區健康中心成立於 1971 年，目標是為男女同志提供關懷照顧。芬威的男同志共同體（Gay Men's Collective）建立一套治療 B 型肝炎與其他性病的完整追蹤紀錄。芝加哥大學一群男同志醫學生在 1974 年創立霍華德布朗健康中心，請來知名變裝表演者史帝芬・瓊斯——又名「好色護士汪姐」——協助擴大服務範圍。汪姐穿戴上她的招牌假髮、護士服和圓眼鏡，開著一部漆有顯眼「VD」字樣的廂型車在芝加哥來回奔走，發表有關性愛安全的演講。1979 年的復活節週日，同志聚集的舊金山卡斯楚區有一群變裝表演者穿起

修女服、描畫誇張濃妝，以傳福音的方式散播類似訊息。她們自稱「恆久放縱的修女」。

　　1989 年有個叫理察・愛德華茲的紐約市民創立一個專屬「砲友哥兒們」的「低調兄弟會」，名為「子午線」。「子午線」要求申請入會的人接受性病篩檢。拿到健康證明後，就得到一枚會員別針。愛德華茲在他寫給同志報紙《紐約在地人》（New York Native）的信件裡——署名「里克先生」說明他的理念。「兄弟關心兄弟，這是男人本色。」砲友哥兒們認為，同志情誼是最佳保護傘。

　　當「男同志免疫不全」病例曝光後，類似子午線這樣的網絡立刻採取行動。問題在於，沒有人能確定這種「男同志瘟疫」究竟是什麼，也不了解它的傳染途徑。某些疾病控制中心的研究人員猜測，「男同志免疫不全」可能是某種同志圈使用比平常人更普遍的毒性物質引發的反應。其他人——例如格林威治村的知名醫生喬瑟夫・索納本則認為，「男同志免疫不全」是病人反覆感染諸如梅毒等其他破壞力較低的疾病所致。

　　面對這麼多的未知，某些行動派開始呼籲固定性伴侶，甚至禁慾。作家賴瑞・克拉瑪（Larry Kramer）因為支持這個論點而聲名狼藉。1983 年他寫了一封怒氣騰騰的長篇大論給《紐約在地人》，標題叫〈1112 例，持續攀升〉。

　　「如果這篇文章沒有嚇得你屁滾尿流，我們麻煩就大了。」文章一開始說道。克拉瑪希望激怒讀者，讓他們群起要求主流媒體和政府採取行動。不過，他也對那些讓自己身陷險境的男同志表達憤怒。「我實在煩透了那些唉聲嘆氣的傢伙，說什麼要他們在這段期間放棄隨性做愛簡直生不如死。」克拉瑪說。「我煩透了那些只能用下半身思考的男人。」

對許多男同性戀者來說，克拉瑪的言論幾乎等於在暗示愛滋病患咎由自取。再者，務實的人發現，克拉瑪宣導的禁慾實際上窒礙難行。最好的辦法是，教導大家如何在享受性愛的同時，將風險降到最低。

1983 年，年輕的同志作家麥可‧卡倫（Michael Callen）和理察‧伯科維茲（Richard Berkowitz）跟喬瑟夫‧桑納本合作，推出一本 40 頁的小冊子，名稱是《流行病期間的性行為》。他們印了五千本，迅速被索取一空。開頭幾章強烈要求男同志們把對方視為伴侶，而非愛情俘虜。這樣一來，你就會重視情人的健康，對他們無所隱瞞。

在一個名為〈隨時掌握〉的章節裡，作者們建議讀者事先跟潛在伴侶討論性愛健康議題，甚至把這種話題當做前戲。「做愛之前討論預防措施好像有點掃興，不過，如果你喜歡保持健康，也許終究會覺得性行為之前的任何預防措施都能提高性致。」

除了開誠布公之外，卡倫與伯科維茲很強調準確度。這本小冊子解析同性戀性行為，條列出多項安全與危險行為，針對二者之間的差異提供非常詳細的指導。比如「拒絕危險性愛」那一節就提出以下建議：

創意手淫是獨自在家打手槍的另一個選項。做法包括：彼此手淫、集體打手槍、身體接觸、幻想、猥褻話語（口說）、偷窺、暴露、碰觸、指淫（不用拳頭）、玩乳頭、使用道具等。（參考第 31 頁「手槍俱樂部」）

創意插入包括保險套的使用、手指（不是手）與「玩具」。（有關如何安全使用假陽具，請參考第 24 頁。）

　　其他段落提供同樣直白的實用建議，主題包括「吸吮」、「被吸吮」、「肏人」、「被肏」、「親吻」、「舔肛」、「體液遊戲」、「假陽具」、「虐待與被虐」、「拳肏」、「清洗」、「限額砲友團」、「手槍俱樂部」等等。

　　接下來那幾年，全美各地的愛滋病組織也會陸續出版衛教資料，以類似的表單格式呈現類似語詞。這些小冊子並不要求讀者「一口拒絕」，而是提供多樣性選擇。這種表單格式鼓勵讀者勾選新鮮花招，就像將商品目錄裡喜歡的產品那一頁摺角。這些小冊子讓讀者們知道，只要他們遵循正確協定，還是可以享受幾乎沒有上限的性愛花樣。重點是要學會辨認並表達他們想要的東西。

種族隔離現象

　　為了在疫情中逃過一劫，男同志必須能敞開胸懷、坦然自在地聊自己的過往情史、病史與慾求，據此找尋同道中人。他們還得把性行為拆解成分解動作，想清楚哪些安全，哪些危險。如此一來，就能以詳盡又明確的語言來描述性行為。

　　過去必定有某些人或次文化創造出用來描述諸如「舔肛」或「拳肏」這類的辭彙。如今這些術語已經被刻意收集編纂，廣為流傳。每一個動作、每一個目標族群，都需要不同的描述。

　　「安全性行為」志在拯救驚悚新時代裡同志解放運動的許多面向。但有一個問題：很多身陷險境的人不認為他們是同志解放運動的一員。很多跟男人從事性行為的黑人或拉丁裔男人並不認為自己是「同志」，如果有人這麼稱呼他們，他們甚至會覺得被冒犯。

　　在許多城市，「男男性交」的社群仍存在高度種族隔離現象。

酒吧或浴場的保鑣雖然不會直接拒絕黑人入內，卻會要求他們提出多種身分證明，讓他們知難而退。這表示，類似紐約的「男同志健康危機」或舊金山的哈維·米爾克基金會這種組織推出的病毒式行銷宣傳活動只能送達有限的人口。

舊金山愛滋病基金會每個月在卡斯楚地區發送數以萬計的保險套，但他們採用的方式讓那些住在小拉丁區與田德隆區的非裔美籍人口與拉丁族裔無法受惠。此外，對住在這些貧窮地區感染愛滋的婦女而言，那些有傷風化的小冊子與海報似乎事不關己。在舊金山成立「黑人白人攜手並進」組織的非裔美籍社運人士比利·瓊斯提出警告說，他接觸到的大多數人認為愛滋病是「白小子的病」，影響不了他們。

不同族群需要各自的領袖以他們自己的語言對他們宣講。舊金山有個名為「第三世界愛滋病諮詢工作隊」的非白種族裔領袖團體伸出援手。他們從 1985 年開始設計並發送衛教資料。「愛滋病正在危害有色人種，」他們的第一份小冊子如此警告讀者。而在 1989 年，舊金山愛滋病基金會與「黑人白人攜手並進」共同邀集黑人與拉丁族裔舉辦一系列焦點團體座談，希望了解哪些種類的宣導活動比較能收到效果。

舊金山愛滋病基金會得到一些啟示，其中一項是，那些能夠吸引白人男性的露骨語言與圖片，通常會冒犯並疏遠有色族裔。他們發現，想接近剛從拉丁美洲來的移民，最合適的場所不是酒吧，而是教會。結果他們推出了兩回合宣導活動，分別針對黑人與拉丁族裔：「暈頭轉向」與「行動就緒」。

溝通與討論：渴望可能帶來的危險

　　不是所有約會人士都能輕易採納新的性愛安全措施。不過，越來越多美國人醒悟到，討論性事有其必要。別受誘、別避走、別想輕描淡寫／因為那阻止不了它，嘻哈三人組胡椒鹽樂團（Salt-N-Pepa）警告樂迷。到了八〇年代末期，就連雷根政府都發現胡椒鹽樂團說得沒錯。

　　1986 年末，美國衛生部長查爾斯・顧伯特（Charles Everett Koop）發表一篇有關愛滋病的公共報告，激怒他的保守派基督徒同儕。他呼籲大眾更坦率地討論性事，也主張在公立學校分送保險套。「有關愛滋病的衛教應該從小開始，孩子們在成長過程中就能知道該避免哪些行為來保護自己。」

　　顧伯特不顧教育部長的抗議，印了兩千萬份衛教資料，把其中五萬五千份送到全國親師協會。緊接著又推出一份內容詳盡的小冊子，名稱是《認識愛滋》。

　　1988 年一月，疾病控制中心開始將《認識愛滋》挨家挨戶寄送到民眾手中。到了同年六月，總共送出了一億冊。顧伯特並沒有使用像「男同志健康危機」推出的手冊或海報那類露骨畫面或通俗語言。不過，他仔細研究了那些手冊和海報。他跟男同志運動人士一樣，教導情侶們暢談內心的渴望，也聊聊這些渴望可能帶來什麼樣的危險。

　　「你也許不習慣公開談論這本小冊子裡涉及的議題，」顧伯特在封面的短語中提醒讀者。「這點我很能理解。可是現在你必須談。」小冊子直接又詳盡地描述安全與不安全性行為。其中一個章節名為〈那麼約會呢？〉，內容強調，讀者沒有義務主動跟父母討

論這些話題。

「如果你即將跟某個人發生性關係，你必須特別謹慎。運用你的最佳判斷力，做出最正確的抉擇。」顧伯特寫道。「做起來不容易。這個人有沒有得過性病？跟多少人上過床？使用過毒品嗎？這些問題雖然敏感，卻都很重要。你有義務打聽清楚。」

的確，在愛滋病陰影下，就連像顧伯特這樣的保守派都強調，彼此能否交談，正是雙方該不該讓親密關係進展到下一階段的重要測試。「你可以這麼想，」他提醒道。「如果你跟某人關係熟稔到可以發生性行為，那麼你們應該也可以討論愛滋。如果那人不願意多談，那麼你們不該上床。」

最重要的不是正式盟約或社區的許可，而是溝通。婚姻本身不能給保證。婚禮鐘聲並不代表從此不再討論性話題。「已婚人士會不會得愛滋？」在討論約會那一節有張夾頁提出這個問題。當然會。「如果你覺得另一半可能會危及你的健康，跟他或她聊聊。畢竟關係到你的性命。」

自從雷根在柏克萊對選民嘻皮笑臉地說，那些性愛自由人士參與「下流得教我說不出口的縱慾行為」以來，美國已經走過太多風風雨雨。公共衛生官員如今發言的露骨程度，即使在自由年代最狂野的期間都很難想像。

到了 1994 年，柯林頓在共和黨逼迫下開除他的衛生部長喬薩琳‧艾德絲（Joycelyn Elders），因為艾德絲在聯合國愛滋會議上說，也許學校該教導年輕學生手淫。可是兩年後，她的繼位者奧黛莉‧曼黎（Audrey F. Manley）在電視上談論「體外性交」，也就是不交換體液的所有令人愉悅的性行為。到了 1998 年一月，莫妮卡‧陸文斯基醜聞爆發，美國民眾瘋狂討論在總統辦公室用雪茄插入某人、或

為某人口交是不是構成「性關係」，連當時還是小蘿蔔頭的我們也有自己的見解。當然，跟家人吃晚餐時討論「進出」問題未免有點叫人咋舌，可是我們都已經在性教育課堂上討論過了。

美國公立學校開闢性教育課程的時間點，正好是約會活動剛成為主流的時候，也就是 1910 年代。隨著求愛活動從客廳與教會地下室移向公共場景，先進的教育者發現，年輕人可能沒有辦法再靠父母或神職人員在適當的時機告訴他們那些他們該知道的事。

性教育課程裡究竟該包括些什麼內容，這個議題一度引發爭議。例如二〇年代發展出實驗方案的芝加哥教師就曾激烈爭辯，是不是直接把青春期、性與家庭計畫這些內容納入現有的生物課或家政課，或者由校方選擇特定時段，邀請醫生和護士來對學生演講。往後幾年內，教育界一直在這兩個方案之間搖擺不定。到了八〇年代和九〇年代，性教育成了政治論戰。

成效充滿矛盾。在這些年裡，性教育課程的絕對數量出現驚人成長。只是，聯邦法令授權當地學校董事會決定課程計畫，意味著全國各地的學生學到的內容非常懸殊。在很多地方，保守派成功地限制學校只能教導學生「禁慾」。1999 年到 2009 年之間，各州政府得到將近十億美金的聯邦資金挹注禁慾課程。2009 年起，全美86% 的學校要求性教育課堂只能提倡禁慾。我的學校除外。我大約千禧年期間在紐約就讀一所自由派公立中學，我們很早開始討論性議題，而且經常談。

我還記得五年級時，體育老師把我們帶進教室玩暖身遊戲。她會喊出某個我們或許聽說過的字或詞，然後隨機叫人，被叫到的人就得告訴全班他或她覺得那是什麼意思。「勃起？」體育老師會問。「夢遺？」她有一隻眼睛弱視。整間教室的學生會擠來擠去，

努力避開那隻眼睛，還得裝出若無其事的模樣，因為越躲越容易中招。

我出過一場糗，因為我猜「口交」指的是討論性行為，或許用錄音機錄下來？（因為當時我剛完成一份歷史課的口頭報告，請我爺爺談他參加韓戰的經歷。）我被同學恥笑了幾個星期。不過，要不了多久，就連我這種書呆子學生都變內行了。我們學了解剖學，學了「輸卵管」和「繫帶」這類名詞。到了高年級，我們在《生命的奇蹟》影片裡嬰兒誕生的那一幕見識到「著冠」是什麼模樣。我們從「照顧寶寶作業」體驗到中學時代生小孩會是多麼痛苦的事。紐約教育委員會送了一整箱橡膠嬰兒到學校，這些假嬰每個小時都會大哭，也會尿濕。它們附有電腦晶片，用來記錄照顧者盡心的程度。我們有個寶寶在地鐵上發出尖銳哭聲，另一群青少年乘客一把搶過去，掄起來砸向柱子。寶寶的「爸爸」向學校說明事情經過，好不容易爭取到B減的成績，逃過死當命運。

主要目的是為了嚇我們。教堂裡的幻燈片呈現生殖器長滿花椰菜似的人類乳突病毒疣，還有看起來疼死人的狹長裂口，老師說那是「梅毒性下疳」。他們還讓我們看各種分泌物。另一個老師告訴我們，超大保險套是給超大自我用的。她邊說邊拆開一個暢銷品牌戰神保險套，套在自己拳頭上，往下拉，直到她整條粗壯前臂全被包覆住。

課程的主要目的好像是為了灌輸恐懼感，而對治恐懼的良方應該是討論。愉悅是次要目的。只是，恐懼會悄悄向慾望靠攏，想知道更多的慾望本身就會被誤用。當然，這並不表示那些只學到禁慾的學生就不會私下探索性知識。全美各地有越來越多人可以在有線電視裡找到自己要的東西，比如露骨的影集《慾望城市》（*Sex and* the City），或按次計費的色情片。另外，我們也可以透過網路免費學習。

在網路上，我們都變成自學者

愛滋病迫使美國人發展出討論性事的詳盡共通語言，類似健康教育課程將它制度化。網際網路讓所有人都有機會參與。做為一個可供搜尋的性行為資訊儲藏庫，網際網路進一步讓相關辭彙標準化，同時也是全新次文化發展的基礎。

六〇年代首創的電腦約會與隨之而來的錄影帶相親，利用機器的力量撮和居住在某個特定資料庫附近的人。但這些服務受限於地理環境，TACT 只能服務住在上東城的約會男女，Today For Singles 只能連結華盛頓特區患有皰疹的人。這些服務機制的觸鬚都很有限。

到了七〇年代，社會學家指出，那些過去主張性愛自由的伴侶之所以不再熱衷交換性伴侶，是因為他們很難找到有相同癖好的人。交換性伴侶的人必須先刊登分類廣告，收取信件加以分類、拍照片寄照片，然後利用週末開車去跟對方見面，喝杯咖啡，再決定要不要付諸行動。十年後，只要你知道如何使用對的討論版和郵件管理軟體 Listserv，就能夠在電腦桌前跟無數對伴侶安排會面時間地點。

網際網路除了提供人們找到彼此的管道，也創造了全新的戀愛模式。你不妨說它把性能力與戀愛能力變成連結度，把戀愛關係變成了互動。

在撫弄派對和彼此認定的年代，全國性廣告與流通全國的雜

誌、書籍和電影創造可供約會男女遵循的原型。男大生與女大生；男朋友和女朋友。不符合這些類型的約會男女明顯跟他們不是一路人。他們若不是沒有約會，就是「不良青少年」。之後人們約會的方式突然多得不可勝數。好奇的約會人士必須學會表達自己的渴求，再找到能接受他或她想要的東西的人。

在這樣的安排下，約會的主要工作變成設定、測試、重新設定你自己的上限。我曾經在一場學術會議上碰到一個女性，她已經跟某個人穩定交往四年。他們各自飄洋過海分隔兩地之後，繼續在一起，接下來又用一年半的時間「開放」彼此的關係。她說，他們花了將近一年的時間討論彼此的夢想和恐懼，預測他們面臨特定狀況時會如何反應，才能覺得可以安心自在地跟任何人在一起。他們理所當然地認為，一段開放式關係——伴侶可以跟別人上床，甚至可以帶新情人回到他們共同的家——是可行的。他們只需要花時間描述這種互動該怎麼做才能行得通。有個年輕朋友告訴我，她跟她的伴侶進入開放關係八個月之後，兩人唯一做的就是討論。

如今約會協定似乎瞬息萬變，即使結束一段不長不短的關係，也會讓你覺得像李伯·凡·溫可[21]。重返單身市場！應該很教人興奮。然而，如同其他很多約會階段，它通常讓你感到焦慮與困惑。

「這年頭孩子們都怎麼做？」有個老朋友問我。他只是半開玩笑。當時我們在派對上，都 25、6 歲，他剛跟從高中交往至今的女朋友分手。「現在的人只做愛嗎？」「誰現在只做愛？」我們其他人問。「以我們的年紀，約會到第幾次上床算正常？第一次嗎？或第五次？」我這個朋友當年以在室男身分跟畢業舞會女伴嘿休，

---

21 十九世紀美國作家華盛頓·歐文（Washington Irving，1783-1859）的短篇小說《李伯大夢》裡的樂天派樵夫，某天走進森林跟一群人飲酒作樂，醒來時已經過了二十年。

事後搖身一變，成了衣著體面的投資銀行家。如今的約會選項多到讓他摸不著頭腦。我們能體諒。大家一致認為，這個問題沒有統一答案。

做為這個時代的成年人，你有責任決定約會的協定。「我從沒騙過你」是被人指控行為不端時，還算說得過去的辯護，雖然沒被騙過的那人並不會因此覺得好過些。我們各自都得清楚說出我們自己在性關係與戀情方面的條件：醜話說在前面的約會對象。很多跟我同年紀的人是在網路上學會這麼做。

我做社會科作業時一不小心誤闖 www.whitehouse.com 這個色情網站，我應該不是柯林頓執政時期唯一一個有這種經歷的小孩。我還記得當時偷偷摸摸地在「本月實習生選單」裡點選一幀又一幀縮圖，看著照片裡的女人一點一點出現，她們的臀部噴成古銅色，乳房像氣球般緊繃，在總統辦公室布景裡擺姿勢。我妹妹上網搜尋她最喜歡的英國歌手，不小心把「辣妹」合唱團輸入成「辣妞」，Yahoo 的搜尋結果讓她尖叫著逃離我們全家共用的電腦。

儘管如此，上網依然是最安全的性活動。

「這種劇變發生在愛滋病潛伏我們生命暗巷的時代，想必不是巧合。」1993 年《國家》（The Nation）雜誌一位作家若有所思地說。幾月後，《紐約時報》重述這個觀點。「在一個愛滋病毒比電腦病毒更致命的時代，電腦情色顯然讓人們在真實世界的親密關係之外，擁有一個『安全』的替代方案。」這段話出現在《網路性愛的歡愉》（The Joy of Cybersex）一篇書評裡，主張網際網路是上天的恩賜。

《網路性愛的歡愉》作者黛博拉・黎文（Deborah Levine）曾經在哥倫比亞大學健康教育中心輔導大學部學生多年，她鼓勵利用電腦

調情、展開網路戀情，在排除真實世界風險的情況下，大膽探索他們最荒誕不經的性幻想。「不管你有伴或單身，九〇年代性愛背後的驅力來自人類的想像力。」黎文聲稱。「走進網路性愛的世界。在這個地方，想像力無遠弗屆，匿名是規則，慾望狂放不羈。」

正如早期的性愛安全教育家，黎文運用複選與填空問卷幫助讀者釐清自己想要什麼。比起安全性，她更重視拓展視野。在網路上你不會接觸到真實的肉體，可是格式看起來差異不大。例如在〈克服性壓抑〉那一章，一開始就有一份測驗，協助讀者評估自己有多麼緊繃。

「你準備好展開任務、認識五花八門、包羅萬象的性語言了嗎？」黎文問道。「回答幾個問題，你就會明白：

一、如果你跟最要好的朋友喝咖啡，他或她突然聊起自己的
　　性生活，你會：
　　Ａ、噎得猛咳，一口咖啡差點沒噴出來。
　　Ｂ、熱情地點頭回應，馬上轉移話題。
　　Ｃ、提出很多問題。
　　Ｄ、覺得如釋重負，也分享自己的經驗。
二、如果伴侶要求你（你們在臥房寬衣）扮演某個不是你本
　　人的角色，比如賣場的收銀員或知名太空人，你會：
　　Ａ、說：「親愛的，當然沒問題。不過我比較想當火箭
　　　　專家，可以嗎？」
　　Ｂ、一口答應，馬上融入角色。
　　Ｃ、覺得他或她根本就瘋了，建議他或她去看醫生。
　　Ｄ、思考個幾分鐘，幫自己弄杯飲料，妥協配合。

　　如同早年的性安全運動人士，黎文利用條列式表單列舉讀者應該要知道的網站，也教導他們在那些網站如魚得水必須要會的語言。她提及的網站從給怪胎的教學網站 www. getgirls.com，到給性愛自由人士的 Open Hearts Project 和 www.lovemore.com。還有一個名為 Tri Ess 的網站，讓喜歡變裝的異性戀伴侶彼此認識。

　　黎文列舉的網路聊天縮略字──例如 ASAP 和 LOL[22]──如果都已經約定俗成，很難記得它們一度需要附加說明。不過，熟悉這些語言有其必要。可以傳輸高畫質影像、性能優越的網路攝影技術和頻寬還要幾年後才問世，這段過渡期裡，在對的時間使用對的表情語言，是調情與建立關係的唯一方法。

　　1993 年，《連線》雜誌一篇文章提到，有個女性因為積極投入「火辣聊天」，整個人從典型的「害羞靦腆女性」變身為如假包換的「惡女」。作家還說起他有個女性朋友八〇年代每天花幾小時掛在一個叫 the Source 的網站上。她的暱稱是「我是裸女」，他也這麼稱呼她。

　　「『裸女』用充滿雙關語的引導式提問慫恿她的網路粉絲。」文章一開頭就說。「我問她這件事，起初她的回答是，『只是在網路上瞎鬧。』」

　　「『只是個嗜好，』她說。『也許可以找到約會對象。』」

　　不過，在她敢於開黃腔的第二個自我的魔咒下，「裸女」經歷了一場質變。從原本那個「相當膽怯、偏好款式保守的灰色衣服的人，變成了（透過她飛快打字速度的作用力）那種可以在網路上同時跟十幾個對象進行火辣對談的人。」這種效應延伸到真實生活。「她開始描述她衣櫃裡收藏的內睡衣款式，算是犒賞我。她的遣詞用字趨於淫蕩，開起玩笑尺度也越來越大。簡言之，她變身成網路上那

個她。」

　　上網是新時代的逡巡，它能夠改變人生。在「健康」教育課堂那些沒完沒了的討論，無非是為了嚇嚇我們，讓我們至少幾年內都不敢發生性行為。但網路上更安全的性行為替代品提供全新型態的歡愉。討論（或打字）性話題這件事本身就足以建構它獨有的親密感。

　　九〇年代越來越多美國人使用網路，從中學會了享受僅止於文字的情感關係。「網路公民」先驅們發展出純聊天的約會模式。

網路上「純聊天」的約會模式

　　在 1990 年，全美只有二十萬家戶上網。到了 1993 年，這個數字暴增到五百萬。（這股趨勢持續往上，兩千年有 4300 萬，2013 年是 8500 萬）。九〇年代中期，個人電腦價格大幅調降，很多家庭添購更多電腦，也把電腦從客廳移到臥室或其他私人空間。在那裡，所有的嘗試才得以展開。

　　早期網路男女朋友之間的聯繫，很多方面是遵循過去世代的約會男女奠定的模式。你們隨機相遇。在某個聊天室不期而遇之後，如果你們相談甚歡，就可以約定時間上網聊天。

　　這個機會有可能改變人的一生。那些行動不便，無法在真實世界裡走出家門或找對象的人，可以在某些聊天室聯繫上，墜入愛河。在其他聊天室，在自己家裡覺得被孤立的同志青少年也可以這麼做。這事非同小可。因為九〇年代末期，每六個同性戀中學生，

---

22 ASAP 意指盡快（as soon as possible）。LOL 意指大笑（laughing out loud）。

就有一個求學期間至少一次被打得送醫。只是，這些網路約會模稜兩可的場景，也讓很多人感到緊張不安。

有史以來第一遭，約會活動允許年輕人在公開場合自行尋覓對象或終身伴侶。諸如酒吧與海濱大道之類的地方，跟網路聊天室有許多共同點：它們儘管有點危險，卻都很迷人。或者因為危險，所以迷人？風險本身就是它們的魅力所在。

當然，人們總會擔心別人有所隱瞞。妳的網路情人可能會告訴妳，他高大又健壯，實際上卻是矮小瘦削；或者胖妹告訴你她身材苗條。這就是自由的代價。過去在你父母家的客廳裡，或在基督教會、猶太教會贊助的舞會上，你遇見的年輕人都事先經過篩選。而在遊樂場或電影院碰到的卻是陌生人。當妳顫抖不安地走過遊樂園漆黑的情侶隧道時，天曉得那個握著妳的手的男人是何方神聖。不過，約會男女很快就發現，在公共場所的隱遁狀態本身也提供了一分親密感。少了家人和朋友在身邊打轉，你可以展現真實的自我，盡情表達內心感受。就像火車上的陌生人，即使她沒興趣，誰在乎？沒有人規定你非得再去見那個你在舞池搭上的女孩不可。

心理健康專家很早就發現到，在網路上結識陌生人通常會對人產生某種影響。精神科醫師艾絲特・葛溫妮（Esther Gwinnell）因為聽到許多患者抱怨他們自己或伴侶愛上網路上的陌生人，決定寫一本有關「網路愛情」的書。她在這本書《線上誘惑》（*Online Seductions*）裡創造了一個詞語，用來描述她的病人在網路上建立的戀情。她說這些戀情具有「獨特的親密性」，因為它們是「由內往外發展」。

葛溫妮的患者對她陳述的，都是同一個版本的不同故事。「這段感情牽涉到的是靈魂與精神層次，完全跟肉體無關。」「我們先遇上對方的靈魂。」這就是網路戀情的好處，那些對自己的肉體欠

缺自信的單身男女而言更是如此。問題在於，在缺乏視覺線索與社交情境的狀況下，你很容易把聊天對象跟你內心期盼的那個人搞混。你今生的網路戀人很可能只是一個幻象，或者是個精神病。

「當網路戀人離開電腦去從事別的活動，」葛溫妮說。「他們可能會覺得另一個人一直在他們『心裡』。」

在網路上尋找靈魂伴侶也可能會導致你對真實生活的不滿足。精神科醫師提出警告，網路性愛會帶給你不切實際的標準，激發永遠填不滿的慾求，因而破壞你的現存戀情。如果妳網路上的丈夫多半只存在妳腦袋裡，那麼妳現實生活中的丈夫永遠不如他那麼了解妳。即使配合度最高、最勇於嘗鮮的妻子，也沒辦法一眼就幫你弄懂 alt.sex.bondage.golden.show-ers.sheep 上所有色情故事的情境。

再者，網路連珠砲似的談情說愛速度也增加每一次溝通的風險。葛溫妮發現，她那些戀上網路情人的患者，似乎常處於教人動彈不得的焦慮（等待網路情人回應時）與幾近失衡的意氣風發（收到回應時）之間，擺盪不已。我們都明白這樣的循環：構思、書寫、檢查、傳送、等待、煩躁、展讀、重讀、重複。

如今比過去更容易花幾個小時的心思去關注電光石火般的網路新戀情或新伴侶。誰不曾對狀態更新的細節與舊照片賦予戲劇性的期待和憂懼？看看他抱著的那把吉他！他的職業本來就很不錯，看來他也有藝術家特質。他跟姪女那張合照說明他很會帶小孩。我們往往事過境遷後才會明白這些解讀背後的問題，因為我們發現那把吉他是他前女友的，而那個孩子是他的，跟前任情人生的。

這種新媒介裡的愛情，訓練人們對每一封電子郵件發出狂喜的嘆息。在《線上誘惑》的年代，很多電腦使用者愛上的並不是這個或那個特定伴侶，而是網際網路本身。

網路戀情：快速建立的親密感

　　九〇年代的主流新聞媒體報導的網路戀情，多半可歸納為兩種類型的聳動故事。其一聚焦在網路戀情——或「一鍵鍾情」，套用無數文章使用的雙關語——難以置信的成功案例。「世界第一椿數位姻緣」出現在 1996 年四月，34 歲的鮑勃・諾里斯在時代廣場迎娶 27 歲的凱薩琳・史麥莉，當時的紐約市長朱利安尼擔任主婚人。這對新人前一年八月在網路聊天室相識。為了這場婚禮，Joe Boxer 公司特地在六千平方英呎廣告看板上新增跑馬訊息區，即時秀出新人的誓言，再同步上傳網路。

　　其他的數位戀情故事可就陰險多了。許多網路外遇破壞了原本的幸福婚姻。更引人注目的是線上掠食者駭人聽聞的故事。這些故事引發的恐懼，在各方面都很類似約會活動初期的「白奴」恐慌。當時許多善心人士警告年輕女性，接受男性邀約，會讓自己陷於重大危險。

　　到了九〇年代晚期，報紙與雜誌充斥著網路騙子誘拐近郊白人小孩的故事。通常，這些故事裡的英雄都是網路正義使者，他們自動自發地監督聊天室。在 2000 年初，新聞節目《日界線》（*Dateline NBC*）以此為前提製作一系列實境節目。他們跟一個名為「扭曲的正義」的監督團體合作，由《追捕掠食者》節目的工作人員在網路上扮演未成年孩子。主動跟自稱 13 歲或 14 歲的使用者接觸。經過幾回合火熱的密集打字對談，這個誘餌小孩會邀約對方在真實世界見面。如果那個成人應邀前來，就會發現等著他的是電視台的現場直播鏡頭，還會被警方逮捕。

　　儘管確實發生過幾起綁架與虐待案，但這類案件並不常見。

早期的研究發現，聊天室裡某些使用者會欺瞞交談對象，通常是提供有關外表或婚姻狀態的假資訊。當然，網路性愛人士也會給自己戴上諸如「我是裸女」的調皮假面具。但大致說來，人們對待網路上的陌生人其實比真實生活中的人誠實得多。問題主要出在那種快速建立的親密感，它很容易上癮。

網路成癮者通常會成為笑柄，尤其如果他們還在上中學，很容易被嘲弄。不過，事後回想起來，網路性愛可笑的地方不在於它的反常，而在於它欠缺成效。它很少促成真實世界裡的伴侶，大多數參與者從來不曾在 IRL（「真實世界」）裡碰面。另外，它會讓人錯過無數具有潛在價值的關愛眼神。

率先將網際網路商業化的先鋒目光準確，看出這種失之交臂隱含的商機。九〇年初，美國線上與 Prodigy 網路公司推出的時候，針對單身人士提供一系列「生活型態」聊天室，因為他們發現這類聊天具有龐大的吸引力。他們很快找到方法，從人們交換情色或浪漫言語的平台獲取驚人利潤。如今的科技公司依然這麼做。

明人不說暗話，我們不也還會花幾小時在電腦或其他裝置上追蹤我們的心儀對象。「他今天在推特推文兩次，卻還沒回我的電郵。」前不久有個朋友激動地跟我發牢騷。然後她冷靜下來，搖頭感嘆自己的荒謬行為。「我知道他推文兩次，而我在推特上根本沒追蹤他！」查看某個你見過一次面的人的帳號，並不比登入聊天室、期望看到你上星期跟他網路性交那個暱稱更可悲，也不代表你比較不寂寞。它只是少了一點污名化，因為如今的經濟仰賴的就是這一類情感。

那些吸引亞馬遜這類網站投入「長尾經濟」[23] 的因素，也讓約會次文化得以蓬勃發展。在五〇年代，如果你是那種渴望在性高潮

時伴侶能將食物塗抹在你身上的少數族群，那麼你可能得放棄這種幻想。然而，網路方便你找到有同樣迷戀的人，或者至少向別人提議時風險比較低。性安全運動提供約會男女足夠的辭彙來檢視並定義慾求。網際網路則讓這些慾求變成約會者的核心特質。

九○年代：了解自己的渴求

若說長久以來人們習慣將約會視為一種交易，那麼到了九○年代，大家都變成更內行的消費者。他們可能更清楚自己投入市場尋找的是哪一種性愛，也知道慾求的實現是個人滿意度的重要關鍵。相較於在一波波激情中碰巧採取某種性交姿勢，現代情人更傾向於嘗試一連串他們過去看過圖文描述的明確姿勢。他們通常也會尋找有類似興趣的伴侶。隨著越來越多的利基媒體頻道——不管在有線電視或網路上——呈現不同的生活型態，也有越來越多的「性教育專家」模糊了倡導與廣告之間的界線。

每一種約會方式都有它自己的專家。早在 1987 年，女性主義者貝蒂・道森（Betty Dodson）在她的書《自慰》（*Sex for One*）裡歌誦女性的自娛。如同那個年代其他活躍的女性主義「性教育專家」，道森巡迴全美，教導女性給自己歡愉，也要求她們的伴侶帶給她歡愉。長尾經濟確保所有人都能買到道森和其他人示範時使用的道具。1993 年性教育專家克萊兒・卡瓦娜（Claire Cavanah）和瑞秋・維寧（Rachel Venning）在西雅圖的貝伯蘭區共同創立了情趣用品店 Toys。她們的動機很崇高，因為當時少有以女性為對象的情趣商店，她們倆希望提供好奇女性更多資訊與激勵。到了 1995 年，貝伯蘭的 Toys 運用小型商品型錄進軍郵購市場，不久後便建置了網

站 www.babeland.com。網購生意帶來穩定盈餘，讓她們有能力在洛杉磯和紐約開設分店。

只要你能夠充分掌握人們的特殊品味，網路就能讓你壟斷某個全國性的利基市場。不管你有什麼特殊癖好，你再也不必孤單地渴望。1991 年，同志錄影帶商店店員丹·薩維奇（Dan Savage）的好友表示，他打算搬到西雅圖創辦一份週報。薩維奇玩笑性地丟了一篇諮詢專欄文章給他朋友，沒想到朋友邀他一起去。薩維奇為《陌生人》週報撰寫的那篇專欄既藝瀆又爆笑，在全國媒體同步刊登，聲名大噪。接下來他寫了一本又一本的愛情指南書，2006 年起在數位電台 Podcast 主持一個至今仍有數千名聽眾的節目。

薩維奇的專欄《狂野的愛》（Savage Love）協助讀者認識看似品項繁多的性愛偏好。當讀者來函詢問某些還沒有名稱的性行為，薩維奇就為它們命名。他創造出像是「打樁」（pegging）之類的術語，補足讀者來函提及的那些已經十分複雜的名稱。（打樁指的是女上男下佩戴假陽具肛交。）薩維奇的讀者學到了新術語，就能更精準地描述他們喜愛或厭惡的動作。

薩維奇告訴他的讀者，了解並表達自己的性喜好是約會的關鍵。寧可及早向新情人坦承自己對打樁的強烈偏好，總比挨過幾十年沒機會打樁的愛情生活好得多。寧可知道新對象在尋找何種戀情關係，也好過事後痛苦地發現彼此不合適。如果你想過得幸福快樂，就得學著了解自己的渴求，並且清楚表達出來。如果你這麼做，就能重新調整傳統愛情關係裡的條款。

就連婚姻也不例外。

---

23 long tail economy，指原本不暢銷的小眾產品，只要有夠強大的通路，假以時日仍有機會創造出超越主流商品的業績。

　　薩維奇經常建議長期伴侶們採行一種他稱之為「類單一配偶」的關係，不管他們是同志或異性戀。它的意思就像它字面傳達的一樣。伴侶事先約定彼此可以偶爾跟其他人上床，只要他們承諾不會因此危害原本的關係。薩維奇強調，很多長期伴侶其實已經是類單一配偶關係，只是當事人不願意承認。其他建言專家的做法更為激進，九○年代突然流行起「開放關係」：伴侶們維持多元開放的變動關係。

　　《道德浪女》（The Ethical Slut）1997 年問世，至今仍是有關「生活型態」最被廣泛閱讀的指南書。作者朵絲・伊士頓（Dossie Easton）與珍納特・哈蒂（Janet W. Hardy）主張，這個世界擁有足夠的性活力，可以滿足每一個人。「很多關於性的傳統態度是植基於一種心照不宣的信念，認為一定缺少了什麼。」《道德浪女》說。「我們要讓每個人都得到他們想要的所有東西。」〈浪女的類別〉那一章節聲稱，配對的形態沒有止境。不過，書本上描述的各種組合卻都有著某些共同的基本特質，它們既迎合個別需求，又可以彈性變化。「戀情關係的結構，」兩位作者說，「應該設計來迎合戀情關係裡的人，而不是讓人們選擇去適應某種抽象的完美關係。」個人自由地結合，創造出全新結構。「我們有個女性朋友一生都擁有兩個基本情人，男女各一。她還有其他情人，她的基本情人也有其他伴侶，他們大家共同組成龐大網絡。」

　　「隨著時間往前推移，情侶關係會增加成員，當時有時不免減少，因而形成異常複雜的結構，其中包括他們在反覆摸索的過程中發明的全新家庭角色組合。」伊士頓與哈蒂說，對於這種自行定義的社群，與其稱之為網絡，她們寧可稱之為「群集」。不過，以過剩性活力為基礎的互聯社群會不斷向外分散拓展，也經常重組，

這種烏托邦聽起來很像網際網路。網路不只是茫然失措者的指路明燈，它也是如今界線恆常變動的全球經濟體系下的約會原型。

不消說，很多美國人驚慌失措。跨越千禧年那段期間，保守派以純潔舞會與守貞誓言對抗打樁人士與性開放族群。保守的家長開始選在高中畢業舞會當晚舉辦替代版畢業舞會，女生們由父親陪同出席，父親們也會在這些場合公開宣誓要守護他們女兒的童貞。在全美各地的大學校園裡，參與「真愛會等待」（True Love Waits）運動的年輕人戴起象徵他們承諾婚前守貞的「貞潔戒指」。

媒體稱呼這種僵持場面為「文化戰爭」。但「文化戰爭」算是用詞不當。在網絡與協定的年代，美國根本沒有任何需要捍衛的文化。雖然對愛滋病的恐慌已經退出主流族群，但性安全與明確表達的新文化依然存在。

愛滋病運動人士啟發的坦誠相告，以及網際網路帶給人的無限可能，持續在新的千禧年塑造約會模式。你想發表多少貞潔誓言都請便，也可以只跟同樣宣誓的人約會，但這只會是眾多消費選項裡的一個。在九〇年代越來越分裂的市場裡，純情派與搞怪龐客只是它的長尾裡的兩股奇想，而且這個市場全年無休。

Chapter 9

戀愛、時機、生小孩：
一場計畫

　　時間就是金錢。孩提時代的我們學到，這句話是班傑明·富蘭克林說的。確實如此，就在他 1748 年出版的勵志手冊《老職人寫給年輕職人的忠告》（*Advice to a Young Tradesman, Written by an Old One*）裡，他以這本書告訴殖民時代的美國人，他們也能致富。只是，我們的建國之父富蘭克林並不是第一個領悟到時間就是金錢的人。事實上，這個詞首度以書面形態問世時，發言者是一位不具名的家庭主婦。

　　1739 年賓西法尼亞州的《自由思想者》（*The Free-Thinker*）期刊講述某位知名女性的悲傷故事。這位女士「完全能了解時間本身的價值。她丈夫是個鞋匠，手藝十分高超，」作者表示。「卻從來不曾留意一分一秒如何飛逝。他的妻子再三提醒他時間就是金錢，卻是徒勞無功：他聰明過了頭，不把她的話當回事。結果他每天晚上咒罵教堂的時鐘，因為鐘聲終於宣告他的毀滅。」

　　這位明智的賢妻或許已經被遺忘在歷史長廊的角落，但我們都聽過太多類似故事。直至今日，那些耍小聰明，拒絕認清自己需要腳踏實地認真過生活的一無是處男人，依然是無數愛情喜劇裡的主角。他是各大都市酒吧裡的常客，始終討人喜愛，卻也始終優柔寡斷。他的女性伴侶如果放任不管，到最後自己就會變成可憐的受害者。在愛情方面，我們大多數人仍然認為，擬定計畫是女人的工作。

戀愛，是時機問題？

　　愛情勞心勞力，心理治療專家與自我成長書籍大師們如此諄諄教誨。愛情也很耗時間。既然時間就是金錢，很多約會男女不願

意在任何潛在對象身上冒險投注太多時間，似乎也情有可原。

比起戀情受阻，時下的戀人更常遭遇的問題是行程塞爆。你的朋友是不是經常抱怨他們「沒時間約會」或「沒空發展戀情」？又有多少人隨便一句「時機不對」、需要「時間考慮」或「暫時想一個人過」，就把人給打發了？

各方人馬都提出不同方法來對治忙得沒時間找伴的問題，例如有人把找對象設計成遊戲。九〇年代晚期有個名叫雅可夫・戴佑（Yaacov Deyo）的正統派猶太教祭司憂心如焚，因為他在洛杉磯教會的單身會眾很難認識其他年輕的猶太教專業人士。到了 1997 年，他邀請好萊塢一群朋友到他家共商對策，集思廣益的結果是一種名為「快速約會」的活動。

幾星期後，戴佑邀請所有他找得到的猶太教單身男女前往比佛利山莊的彼特咖啡館。他帶了一個手搖噪音生成器，也就是猶太教普珥節慶典上使用的棘輪。他把男女青年兩兩配對，要他們交談十分鐘；十分鐘後他就轉動棘輪。在彼特咖啡館舉辦的這些午後見面會反應熱烈，戴佑不得不使用 Excel 試算表來記錄參加者對彼此的感覺與他們之間的互動。不到一年，全美各地都有類似活動。只是，某些位高權重的專業人士說他們沒時間玩遊戲，甚至沒有時間更新交友網站的資料。

這些人可以向虛擬約會助理（VDA）求救。這家公司成立於 2012 年，創辦人史考特・瓦德茲先是在分類廣告網站 Craigslist 雇用線上約會助理，後來乾脆開起公司。VDA 的顧問協助客戶挑選潛在對象，規劃約會流程，連穿著打扮也包辦。2015 年的收費標準是，每次約會美金 147 元，月費 1200 元。

「線上交友等於一份兼差，」公司網站的橫幅廣告如此宣告。

「讓我們的專家為您代勞！」

問題沒有解決：那些每個月沒有幾百到幾千美金可供揮霍的單身人士該怎麼辦？

務實主義者告訴大家，愛情是時機問題。你不該等找到對的人才結婚；而該在對的時間跟當時遇見的人結婚。他們說得順理成章，彷彿我們可以安心地想像自己的心遵循某種秘密時程：那些對的感覺會在指定的時間湧現，讓我們為當時並肩站在平台上的任何人神魂顛倒。只是，萬一我們 28 歲時交往的那個人不是「對」的人呢？萬一我們在火車離站之前很久就墜入愛河、或者等火車離站以後我們才開始尋尋覓覓呢？萬一我們的人生根本不在這條軌道上呢？

另一方面，浪漫主義者一口咬定，整天操心我們如何或何時找到愛情根本無濟於事。它會在你最不預期的時點出現！根據這種觀點，等你找到那個人，你自然會「找出時間」，因為戀愛中的人會竭盡所能去跟他或她愛的人相處。如果你相信反面說法，認為你的情人沒有竭盡所能地來跟你相處，那麼那一定不是真愛，內心恐怕五味雜陳，有點恍然大悟，卻又哀傷難過。

2004 年暢銷自我成長書《他其實沒那麼喜歡妳》（*He's Just Not That Into You*）的作者葛瑞哥・貝倫特（Greg Behrendt）說，那些自稱太「忙」，沒時間當個體貼男友的男人根本是「鬼扯」。「『忙』的同義詞是『混蛋』，」他寫道。「而『混蛋』指的是跟妳交往的那個男人。」為免讀者錯失這番真知灼見，他稍後以黑體字重申這條重要的「戀愛法則」：「『忙』這個字是混蛋常用的鬼話……對於想得到的東西，男人從來不會撥不出時間。」

貝倫特是電視影集《慾望城市》裡唯一的異性戀男性劇本顧

問，因而奠定他兩性專家的地位。由於節目內容側重約會——以及女性之間以約會為主要話題的友誼——也難怪貝倫特認為異性戀女子永遠有時間去迷戀跟她交往的男人。然而，說到底，浪漫主義者和務實主義者給的建議基本上大同小異。其中一個告訴你耐心等待天雷勾動地火那一刻；另一個建議你等待一個看似恰當的時機。不管怎樣，重點是：別擔心了。換成另一個說法就是：回去工作！

當生活步調改變

這個忠告其實不算太糟，因為事實上很多約會男女不是「混蛋」，他們是真忙。人們過日子與賺錢謀生的方式往往塑造他們對時間的概念。從自我成長書籍專家所謂的「傳統」約會年代至今幾十年來，我們的生活步調有了劇烈改變。

約會的習俗循著特定次序發展，它來自一個生活應該清楚劃分為工作與休閒兩部分的年代。就連「約會」（date）這個名詞的概念都來自於你跟心儀對象相約在「某個時間點」碰面。同樣地，「外出」也假定外面有個提供娛樂的世界可去，跟家庭與工作的世界不相重疊。

也許這就是為什麼如今「約會」這個詞聽起來總帶點委婉的曖昧意味。我跟新男友曾經巧遇他的前女友，他語帶含糊地用了這個詞，讓我情緒有點失控。

「他說他們約會過兩星期，」事後我對朋友發牢騷。「然後他想了一下，又說，事實上，不到兩星期！這話又是什麼意思？」

「意思是，他們上過三次床，」朋友叫我別想太多。「也許四次。放輕鬆！」

　　我六點來接妳這樣的話表達了以下觀點：約會代表工作的結束，是排定時程的自發性活動。它也是實實在在的娛樂：一種可以讓人重拾工作活力的玩樂。

　　那些「莊重」的中產階級約會也隱含著時間軌跡。隨著約會變成求愛活動的主要形式，約會男女意在言下地承諾對方，他們花在彼此身上的時間是一種投資，可以幫他們賺取未來可供提取的親密感。約會中的男女或許會有一段時間腳踏多條船，直到彼此做好步入禮堂共組家庭的心理準備，或者各分東西，跟其他人重新展開上述流程。

　　性愛自由的出現打亂了這條時間線，它讓陌生人直接進展到性關係，也讓情人同居多年不結婚。1970 年到 1979 年之間，美國情侶沒有小孩「未婚同居」的對數成長三倍。同一段時間裡，那些幾十年來奉行工作與休閒的節奏的企業也發生重大變化。在彼此認定年代，大型企業提供終身雇員優渥的薪資和慷慨的福利。然而，到了七〇年代，這種模式退場了。競爭型製造業經濟在二次大戰期間遭受破壞，戰後大舉復甦，膨脹性蕭條來襲，企業利潤滑落，越來越多公司改聘臨時工、契約工或自由接案勞工。

　　過去的專業發展途徑已經沒有前景。隨著企業主將越來越多的勞務發包出去，時間本身改變了。所有的時間都可能用來賺錢，卻都不確定。越來越多美國人從享有福利的專職員工變成到處兼差。未來似乎有一種新的危機感，危機感讓人很難墜入情網。

　　如今人們不只工作模式有別於大學舞會與高中彼此認定的時代，他們的工作時間也拉長了。

　　當所有人都沒有時間可揮霍，約會不再是一種令人身心舒暢

的消遣，而是另一件需要塞進行程裡的事。把時間花在某個剛認識的人身上可能有點風險，而且那種親密感很古怪。

Elle 雜誌有個專欄作家最近坦承，她推掉一次約會，原因無它，只是想到要整晚跟陌生人相處，就覺得心裡發毛。「最近我婉拒了一位男士的晚餐邀約，因為我覺得我跟對方不夠熟，沒辦法跟他單獨相處兩小時。」她的心情不難理解，只是，這麼一來你就沒辦法跟任何不認識的人約會了。

兼職人員與自由接案者雖然時間比較彈性，通常情況卻更糟糕。他們不只收入更低、福利少得可憐或根本沒有，還有必須隨時待命的壓力。清潔工很難拒絕多值一次班的要求；賺取時薪的按摩師會盡量不在夜間外出，以免哪個客戶臨時閃到腰。

正如自由接案者聽見時間滴答滴答地過去，很多約會男女也會擔心認定某個伴侶需要付出的機會成本。尤其是年輕女性，因為人們常提醒她們要多留心。很多人都說，我們女人有個約會大限。一個不小心，妳就可能已經「虛度了很多年。」

我在某某某〔過去的情人〕身上浪費了幾年青春。有哪個異性戀男人說過這種話嗎？據我所知沒有。不過，任何女性跟男友分手後說出這句話，大家馬上明白她的意思。男人女人都知道，女人的身體是定時炸彈。女人為一段沒有結果的戀情——意思是那個原本要協助她養育下一代的男人並沒有讓她懷孕——浪費掉的時間，會讓她更接近她的有效期限。當午夜鐘聲響起，我們的卵子化為塵土。

第一記警鐘 1978 年 3 月 16 日傳來。〈職業婦女的時鐘滴答響〉，《華盛頓郵報》都會版頭題如此宣告。撰稿人理察・柯翰

（Richard Cohen）一定不知道這個主題會多麼無情地糾纏約會女性。他的文章開頭描述跟一名「複合女性」的午餐約會，這位女性代表所有 27 歲到 35 歲的女人。

「她來了，剛走進餐廳。」科翰寫道。「是個美女，深色頭髮、中等高度、衣著考究。現在她正在脫外套，身材不賴。」複合女性心態也夠正向：「她的工作很棒，一切都很美好。」只是，接下來她斂眉垂目。

「出了什麼事嗎？」他問。

「我想要個孩子。」

科翰強調，他認識的所有女人都想要個孩子，不管她們當時維持什麼樣的戀愛關係。

「身為忙碌的記者，我結識過很多女人。」他聲稱。「她們大多數人都說自己聽得到時鐘在滴答響。有些人只是以探討理論的角度說說，就像某個想要生五個小孩、卻連個男朋友都還沒有的女人一樣……」有時候，這個複合女人已婚，有時候則未婚。有時候很嚇人，因為放眼望去根本沒有男人。不過，有一種感覺永遠存在，那就是時鐘在滴答響……如影隨形。」

幾個月後，滴答聲開始尾隨職業婦女。

《波士頓環球報》的撰稿人安‧克奇海默（Anne Kirchheimer）報導指出，「女權運動的受惠者，也就是第一代解放年輕女性，是全新品種的女人。相較於丈夫、家庭和孩子，她們選擇的是職業、旅遊和獨立。如今她們年歲增長，突然聽見生物時鐘的滴答聲越來越響亮。」

克奇海默訪談的一名精神科女醫師開玩笑地說，她跟她的單

身女性朋友們為一種叫「子宮枯萎症候群」的病症所苦。

統計數字確實告訴我們，過去二十年來生育數字大幅下滑。即使生了孩子，女性的生育年齡也明顯延後。到了 1977 年，36% 的婦女拖到 30 歲或更晚才生第一胎。看起來當時女性已經開始利用避孕或墮胎手段無限期延後生育年齡。

我們的世界就是這樣毀滅的嗎？禍首不是炸彈，而是避孕丸？

一些生物時鐘的報導告訴我們，答案是否定的。

1982 年《時代》雜誌刊登一篇題為〈新嬰兒潮〉的報導，內容指出，戰後嬰兒潮世代的女性成群結隊地懷孕，那些想當媽媽的人最好加快腳步。「對很多女人而言，受孕期的生物時鐘已經邁向終點，」作者 J.D. 里德提出警告。「那股起源於更新世、月亮與天性的遠古召喚，還有深埋在層層疊疊文化——與反文化——底下、染色體裡的基因密碼，讓成功的職業婦女、專業人士、乃至孩子已經成長的婦女停下腳步重新思考。」

《時代》雜誌說，時間不為任何人停止。我們女人大可隨心所欲穿上褲裝，可是，到最後我們的身體會對我們拉警報。

即使如今女性能跟男人競爭高薪職位，也盡情享受婚姻外的性愛，但上面那些事實告訴我們，性愛自由與女權運動並沒有真正改變女人的基本特質。女人依舊需要發揮母性；就連最成功的職業婦女，最後也會渴望孩子。

這些話聽起來或許像事實陳述，它其實是一道命令。

女人的「有效期限」

自然而然地，約會之餘還得考慮生物時鐘，是很沉重的壓力。女人受到有效期限的約束，意味著她們沒辦法像男人一樣享受單身生活，也很難專注在事業上。社會習俗的變遷與避孕藥的出現，或許會讓人誤以為約束得以解除，但事實上女性只是用借來的時間在享受情愛。

1979 年八月，安·克奇海默在《波士頓環球報》頭版發表另一篇文章：〈單身覓偶換來一場驚嚇〉，開頭就描寫一場悲慘的約會活動。一男一女決定共同為成功專業人士舉辦一場聚會。結果有 12 名女性出席，男性卻只有兩位，其中一個見狀趕緊把自己灌醉，紓緩壓力。

克奇海默說，情況對「典型女性」不利。「她有高學歷、高收入，在男人主導的職場上展現充足自信，而且她已經對頻頻更換約會對象感到厭倦。她可能想要婚姻和孩子，或許也聽見生物時鐘的滴答聲。她已經夠成熟，可以進入俗話所說的『承諾』階段。」可惜，唉，「如果男人沒被她的條件嚇跑，那麼他八成也有條件東挑西揀。」

科翰與克奇海默這類評論家提醒女性，如果她們將生育年齡推得太後面，到最後可能會造成壓力與慌亂。此外，他們也提出幾個有關男性的新觀點。那就是，男性生理上的原始設定既不想建立情感關係，也不想擁有子女。男人沒有那種支配女性愛情生活的時間壓力，當然會想要不受牽絆的性愛。儘管就在不久前的五○年代，大多數美國男人還說婚姻與子女是個人幸福的基石。八○年代的專家似乎相信，男人跟女人基於生物學原因，注定懷著南轅北轍的目

標去約會。男人永遠只想玩樂，如果職業婦女想套住黃金單身漢，就得審慎謀畫。

到了八〇年代中期，戰後嬰兒潮女性變成一群「時鐘顧盼者」，這是記者莫莉·麥凱恩（Molly McKaughan）給她們的封號。麥凱恩在巴納德學院兩名心理學教授與《職業女性》（Working Woman）這份華麗雜誌的編輯們協助下，設計了一份問卷，提出這個問題：「妳對生孩子有什麼看法？」收到超過五千份回函。她發現，女人在尋找共同繁衍後代的對象時的焦慮，會決定她們如何看待愛情生活與職業生涯。

麥凱恩在 1987 年出版的暢銷書《生物時鐘》（The Biological Clock）說，那些原本抱持背道而馳心態的女性也都「執迷」於生小孩這個議題。有些人為了遲遲沒有採取行動去尋找孩子的爸感到懊悔。不過，大多數女性很早就覺悟到，她們不能毫無章法地約會。

有個從事金融業的女性告訴麥凱恩，「自從進大學以後，我每一天都在規劃，我知道我要當個成功的女人：先是職業，再來是婚姻，最後是養兒育女的家庭生活。」

這位時鐘顧盼者明白，為了有機會享有她的男同事視為理所當然的那種生活，她得不眠不休地籌畫。

「女人如果蹉跎太久，」麥凱恩尋思道。「時間真的會離她遠去。」

女性年齡增長後，生育能力究竟會下降多少，這點至今沒有明確解答。誠如心理學家琴恩·圖溫吉（Jean Twenge）所說，有關女性生育能力問題，許多經常被引述的統計數字其實有失偏頗。圖溫吉在她為《大西洋月刊》撰寫的文章裡揭露，那些被當成福音傳給世世代代女性的觀點，其實欠缺穩定的立論根據。有個經常被引述

的統計數字告訴我們，35 歲到 39 歲女性如果嘗試懷孕一年未果，其中有 1/3 的人不會再懷孕。圖溫吉搜尋多個醫學研究資料庫後發現，這個數據來自 2004 年的一項研究，而這個研究依據的卻是法國 1670 年到 1830 年的生育紀錄。不孕的機率同樣也是根據歷史人口數計算出來的。

「換句話說，」圖溫吉寫道。「數以百萬計的女性從小被耳提面命的最佳懷孕時期，其實是來自沒有電、沒有抗生素或不孕症治療的年代的統計數字。」

另一個讓生育能力數據受到質疑的元素在於，我們得到的訊息都是來自那些因為不孕問題找上醫生的患者。我們很難全面性地評估人類的生育能力問題。有多少夫妻沒有孩子是因為他們不想生？有多少使用避孕措施？這些事幾乎無從得知。

強有力的科學證據顯示，女性卵子的數量與品質確實會隨著時間遞減，即使確切的時間線模糊不清，但從這個角度看來，時鐘顧盼者的焦慮其來有自。不過，這方面的研究大多沒有提到另一個關鍵事實：男性的生育能力也會隨著時間衰退。

一些知名男性七十多歲還能生孩子的案例往往被引用來證明，男人在約會市場裡想玩多久就能玩多久。在電影《當哈利遇見莎莉》開頭幾幕，莎莉自信滿滿地對她的兩名閨密說，她一點都不擔心找不到老公：「要到 36 歲以後，時鐘才會滴答響。」只是，當她聽說交往多年、剛分手的前男友有意跟他下一任女友結婚時，她開始歇斯底里。她打電話給哈利，求他來她的公寓安慰她。哈利到的時候，發現她裹著浴袍繞著床打轉。

「我快 40 歲了！」她抽抽答答哭著說。

「什麼時候？」哈利問。

「某一天。」

他親切地笑了笑。「還要八年。」

「總會到呀！」她不為所動。「它就在那裡，像某種巨無霸終點。男人就不必擔心，查理‧卓別林 73 歲還能生小孩。」

儘管有知名例外，男人的生育能力不受老化影響這個普遍概念根本不正確。在那些尋求不孕症治療的夫妻之中，「男性因素」佔 40%，「女性因素」也是 40%，另外那 20% 找不到原因。越來越多研究顯示，精子數量與質量也會隨著年齡增長銳減。高齡父親的孩子罹患自閉症與其他疾病的機率，遠高於年輕父親的孩子。再者，「老邁精子」通常只會在它們試圖授精的卵子周遭拍打掙扎，而後死去。

這些事實偶爾會被報導出來，幾乎都是以「男性生物時鐘」的新聞呈現。這類報導需要強調「男性」，間接告訴我們為什麼這種數據多半被忽略。我們的社會輿論往往表現得彷彿只有女人有身體。我們似乎假設繁殖主要是女性的責任。如果出了任何差錯，一定是女人的問題。

生物時鐘滴答響……

女性的生殖系統其實跟時鐘的運作大不相同。我們身體的變動大致上以月份為基準，而非精準地配合時鐘上的秒針。任何有過經前症候群的女性都能證明，每四個星期的週期變化並不一致。然而，儘管有這些誤差，生物時鐘這個比喻倒也捕捉到某種發生在美國經濟環境、真實又重要的現象。

兩種工時相互衝突。二十世紀大半時期普遍通行的朝九晚五

工作把生活劃分為兩種時間：工作時間與下班時間。在五〇年代到六〇年代，工作時間裡從事的勞務通常被視為男性的職責。女性在家工作，依據各種不同步調提供照料。

任何曾經在家一面照顧孩子或年邁老人、一面兼差工作的人都會馬上發現，你沒辦法預知家人什麼時候需要照顧。等待嬰兒用哭聲要求餵食、或等她吃飽收拾善後的這段時間裡做的事其實很難量化。有關時間運用的研究會告訴妳，那段等待時間理論上不能計入照顧孩子的時數，但妳卻沒辦法去做別的事。

如果家中長輩隨時需要妳扶他去洗手間，妳就很難專注在帶回家的工作上。照顧者經過等待，而後完成一項使命，她——通常都是「她」——的待命狀態並不能因此解除。人類心臟並不會配合計費時間跳動。她的瘀青或咳嗽或體重減輕嚴重嗎？他不會有事吧？在她回到書桌工作許久之後，這些憂慮會泛濫，持續繞著被照顧者打轉。

很多研究顯示，中產階級女性進入職場之後，仍然包辦過去全職家庭主婦與母親所做的大部分家務。有能力的家庭會雇用其他女人協助做家事和照顧孩子。這些契約工通常是較為貧窮的移民或有色人種婦女，一般認為她們應該為這個拋下自己的家和孩子的機會心懷感恩。

在理想狀態下，家庭必須付錢請陌生人來做妻子與母親長久以來做的事，或許可以讓社會體認家務工作的價值，因而看重它。事實不然，它只是更讓人以為家務事不足掛齒，不值得給予過高的報酬。

一批千挑萬選的女性在企業職場上崛起，並沒有改變家務事屬於女性的既定認知。對生物時鐘的焦慮更讓人覺得，如果女性想

要有一份職業，就應該盡力克服身為女性的不利條件。這又產生一種印象：人類的繁衍與職場工作的衝突似乎是個人問題，是一種發生在特定女性身上的疾病（子宮枯萎症候群）。在這個過程中，大家忽略了一個明顯事實：整個社會才是問題所在。

在一個沒有法定陪產假、也沒有育兒補助的國家，那些選擇當媽媽的女性根本不可能平等投入拼經濟行列。生物時鐘恐慌描繪一個畫面：每個女性的卵巢裡都安裝了一顆定時炸彈。這彷彿在告訴大家，女性自己要負責排除障礙。在此同時，媒體對母性過度強調，也讓職業婦女覺得，沒有生小孩是人生重大挫敗。很多婦女吃這一套。至少她們沒有成群結隊選擇不生小孩，也沒有組織起來訴求更完善的產假和州政府育兒補助。相反地，她們聽信專家那套勸告女性的說詞。妳出了很大的問題！幸好，有個昂貴商品可以幫上妳的忙。

輔助生殖科技產業在七〇年代興起，打前鋒的是精子銀行。在那十年之中，液態氮技術突飛猛進，人類精子得以運送並長時間儲存。企業家看中這個聚積並販售人類基因物質的商機。事實上，農夫們已經從事得獎種牛精液交易長達數十年之久，早期設立的精子銀行追隨農夫腳步，也稱他們販售的商品為「種精」（stock）。

過不了多少，大學名校周邊開始出現精子銀行。業者的廣告戲謔地宣揚，他們提供大學生全世界最輕鬆的兼差機會。「加州大學男生們，你常做的事可以幫你賺錢！來電洽詢加州精子銀行。」事實上，捐精者並不是抱著猥褻雜誌在舒適小房間待個五分鐘，拿了錢就拍拍屁股走人。大多數精子銀行要求合作的「契約工」定期捐精至少一年到一年半、提供健檢證明、承諾每次捐精前幾天或幾星期內不碰酒和毒品，也不從事性行為。當然，合作期滿之後，精

子銀行有權繼續保留契約工的種精。

　　精子銀行最初的行銷對象鎖定不孕夫妻，很快地，找不到生兒育女對象的職業女性也趨之若鶩。不管妳是因為不喜歡男人，或只是情路坎坷，精子銀行賣妳一個「生孩子自己來」的機會。喜劇演員取笑道，買精的顧客很可能會受騙上當。七〇年代《紐約客》雜誌刊登過一幅漫畫，有個衣著花俏的性感美女站在人工授精診所前看得驚呆了，因為碰巧有個矮個子流浪漢鬼鬼祟祟溜出來，懷裡揣著個標有「＄」符號的小袋子。

　　在 1993 年的愛情喜劇片《精子也瘋狂》裡，黑人女星琥碧‧戈柏飾演高瞻遠矚的教授，多年前她利用匿名捐贈者的精子生下女兒。這個女兒長到十幾歲時決定尋找親生父親。結果很令她震驚，因為儘管當初她媽媽指明要「黑人」，沒想到她的生父竟是個有欠靈光的白人汽車商。

　　「妳說他是白人？就是，純種白人？」琥碧‧戈柏聽女兒說出真相，不可置信地質問。

　　「白人，白人，白人。」她淚眼汪汪地點頭。

　　事實上，精子銀行仔細監控他們的種精。他們允許顧客針對性地選購某些特徵。當然，你會想知道你在酒吧跟人調情時掌握到的訊息，比如身高、體型，以及是否「定期看牙醫」。精子銀行用電腦資料庫儲存每位捐精者的生理與心理特質，但他們也提供一些很難透過約會得知的情報，譬如他的種族背景和學術性向測驗成績。也有銀行備有捐贈者的兒時照片，供潛在客戶參考。

　　早在人們上網購物之前許久，這些資料庫就建議顧客想像自己在「男人選購網」上盡情瞎拼。1980 年在加州艾斯康迪多市成立的「精子選擇儲藏庫」宣稱，它只販售諾貝爾獎得主的精子，它

更為人知的名稱為「天才精子銀行」。這家公司在 1997 年停業。

時至今日，越來越多精子銀行採用 3D 臉部辨識軟體，幫助顧客找到長相酷似某個他們喜歡的人的捐精者。網路整合平台業者 DonorMatchMe 可以讓使用者搜尋數十個精子或卵子銀行的資料庫，找到最理想的那一個。（「最值得搜尋的銀行，」這個網站建議使用者。「就是捐贈者最像妳的那一家。」）Fairfax Cryobank 是業界規模最大的精子銀行之一，它的網站最近在捐贈者的嬰兒照旁邊附加了一張明星臉名單。

誠如《新聞週刊》一篇報導所說，如果女性約會只是回應要求她們繁殖那股「源於遠古更新世的月亮召喚」以及「天性」，Fairfax Cryobank 似乎會讓約會消聲匿跡。既然只要上傳照片就可以給自己弄個卡萊·葛倫或喬治·克隆尼的複製寶寶，又何必在酒吧跟陌生人猛灌酒。

事實上，業界很快發現，那些太晚回應「召喚」、超出生物時鐘容許範圍的女性形成一個極具潛力的市場。採取卵子——該說卵母細胞——並且在體外保存的技術不久就發展出來了。

妳凍卵了嗎？

就在媒體記者大肆炒作生物時鐘話題之前幾個月，醫界首度成功執行體外受精術。理察·科翰在《華盛頓郵報》那篇有關職業婦女生物時鐘滴答響的報導，時間是 1978 年 3 月 16 日。到了同年 7 月 25 日，全世界第一個試管嬰兒露易絲·布朗在英格蘭的曼徹斯特出生。小露易絲一時之間成了世界名人。不過，如果某個行銷團隊絞盡腦汁構思宣傳活動，想要可長可久地把試管嬰兒技術推銷

給更廣大的女性族群，他們的成績恐怕會輸給科翰發表的那一波波報導。

　　試管嬰兒技術原本是為了解決某個特定醫學問題而設計的。露易絲‧布朗的母親因為輸卵管堵塞無法受孕，她的醫生在她排卵期間攔截一顆卵子，為它授精，重新植回她的子宮。然而，到了1981年，研究員找到方法利用荷爾蒙刺激排卵，讓任何女性都可以一次排出多個卵子。不久後，他們便開始向沒有輸卵管病變的女性推銷試管嬰兒技術。政府頒定各種國家與地方法令，規範醫生一次可以植入多少胚胎，因為醫生們為了拉高婦女順利懷孕到生產的機會，通常希望植入越多越好。萬一太多受精卵著床，再以墮胎方法摘除一個或多個胎兒。由於過程中婦女可能需要接受墮胎手術，加上醫生必須丟棄已受精胚胎，保守派政治領袖同聲譴責。

　　在雷根與老布希執政期間，支持共和黨勝選的基督徒逼迫政府撤銷對試管嬰兒技術的研究經費補助。他們不需要太使力，政府已經開始全面刪減對這項技術的補助。結果造就了一個幾乎無法可管的龐大人工生殖科技市場。

　　到了八〇年代中期，全美各地紛紛成立試管嬰兒手術診所。精子銀行鼓勵女性思考獨力生養親生子女的可能性，試管嬰兒手術則讓那些負擔得起的人多爭取到一點時間來達成人生目標。只是，它並不是解決生物時鐘問題的靈丹妙藥。試管嬰兒術要價不菲，在今天，每一個療程收費可能高達數萬美金，大多數健康保險都不給付。再者，它是侵入性手術。有關治療期間患者使用的荷爾蒙，至今仍然少有縱貫性研究來觀察它對人體的長期影響，而最新的數據給了我們擔憂的理由。（2015年秋天，一群英國研究員從1999年到2010年追蹤超過25萬名接受試管嬰兒手術患者，他們發現，這些個案罹患卵巢癌的機率比

一般婦女高出 1/3。）

　　最後，如果妳拖得太久，風險就會增高，因為試管嬰兒術不會奏效。根據美國生殖醫學學會 2012 年發表的最新報告，對於 40 歲以上的女性，試管嬰兒手術成功機率很渺茫。女性超過 42 歲以後，接受一個療程後順利生產的機率是 3.9%。如果是 41 歲或 42 歲，機率則是 11.8%。

　　對於想依靠這些手術生育下一代的女性而言，失望的結果可能難以承受。特別是經過漫長的療程之後還是生不出孩子，很多女性可能會感受到痛不欲生的沮喪、自責與懊悔。

　　研究顯示，自從千禧年以來，年輕女性逐漸提早擔心生育能力下降。

　　身為職場女性就得為工作與愛情生活打理自己的容貌，過去幾個世代的女性都能接受這個觀點。廣告與指南書灌輸她們，這是值得開心的機會。相較於二〇年代的美容手冊或六〇年代的《柯夢波丹》雜誌大肆宣揚的節食、化妝與時裝，試管嬰兒手術聽起來可一點都不好玩。事實上，它更像是財力夠雄厚的女性不得不仰賴的備用計畫。只是，過去這十年來，輔助生殖科技產業開始將昂貴的干預措施——或防患未然的機會——當成奢侈品，賣給未必需要的對象。妳凍卵了嗎？

　　我們談到精子與卵子捐贈時，使用的辭彙是「種精」或「禮物」，討論凍卵時常用的比喻則是「保險」。提供凍卵服務的診所常會在廣告中套用高級金融術語。他們拿「凍結資產」開玩笑，也認真嚴肅地傳達「規避」風險的智慧。凍卵既是選擇，也是「購置權」，這個詞在這裡的意思跟在華爾街號子裡沒有兩樣。女性凍卵需要支付一筆費用，通常在三萬美金到八萬美金之間，再加上每年

的保存費，只為了將來可以再花同等金額取出來。

　　凍卵跟試管嬰兒術一樣，當初是針對特定目的發展出來的。必須接受化學治療或手術的年輕女性癌症患者有時候會選擇在手術前先行凍卵。不過，近年來診所也開始對健康女性提供實驗性服務。事實上，他們鼓勵女性盡早凍卵，如果妳花得起，為什麼不給自己買點時間？

　　這種邏輯說服了某些美國最大的企業，2012 年谷歌、臉書和花旗銀行陸續宣布，他們打算補貼最高兩萬美金凍卵費用，做為女性員工的福利。很多人拍手叫好，認為這個方案可以奇蹟似地解決現階段企業普遍存在的兩性不平等問題。

　　《時代》雜誌一則有關這個議題的封面故事宣稱：〈員工凍卵公司買單，男女平權一大步〉。撰稿記者引述一名任職科技業的女性的話：「我的保險涵蓋了我生命中其他所有領域：房子、車子與工作，而這是我的身體，可以說是我生命中最重要的東西……我為什麼不保護這個資產？」

　　絕大多數凍卵女性都說，凍卵讓她們感到「大權在握」。然而，她們之中有不少人凍卵的動機卻是為了愛情，而非職場野心。她們說，她們比較擔心的是找對象的問題，而非職位升遷。

　　2011 年的 Vogue 雜誌描寫一名「身材苗條的 35 歲媒體公司主管」的凍卵體驗。這位主管強調，凍卵讓她在約會時充滿自信。「莉亞……知道自己已經有點年紀，條件好的男人會在她眼神裡尋找那份急迫感、那種『我的時鐘在滴答響』的惱人心緒。『凍卵是我的小秘密，』她說。『我想要覺得自己有備案。』」

　　媒體記者莎拉・李察茲（Sarah Elizabeth Richards）2013 年出版了《孕產改期》（*Motherhood, Rescheduled*）。書中記錄五名女性的凍卵過程。

作者說，凍卵幫她自己解除了沉重壓力，讓她開心得不得了。「我20 多歲時把青春浪費在一個我不想跟他生孩子的男人身上，30 多歲時又跟一個根本不確定自己要不要孩子的人瞎混。凍卵撫平了那份悔不當初的痛苦，它帶走要趕緊尋找新伴侶那種虐心壓力，也讓我在 42 歲重新墜入情網。」如此一來，凍卵似乎並不是職場平權的工具，反倒是延長尋找白馬王子期限的昂貴手段。

宣揚凍卵福音的人認為，女性的終極自立自強就是努力工作，讓自己能夠大肆揮霍，而後一面等待、一面享受一輩子的約會。我們真的能夠相信好運會降臨在那些懂得計畫的人身上？

為了贏得她們的喜劇結局，這些故事裡的女性必須盡最大努力讓她們的男性伴侶過得輕鬆愉快，正如她在職場上爭取表現時一樣。那些專為男性打造的職業慣例對女性造成諸多困擾，凍卵真是最佳解決之道嗎？在調整政策——比如其他先進國家的健康保險和產假——與實驗性的「時間凍結術」之間，美國企業領導人似乎認為凍結時間是比較實際的對策，這會不會有點不可思議？

在愛情裡，最後一個步驟似乎是讓一切看來像是無心插柳。約會中的女性無論如何都不能讓人看穿她的計畫。弘揚凍卵福音的李察茲狂熱地稱頌，凍卵讓她約會時心裡沒有一點彆扭。至少它讓她覺得自己夠正常，可以正常面對約會。「約會的時候心裡一直想著要問坐妳對面那個手握啤酒杯的男人，『呃，你覺得以後你會不會想生小孩？』未免太煞風景。」

被視為凍卵最佳代言人那些野心勃勃的女性開口閉口「選擇」或「自我增能」，跟六〇年代的《柯夢波丹》總編輯布朗和Virginia Slims 涼菸廣告口徑一致。妳該寵愛自己了。如果妳有能力花個幾萬美金讓自己在約會時心情更舒坦，確實如此。可是實際

上，凍卵帶給女性的唯一選擇，似乎是接受讓男女不平等更加根深蒂固的刻板印象。尤其是選擇既要當擇偶活動背後的推手，還要隱藏自己耗費的心力。

我們不難理解為什麼某些女性會想凍卵。可惜，冷凍絕不是解決問題的方法，相反地，它只會讓問題存在更久。當一個社會允許某個問題永遠持續下去，那麼那個問題一定有它的建設性。生物時鐘存在的目的就是為了讓女性自然而然──而且不可避免地──承擔起繁衍人類的重擔。

時鐘顧盼者議題吵得沸沸揚揚時，另一群女性受到等量的媒體關注，她們證實了以上說法。

未婚小媽媽

當八〇年代的職業女性苦惱著如何把婚姻與生兒育女塞進人生計畫，權威人士則頻頻批判另一群更為年輕的女性懷孕時機不對。

小媽媽登場。

差不多就在生物時鐘報導出現的時候，決策者和媒體開始注意到少女懷孕的「流行病」。「人口成長與美國未來總統委員會」發布新聞指出，1971 年到 1976 年之間，青少年懷孕比例成長三倍。八〇年代大多數時間裡，青少女懷孕人數多半維持在一百萬之譜，到了接近 1990 年時，這個數字突然暴增 20%。

在決策圈和媒體圈，恐慌指數攀高。不過，幾乎所有提出這些驚人數據的主流研究報告都忽略了一個重要細節：少女生產比率正在下降。五〇年代的青少女之中，二十歲前生第一胎的比率將近

10%；到了八〇年代，這個數字降到 5% 左右。真正降低的其實是青少年的結婚率。

　　令人震驚的倒不是少女發生婚前性行為，而是她們沒有跟孩子的爸廝守終生。在 1950 年，少女未婚生子的比率是 13%，到了 2000 年變成 79%。社會風氣對性行為的放任或許不無關係，但經濟肯定也有推波助瀾之效。五〇年代青少年被迫奉子成婚的現象，到了七〇年代已經不復存在。在彼此認定年代，女孩如果懷了孕，孩子的爸應該不難找到一份足以養家活口的工作。那是過去式了。在一個通貨膨脹超過 10%、薪資凍漲和失業的年代，婚姻不再是處理少女懷孕的王道。儘管所有證據都指向相反方向，雷根和老布希執政時期得勢的保守派卻認定，全面性的性教育課程、避孕措施或墮胎也都不是解決方案。共和黨員因此系統性地阻撓任何明顯可以有效降低少女懷孕的措施。

　　有一種共識形成，認為處理危機的最佳方案是教導少女們把自己的人生過得更好。於是，權威人士開始告訴生長在窮苦人家的少女，她們跟生活優渥的職業女性有個共同點，那就是，她們也得計畫。只是，她們要的是相反結果。

　　擁護避孕措施的人士借重優生學宣揚立場，過程漫長又艱辛。1910 年代，「家庭計畫協會」創辦人瑪格麗特・桑格（Margaret Sanger）試圖說服政府放行避孕措施，她提出的理由是，避孕措施可以防止不受歡迎的外來移民繁殖下一代。到了五〇年代，發明口服避孕藥的生物學家在波多黎各進行危險的人體試驗，他們以當地人口需要減少為自己辯護。七〇年代，拉丁裔社運人士宣稱，實驗對象那個世代之中，有 35% 喪失生育能力。

　　阻止少女懷孕的宣導活動也許不涉及那麼明顯的剝削，但它

們的目標卻是相去不遠。經濟富裕的婦女接收到的訊息是，假使她們剝奪了自己為人母的快樂，永遠不會有幸福人生；相較之下，貧窮婦人受到警告，要她們無論如何不可以生小孩。

　　八〇年代聖塔芭芭拉的少女俱樂部服務的少女以黑人與拉丁裔居多，他們發現，這些少女很需要「人生計畫」的指導。俱樂部的理事們覺得，他們有必要「讓少女認識外面世界的真實面貌。」在那個世界裡，這些少女幾乎沒有機會嫁給有能力養家的男人。再者，如果男同事賺一塊錢，她只能賺 59 分。假使這些女生打算獨力扶養孩子，就有 70% 的機會讓生活陷困。為了好好把握享有美好人生的微小機會，這些女孩需要發展「靈活又世故的心性」。為了協助女孩們達到這個目標，俱樂部的指導員開發出一套名為「抉擇」的人生計畫課程。

　　《抉擇：青少女自我覺醒與個人計畫手札》於 1983 年出版。這本裝點著粉彩花朵的書既是專用教科書，也是對大眾出售的普及書。學校採購《抉擇》時，會收到教師訓練手冊，因為創作者希望公立學校也能採用這本書。此外，他們也針對男孩推出一個相對應的課程，稱為《挑戰》。這兩本書的頁碼相互呼應，書本使用不同的性別代名詞，舉的例子也略有差異，方便公立學校可以兩本合併使用來教導男女合班。1985 年，這兩本書被全美 22 州的人生計畫課程採用，它們勾勒出形式上的兩性平等：分成兩冊，卻彼此平等。男孩的《挑戰》；女孩的《抉擇》。

　　《抉擇》旨在教導女孩子目前社會上有哪些她們可以做的工作，也幫她們建立爭取這些工作機會的正確認知。「一個人必須保持靈活彈性，才能夠改變，」這本書提出忠告。「不過，女性只要

學會基本的決策技巧，就有能力對任何事做出理性抉擇。」

書中有許多學習單，幫助學生就廣泛主題進行「態度評估」。書本會提出「如果雙薪夫妻買了房子，資金應該由男方負責。」「在職場上，女性生產有權請病假。」「男人不可以哭。」這類的陳述，學生必須從「非常同意」到「非常不同意」的格子裡勾選答案。女孩們也要回答「一件洋裝多少錢？」之類的問題，讓她們明白自己該賺多少錢。在這過程中學到的知識，理論上可以幫助學生在人生的各個層面做出明智抉擇。

第七章主題是家庭計畫。教學手冊上說，等學生到達這個階段，「她已經學會開發出一個決策模式，能夠決定自己什麼時候要小孩。她也透過價值觀的釐清思考過育兒方案。經由角色扮演的活動，學生也明白建立家庭需要多少承擔。少女們通常能夠認清，她無論在情感或財務狀況上都還沒準備好擔負起養育子女的責任。」

作者們補充說道，等到少女完成家庭計畫單元，她就「學會堅定立場，這是有助於避免懷孕的回應技巧。」立場夠堅定，以免被人軟硬兼施發生性行為，聽起來是個蠻值得學習的技巧。只是，你不得不好奇，《挑戰》那本書同一頁說了什麼：盡量別強暴你女朋友？

課程中對計畫與抉擇的強調，等於讓少女扛起監督愛情的重擔，就跟彼此認定年代的情況一模一樣。差別在於，如今這些少女還得負責規劃自己的職業生涯。

整個八〇到九〇年代，人生計畫技巧持續納入學校課程。這些課程教導少女們將自己的愛情生活視為宏觀策略的一部分。更重要地，他們要學生相信，偏離那個計畫就是個人的失敗。

那些以有意升格當媽媽的少女為主要對象的宣導計畫始終圍

繞一個主題打轉，那就是，她們的未來會在負債與寂寞中慘澹度過。2013 年紐約市人力資源管理局在地鐵站張貼的大幅廣告直接質問少女們：找到好工作了嗎？號啕大哭的嬰兒問道。我每年要花幾千美元。斗大的字體斜向貫穿底部：妳以為當小媽媽不花錢嗎？等著吧，養個孩子一年至少花妳一萬美元以上。

另一則廣告裡有個小女童食指按在嘴唇上，視線往右望向畫面外，彷彿為妳感到難為情。說實在話，媽……她頭頂上的思考泡泡說。他很可能不會留在妳身邊。到時候我怎麼辦？橫幅的文字提供證據：90% 的小爸爸小媽媽不會結婚。

繁衍後代重責大任，女人一肩扛？

有關當媽媽這個議題，我們的社會對比較有錢和比較貧窮的女性傳達截然不同的訊息。那些以中等或中上階級婦女為對象的文章熱烈地頌揚：生小孩能為她們的人生帶來無與倫比的喜悅。至於沒錢的女人，尤其是有色人種女性，卻被警告，小孩會讓她們一輩子擺脫不了貧窮。這兩種說法也許都沒錯。只要妳養得起，為人母確實可能是喜悅的經驗。如果妳養不起，結果可能變成一場災難。然而，這兩種說法都強調人生計畫，似乎讓人類社會的繁衍變成一種生活型態的選擇，純屬私人範疇。妳必須完善規劃妳的人生。言下之意，這麼做既有道德意義，也很實際。

人們總說一肩扛起繁衍後代重責大任是女人天性，這種虛假觀點帶給女性無比沉重的負擔，也扼殺無數戀情。也有人說渴望性愛關係的男女追求的是對立的東西，這種偽論對誰都沒有好處。我敢說你身邊至少有一個打光棍幾十年，口口聲聲想戀愛卻無法許下

承諾的男人。我就認識好幾個。儘管社會上的刻板印象告訴我們，男人可以無休無止地拈花惹草，身價永遠不會下跌。但這樣的經歷一定會改變他，正如他也會改變那些刻板印象，告訴我們他可以毫無顧忌隨手拋棄伴侶。

導演賈德‧阿帕托（Judd Apatow）2007 年的賣座電影《好孕臨門》（Knocked Up）告訴我們，男人跟女人一樣，都急於跳脫這個僵局。電影裡，女星凱薩琳‧海格（Katherine Heigl）飾演的年輕職場女強人為了慶祝升職一夜狂歡，跟塞斯‧羅根（Seth Rogen）飾演的邋遢魯蛇上了床，幾星期後發現自己陷入片名提示的困境。起初我聽到劇情大綱時，以為它是恐怖片。如果我們不以常理判斷，大膽相信她的角色不會奔向離她最近的診所墮胎，就可以輕鬆地觀賞一段夢幻故事，看著故事中那對毫無吸引力的男女笨手笨腳地邁向幸福大道，自始至終不必和對方共商大計。

這個意外懷孕並不是一場災難，而是天賜之福。對塞斯的角色更是如此。舊有觀念告訴我們，他扮演的那種長不大的男人──失業、漫無目標──極度恐懼單一伴侶、婚姻和為人父的責任。但很明顯地，在這場偶遇之中得救的是他，不是海格。搞大陌生人的肚子，救了自己內心那個長不大的孩子。

電影清楚告訴我們，如果海格飾演的那個女人不管基於什麼理由，在這個當口想生下無賴的孩子，她會獨力撫養他長大。就是這點讓她成了女中豪傑。事實上，如果我們以為她飢不擇食想套牢塞斯，整部電影就會讓人鬱卒到底。正因為她願意承擔繁衍人類的所有責任，她才配擁有她誤打誤撞找到的幸福。她證明自己願意一手包辦所有事，因而贏得一個男人和一個家。

這麼做值得嗎？女人們仔細規劃生命中的每一天、擔心任何

失策或錯誤「抉擇」會讓她偏離軌道，她最大的風險就是，最後的結果可能是一場空。

　　有多少職業女性最後找到自己計畫中的人生，卻發現她原本渴望的那個未來其實不如她的預期？付出這麼多努力之後，怎麼可能不失望？就像貝蒂‧傅瑞丹《女性的奧祕》裡那個家庭主婦，我覺得生產兩星期後重回工作崗位的職業女性會滿懷沮喪。新時代的女性奧祕製造了一個無比親切熟悉的無名煩惱。就這樣嗎？那一切都只是為了這個？

Chapter 10

我們需要愛情指南書嗎？

定下來，有多難？

當時鐘顧盼者認定她的時間到了，勇敢地下定決心跟當時身邊的任何伴侶共創美好未來。我們稱她選擇的這條路為定下來（settling）。

根據《牛津辭典》的解釋，「settle」這個字從 1600 年代開始就被用來指稱「結婚」。幾世紀以來，「定下來」聽起來倒也不是什麼壞事。事實上，很多年輕男女甚至將它視為機會。「這位慎重的仕女……想讓她女兒定下來。」英國小說家西奧多‧胡克（Theodore Edward Hook）1825 年寫道。「我已經到了凡事思前想後的年紀，我必須好好考慮……選擇對我有利的條件定下來。」六年後湯瑪斯‧皮考克（Thomas Love Peacock）的諷刺小說《克羅切特大宅》（*Crotchet Castle*）裡某個男性角色尋思道。

那麼，今天我們聽到某兩個人決定跟對方「定下來」，為什麼會心有戚戚焉？

近年來，這個話題似乎越來越常出現。最早是在羅莉‧歌特利布（Lori Gottlieb）2008 年三月發表在《大西洋月刊》的一篇文章，標題拉高分貝：〈嫁給他！找到夠好的人就定下來〉。

歌特利布宣稱，她認識的每個女人滿腦子只想找對象。「我認識的每個女人，無論事業多麼成功，多麼野心勃勃，無論經濟或情感多麼安定，都會恐慌。如果她邁入三十大關還單身，偶爾甚至會心急如焚。」文章一開頭她這麼說。「如果妳說自己一點都不擔心，妳不是不肯承認，就是在自欺欺人。」

歌特利布又說，更糟的是，她那些朋友找老公的方法都錯了。她之所以知道，是因為她也一樣。歌特利布說，她打算等到接近

40 歲的時候利用匿名精子生個孩子，這樣一來，她就可以好整以暇地等待一個比那些跟她約會的男人更讓她中意的人選。事後回想起來，她過分高估了性與愛情的重要性。

「婚姻不是激情盛會，」她寫道。「它更像是一種夥伴關係，是為了共同經營一個規模極小、平凡、而且通常很乏味的非營利事業。」她說，如果讀者們想挺過這個沉悶苦役，就趕緊給自己找個伴。

「嫁給他！」這篇文章有人喜歡有人憎惡，雙方人馬勤於分享，迅速在網路上流傳，至今依然引發激烈反應。「羅莉・歌特利布毀了我二十多歲那些年的青春！」我提到這篇文章時，我朋友不以為然地說。她 25 歲的時候讀到這篇文章，結果跟從大學時代起同居的男友分手。當時歌特利布說服她再撐個兩年。等到兩年後，男友坦承劈腿，他們彼此都覺得這樣下去沒有意義，和平分手。

到了 2010 年，歌特利布出版一本同名書《嫁給他》，邀請我們跟她一起尋求一個可以定下來的男人。書封形容這是一記「警鐘」。不過，整本書讀起來更像是自責與後悔的漫長旅程。曾經，我是個傲視群倫的女孩，可是我太挑剔，看看我現在的下場！歌特利布娓娓道來之際，經常岔開話題批判其他高成就女性。

歌特利布提出兩種比喻，用來檢視這些女人約會時犯了什麼錯。第一個是「丈夫商店」，第二個是「購物清單」：意指妳想要選購的那個丈夫具備的性格特質。歌特利布引述一些數據和軼聞，直言這種愚痴的挑精揀肥可能是美國女人結婚率越來越低的原因。她說她自己就曾經因為一個男人選襪子的品味跟對方分手。

某種層面上，歌特利布的論點言之成理。沒錯，妳約會的時候不能預設立場，以為自己可以找到一個完全依照妳的高規格需求

訂製的伴侶。只是《嫁給他》雖然主張約會就像購物，卻沒有真正提出替代方案。它只是要讀者降低期待，而且要快。

到最後，歌特利布似乎打算隨便找個人嫁。她說她甚至可以接受愛講冷笑話或有口臭的男人。可惜——爆雷慎入——經過 260 頁之後，她還是單身。她說，這個故事的寓意是：她應該早點定下來。但對我而言，《嫁給他》讀起來更像在揭露自我成長書籍的不足。它要讀者將自己和自己的渴求塑造成非常特別的形式，然後努力去獲取一種頂多堪稱實用的幸福。

異性戀女人難道注定只能選擇愚蠢又徒勞地挑三揀四尋找真命天子，或生熟不忌地追求同樣虛無飄渺的張三李四？

愛情指南書

某些宗教將渴求形容為一種福份，其他宗教則將它標示為詛咒。但所有宗教都不否認，人類都渴望跟其他人共度一生。幾乎所有人都深深覺得，人生中需要擁有親密體貼的伴侶。鑑於這件事有多麼重要，又是多麼困難，大家難免找上專家。諸如歐普拉這類自我成長大師獲得粉絲們近乎虔誠的崇拜，顯示這些粉絲確實需要做點什麼來消除內心的挫折感。

在美國出版市場裡，那些教導讀者開發內在生命與獲取專業成就的諮詢書向來大受歡迎。整個二十世紀裡，一長串男性自我成長作家變成家喻戶曉的人物。這些書都教導讀者反觀自心，相信自己的直覺。他們要你培養出反駁世俗認知的勇氣，也要勇敢挑戰權威，包括那些老是說這類書籍裡那些言之諄諄的智慧都在騙人的精神科醫師和社會學家。然而，愛情指南書卻往往提供相反的建議。

　　商場勵志書要你相信自己的直覺，愛情指南書卻要你質疑每一個直覺。經理人聽到的是他們必須傾聽同事，約會男女學到的卻是永遠別把伴侶的話當真。如果你想找到真愛，就得學會聽懂弦外之音，再配合規劃下一步行動。這些書承諾會助你一臂之力。

　　求愛這檔事並不是一直這麼神祕。暢銷愛情指南書的歷史比約會來得更悠久。早在登門拜訪時代，很多出版商就是靠為年輕人和他們的家人提供建言維持營運。

　　《婦女家庭雜誌》有個筆名「費城女士」的禮儀專欄作家，以堅定語氣指導女性讀者如何應付登門男士。她回答的問題顯示，登門拜訪時代的男女也跟如今的約會男女一樣，對於在異性面前該如何表現，往往顯得過度在意。

　　1905 年七月，某個名叫瑪琪的女性問，有個年輕男士約好上門拜訪卻爽約，她該怎麼做。費城女士的建議是，「在聽到他的解釋或道歉之前，保持寬容的心。」不過，「如果妳沒收到道歉，他也沒再出現，那麼妳該把他當成泛泛之交，擦肩而過時點頭致意，不必太熱誠。」

　　莎蒂的困擾完全相反，她懇切地問道，「不管妳說什麼，男人就是要牽妳的手，妳該怎麼辦？」

　　費城女士斷然說道，「如果妳心口如一，沒有哪個夠資格踏進妳家門的男人會拒絕放開妳的手。」

　　單身男人也很需要愛情專家指點一二。1913 年的《帕特南禮儀手冊》（Putnam's Handbook of Etiquette）以男性為對象，書中有一個章節專門討論「帽子、手套和手杖相關問題。」

　　「當紳士臨時起意登門拜訪女性，而僕人請他進客廳等候她確認小姐在不在家，他暫時不必脫下外套和手套，帽子也拿在手上。」

《帕特南禮儀手冊》指示道。「如果他的求見得到善意回應，他這才脫下外套掛在門廳，帽子、手杖和手套也可以一併留在那裡。」

　　二十一世紀的讀者可以從這段登門拜訪時期的建言看出兩個重點。首先是書中的語氣充滿自信，斬釘截鐵告訴讀者，年輕男女兩兩配對繁衍下一代的流程有明確的規則可循。想找另一半，你只要照著規則走就行。此外，登門拜訪的儀式反映並強化有關性別角色與兩性關係的強烈信念。長久以來的傳統觀念認定，男性應該主動去追求他心儀的女性，換句話說，他要的不能是他已經擁有的東西。

　　登門拜訪儀式裡存在某些障礙，確認年輕男女會行禮如儀。登門拜訪的習俗讓女性只能消極地固定不動，這種安排也讓男性必須透過行動來表達心意。女人不需要假裝自己漏看文字訊息來確認心儀對象的心意。他在跟她交談的這個事實證明，他已經「在家」等到約好上門拜訪的這一天、向她的僕人遞交名片、外加笨手笨腳地拿著帽子、手套和手杖在客廳等候。

　　約會時代傳承了登門拜訪時代對愛情與尋偶的觀念。它固守女性基本上處於被動、男性想要追求她們的認知。只是，當女人大批湧向職場與教育機構，那些讓男人變成渴求的行為人、讓女性變成行為目標的真正藩籬被打破了。

　　如今兩性可以在各種不同場景相遇，比如在工作場所或在街頭。女性不能再靠家人和住家這張保護傘來幫她避開落花有意流水無情的窘境。更甚者，在勞工階級約會前輩之中，男人擁有進入酒吧、餐廳或舞廳這些約會場所所需的金錢。這意味著，女人如果想玩樂，就得追逐男人。

　　「劇院、電影院、商店和辦公室的吸引力，讓這些地方成了女

人的夢幻黃金國。」社會學家法蘭西絲・唐諾文在1919年寫道。「綜觀現代都會生活的情況，男人才是被追求者，女人成了追求者。」

儘管更多擁有可支配收入的中產階級女性投入約會行列，男人買單依然是常規。這使得男人成了約會活動的主導者。女人如果想被男人追求，就得先追求男人，而且要做得不動聲色。

很多旁觀者認為，這種傳統兩性角色的翻轉似乎會威脅到愛情。於是，早期的約會教戰手冊督促女人要保持溫柔婉約的假象，才能討男人歡心。也就是說，她們仍然得跟過去端坐家中的時代一樣被動。

為了拯救求愛行為，女性必須隱藏經濟變化正在改變性別角色與兩性關係的事實。不管她們的工作與她們新獲得的行動力賦予什麼樣的自主能力，她們都得隱藏起來。否則就可能面臨女性長期被灌輸應該害怕的命運：變成嫁不出去的老姑婆。

作家伊莉諾・格琳1923年出版一本很受歡迎的愛情指南《愛情哲學》（*The Philosophy of Love*），分別針對男性與女性撰寫的章節。格琳告誡女性，對於那些她們真心喜歡的男人，千萬不可以表露心跡。「費城女士」教導《婦女家庭雜誌》讀者如何在男性面前應對得體；格琳則把重點放在所有女性不可以做的事。

「她不可以不負責任地表露天性。」

她一點都不可以「被打動」。

「她永遠不可以顯得心急。」

「只要他想離開，她不可以試圖多挽留他一秒鐘。」

「她無論如何不可以表現出想握對方手的意願。」

「她不可以態度曖昧。」

　　她「不可以變得乖戾愛抱怨、自私沒魅力、不注重外表……」
他過來的時候，她不可以「穿戴任何『過時衣飾』。」

　　格琳說，這些禁令的目的在維持男人仍然主控求愛活動的假象。「她要永遠讓他覺得他必須採取主動，而且讓男人覺得要費點心機爭取她。」她如此斷言。

　　即使一整個世代的黃金單身漢在第一次世界大戰戰場上送了命，英國名女人兼時尚偶像朵芮絲‧摩爾依然成功地讓許多男人拜倒在石榴裙下，因而贏得朋友的佩服。1928 年摩爾匿名出版了一本愛情指南《男女情事的技巧》（*The Technique of the Love Affair*），吐露她征服男人心的祕密。她告訴讀者，「要等到男人展開追求，妳才算擄獲對方。」

　　多瑞希‧帕克（Dorothy Parker）為《紐約客》雜誌撰寫這本書的書評時，坦承自己非常沮喪，因為她完全不懂約會法則。「我從這本書裡發現到，我沒有一件事做對。」她寫道。「連一丁點都沒有。」

　　帕克在 1930 年左右發表的短篇故事集裡卻又改口，她再三強調，平凡女人要費多少力氣才能吸引男人來追求，進而贏得愛情。

　　其中一篇故事〈一通電話〉是長達兩千字的祈禱文。一名售貨女郎等待情郎消息時，祈求上帝賜給她力量。

　　「親愛的上帝，讓他現在就打電話來。」敘述者說。「我不會再向祢祈求任何東西，我真的不會。」

　　話雖這麼說，不一會兒她又請求上帝協助她控制自己。

　　「上帝呀，求求祢，別讓我打電話給他。」

　　帕克用節奏快速的斷續短句，捕捉到這個小女生腦子裡爭執不下的所有衝動和命令。「我來想點別的事。我要靜靜坐著。只要

我能坐得住，只要我坐得住。不然我來看書好了。喔，書裡面寫的都是你愛我我愛你的。」

這個女人明白自制非常重要，表達自己的想望不只讓人倒胃口，還可能招來男人的厭惡。

「我知道我不能一直打電話找他們，」她說。「我知道他們不喜歡這樣。如果妳打電話過去，他們就會知道妳在想他們，想得到他們，他們會因此討厭妳。」

她不斷重複強調，男人討厭女人的感受。

「他們討厭悲傷的人。」

「他們不喜歡妳說妳被他們弄哭了。」

「只要妳說出心裡真正的想法，他們就會討厭妳。」

帕克在另一篇故事〈給佩頓小姑娘的建議〉裡暗示原因。名叫席薇亞・佩頓的售貨女郎發現男朋友邦尼・巴克雷開始疏遠她，心情很絕望。

「席薇亞，妳讓他知道妳有多麼喜歡他。」某個年紀稍長、更有智慧的朋友告訴她。「〔妳〕讓他知道他對妳很重要。男人不喜歡那樣。」

席薇亞從這個慘痛經歷學到，邦尼把她對他的愛視為一種要求，一種對他自主權的威脅。

「妳要放輕鬆，要從容。」她朋友接著說。「男人喜歡自由自在。」

帕克知道要讓男人輕鬆自在一點都不容易。況且，當女人想在心愛的人面前「顯得從容」時，往往得到相反結果。她可能變得極端神經質。在〈一通電話〉末尾，主述者在浴室裡關掉時鐘，努

力靠從一數到五百轉移注意力。

　　然而，時下最暢銷的愛情指南書給讀者的建言，幾乎都跟二〇年代格琳和摩爾所寫、以及帕克以諷刺手法描繪的一樣。它們用責備的口吻對讀者說教。如果妳到書局或上亞馬遜網站瀏覽暢銷職場指南，就會看到口氣無比篤定的書名：《吹噓吧！》（*Brag!*）書名大聲喝采。《大膽爭取》（*Ask for It!*）、《挺身而進》（*Lean In!*）。相較之下，愛情指南似乎想盡辦法勸阻任何自我表達的行動。它們說，《他其實沒那麼喜歡妳！》（*He's Just Not That Into You*）。

　　《問題不在他，在妳》（*It's Not Him, It's You*）的讀者還沒看完目錄，就被罵得狗血淋頭。每一章的標題都是作者所謂女人常犯的「基本錯誤」。

　　〈妳的心態很糟糕〉，其中一章宣稱。

　　〈妳以為男人會明白〉。

　　在這種情境下，一本名為《不理他，妳就得到他》（*Ignore the Guy, Get the Guy*）的書聽起來倒挺樂觀。

　　1995 年出版的《戀愛必勝守則》（*The Rules*）至今可能還是美國知名度最高的戀愛指南。作者艾倫・費恩（Ellen Fein）和雪莉・史耐德（Sherrie Schneider）把格琳和摩爾提出的那些禁令升格為人生哲學。

　　《戀愛必勝守則》教導妳如何變成「守則女孩」：那種毫不費力吸引男人，還能留住他們的女孩。作者們詳細說明所有妳不可以做的事：〈別主動跟男人說話〉、〈別邀他跳舞〉、〈別盯著男人看，也別太多話〉、〈別打電話給他，幾乎不回他電話〉、〈週三以後別答應週六的邀約〉、〈一星期只見他一兩次〉、〈別太快跟他上床〉、〈別太快告白〉、〈別對他下指導棋〉。

　　妳越是往下看，就越覺得這本書很像某種自我憎恨教派的創

教聖典。作者們不只一次警告讀者，〈別跟妳的心理醫師談《戀愛必勝守則》〉。如果任何人開始動搖，還有第 32 條守則：〈不要違背《戀愛必勝守則》〉。

壓抑並約束妳每一個本能是很辛苦的差事，這點守則女孩們自己也不否認。「我們知道我們要求妳違背妳的感受。」費恩和史耐德在引言裡招認。「可是妳想結婚，對吧？」英國超級名模凱特·摩絲曾經打趣說道，皮包骨是天底下最美好的感覺。《戀愛必勝守則》給單身女孩們情感上的同義詞：單身是天底下最差勁的感覺。

愛情是一種訓練工具

在這類指南書裡，愛情是一種訓練工具。長期伴侶的願景在女性面前晃盪，充做終身自我否定的獎賞。如果有哪個單身女郎三心二意，作者們就會用未來可能面臨的孤單寂寞嚇她，讓她回歸正途。從來沒有人想過，除了嫁人，女人可能會有別的人生規劃。

在此同時，另一個風險完全沒被提及，亦即，守則女孩已經太擅長忽視自己的情感，到最後連自己想從約會裡獲得什麼都忘了。要想表現得毫不在乎，最保險的策略就是妳真的不在乎。愛情來的時候，要想掩飾內心悸動，最好的辦法就是沒有察覺到它。諷刺的是，愛情指南好像都在訓練讀者硬起心腸，別理會那些她渴望體驗的感受。

社會學家亞莉·霍綺查爾德八〇年代率先研究服務業人員，她發現，服務業人員職務所需的「情感勞務」有可能被剝削，正如「體力勞務」也會被剝削。一百多年前卡爾·馬克思就詳細描述過，勞工如果長期從事疲累的重複性工作，卻只能換得微薄報酬，久而

久之會覺得自己身心分離。馬克思認為，人之所以為人在於勞動，在於我們目的性地塑造周遭的世界。因此，當勞工發現自己被迫從事過度勞動，所得卻又過度低廉，整個勞動過程不但會讓他感到倦怠，甚至讓他失去人的本質。它會毀損他的心靈，他從事勞動的那一部分軀體變成工具，只是某種器械。利用這些器械獲得利益的是他的雇主，不是他。

　　七○年代晚期到八○年代早期，霍綺查爾德針對達美航空女性空服員進行長期研究，她發現空服員工作最辛苦的部分不在勞力，而在情緒。她們必須維持美貌，必須遵守公司在身材與服裝上的嚴格規定。可是最重要的是，她們必須對乘客溫柔親切：要平息奧客的搗亂，也要撫慰乘客的不安。達美航空的訓練手冊告訴空服員，要把自己的微笑當成「最大資產」。霍綺查爾德說，這些女性微笑到神經錯亂，有些人發現自己飛完跨大西洋航班之後，回家對著孩子再也笑不出來。這就是需要表現得自然又輕鬆的情緒勞務可能導致的極端後果。如果做得超過，妳就會失去太多。妳發現妳的情緒不再屬於妳。

　　在此同時，那些老謀深算的男人已經洞悉守則女孩的花招，他們知道在她冷靜外表下藏著一顆非常脆弱的心。如果妳已經被制約，認為妳的人生價值來自男性的注目與愛戀，妳就會費盡心思去得到它。如果妳習慣告訴自己，要想滿足慾求，得先把自己變成他人慾求的目標，那麼一旦妳被人忽視，很快就會心慌意亂。

　　「把妹達人」（PUA）靠偷師《戀愛必勝守則》來操控女性。2000 年初，《紐約時報》記者尼爾‧史特勞斯（Neil Strauss）浸淫在洛杉磯周邊的 PUA 次文化兩年。接引他的導師是暱稱「謎男」的多倫多人。為了方便學習，史特勞斯在 PUA 期間也有個暱稱，叫

「型男」。「型男」回溯這段經歷時，提供那些跟過去的他一樣寂寞又絕望的男人他學到的把妹絕招。PUA內部的人稱那些男人為AFC，亦即平凡挫男（average frustrated chumps）。

PUA「遊戲理論」的核心原則可以濃縮為以下這句話：男人要想勾引美眉，就得假裝對她們冷漠，藉此摧毀她們的自尊。要想跟HB（亦即辣妹，在他們評分表至少有七到十的水準）嘿休，PUA只要遵循「謎男」所謂的FMAC連續動作：尋找（find）、認識（meet）、吸引（attract）、收場（close）。

PUA超愛縮略字，他們喜歡用術話。讀史特勞斯的《把妹達人》（The Game）的一大樂趣，就是鑽研裡面的辭彙。比如說，晚上出門把妹叫「巡視」（sarging），而「反拍」（neg）是最高明的手法之一。

「反拍既非稱讚也不是羞辱，它介於二者之間，是有意無意的羞辱，或明褒暗貶。反拍的目的在於明白表示對她不感興趣，從而降低女人的自尊。比如告訴她牙齒沾了口紅，或者等她說完話遞給她一片口香糖。」

我超愛能吃的女人。

妳穿那樣不冷嗎？

懂了吧。

表面上《把妹達人》似乎是《戀愛必勝守則》的對照版。《戀愛必勝守則》算是帶點神經質又忸怩不安的懷舊宣言，訴諸舊社會的騎士精神；《把妹達人》毫不遮掩又不帶感情地追求不負責任的性愛。不過，兩本書卻抱相同觀點，它們信奉的異性戀理念幾乎不分軒輊。

《戀愛必勝守則》和《把妹達人》都將兩性戰爭描繪成市場

競爭，女人用性換取愛情，男人反其道而行。在交易過程中，約會是女人的勞務，男人的娛樂。慾望是不利條件。如果賣主知道妳想買，他就會哄抬價格。

史特勞斯筆下的把妹遊戲，號稱可以實現男人不費灰之力把女人弄上床的夢想。在第一章，他坦言參加 PUA 課程之前的他是多麼可悲又無助。他強調他的長相抱歉之至。

「我的鼻子太大，跟我的臉不相稱……用日漸稀疏來形容我的頭髮算客氣了……我有一雙瞇瞇眼……我不滿意自己的身高，體型也太瘦，一副營養不良的模樣。」他開宗明義清楚交代自己的外貌。

「所以，對我而言把妹很費勁。」

史特勞斯除了宣傳這些把妹絕招的功效，強調連禿頭在望的瞇瞇眼男人都能得救，也極力自我貶低，讓讀者對修習 PUA 課程之前的他生起惻隱之心，不去苛責他後來的種種劣行。他說，因為他的外表常常嚇跑女人，所以他常被自己強烈的情緒和匱乏感淹沒。

「我腦袋瓜子整天想女人，好像沒有辦法邁入人生的下一個階段。」型男感嘆道。

「我會把一夜情拉長為兩年情，因為我不知道多久以後才會再有這樣的機會。」

他覺得，類似不確定感這種情緒對他的男子氣概傷害最大。平凡挫男要想跳脫脆弱與絕望，把妹達人的建議是，假裝那些情緒是假的。

「把今晚想成一場電玩遊戲，」謎男提點門徒。這招有效。

「酒吧和夜店變成……電玩遊戲裡我必須通過的不同關卡。」型男事後回想。

「你的情緒都是你的絆腳石，」謎男繼續鼓舞他。「你要知道你絕不能信任它們。」

這種《菜鳥大反攻》（*Revenge of the Nerds*）似的故事已經不是新鮮話題。故事主軸通常圍繞著男人如何看待他們對女人的感覺。說得更明白些，它們帶給男性讀者幻想，以為他們可以排除內在所有感受，讓那些接近女人就嚇得全身麻痺的平凡挫男順利克服焦慮。

早在 1933 年，納旦尼爾‧韋斯特（Nathanael West）發現他身邊的紐約市男性之間彌漫著一股蒸騰怒氣，他認為這股怒氣跟如今政治經濟學家所謂的「勞動女性化」密切相關。在大蕭條期間，女性進入過去男性專擅的職場，為她們的男同事帶來全新壓力與競爭。甚至，韋斯特的第二本小說《寂寞芳心小姐》（*Miss Lonelyhearts*）裡的壞脾氣主角被迫做著偏向女性化的工作：傾聽別人的心情，安撫別人的焦慮。

寂寞芳心小姐是個原本有志闖蕩文壇的無名作家，孰料，在大蕭條期間，他卻落得以中年女性口吻代筆撰寫愛情諮詢專欄謀生。寂寞芳心小姐對正牌女性表達的憤怒、跟他自覺被工作閹割息息相關。

有一天寂寞芳心小姐下班後跟三五好友到地下酒館聚會，他聽見同事們齊聲埋怨類似多瑞希‧帕克這種女性競爭者。

「有人率先發難，說那些女人就是欠男人強姦。」

他跟朋友們說，有個「當上作家」的女生原本其實「很一般」。「住同一條街的男人火大了，某天晚上把她拉到空地。大約有八個人，狠狠教訓她……」

另一個人提到，有個野心勃勃的女小說家想混進地下酒館蒐集資料。「他們把她拉進酒館裡的小房間教她學個乖，痛快地操了

她。他們把她關在裡面三天，最後一天賣門票給黑人。」

　　寂寞芳心小姐太習慣這類對話，根本充耳不聞。韋斯特擔心我們不相信這些只是鬱卒男人的自我麻痺，以便對抗內心那股無能感，他接著又說，「他們會滔滔不絕講更多這類故事，一直到醉得說不出話來。」

　　用這些怨恨語言證明自己對感覺免疫的策略依然存在。每十年都可能會有那個年代最該出現的《美國殺人魔》。自大蕭條初期，暢銷書作家、名嘴兼專業仇視女性份子塔克‧麥克斯（Tucker Max）就靠分享學聯會男大生等級的性惡搞贏得數百萬讀者關注。他的網站每天 PO 出夠格上推特的文句，都是描述跟他上床的女生的尖銳言論。我最近造訪過他的網站，看到以下最新訊息：「我知道有個可以用嘴巴做的性感動作，它叫做『妳他媽的閉嘴』。」

　　這些男人的粗野是他們復仇幻想的一部分，在他們拒絕迎合女伴的期待提供情緒勞務時，扮演關鍵角色。

　　那些比寂寞芳心小姐和塔克‧麥克斯文雅些的男人同樣會拒絕「不夠從容」的女人。你是不是常聽到某個男人解釋他離開前女友的原因是——某種層面上——她讓他費太多心思？有多少前女友前妻變得難以忍受，因為她們「太難侍候」、「不值得傷腦筋」、「太難相處」、「太敏感」、「感情太強烈」或「太累人」？還有更多評語怪罪女人沒有好好掌控自己的情感：女人「歇斯底里」、「不合邏輯」、「情緒激越」、「不理智」、「六神無主」、「很難招架」、「腦袋混亂」。到某個時候，所有的女人似乎都會變得「瘋狂」。

　　看來「不費勁」仍然是所有男人的渴望。

　　將近一個世紀的時間裡，愛情指南持續告誡女性，她們必須壓抑情感，免得伴侶以為她們有所期待。這顯然帶給那些想跟男人

建立關係的女性沉重負擔，對男性也沒有好處。至少，它等於把他們當孩子看。

1928 年朵芮絲‧摩爾寫道，男人沒辦法控制自己的衝動，也沒辦法預知自己的情感。「男人跟孩子一樣，對容易到手的東西很快生厭。」

《戀愛必勝守則》也提出類似警告。「他可能會以為自己想每天晚上見到妳，」摩爾說。「其實不然。」守則女孩非但要利用物以稀為貴的原則留住男人的心，還要比男人更懂男人的心。

這種愛情哲學假定男人在情感上很無助，就跟小男生在生活上很無助一樣。正如小男孩需要媽媽幫他煮飯、清洗和照顧，成年男人也需要女人來照料他的感情。否則，他就會跟那些生活邋遢、髒衣服亂堆、每晚叫中國菜外賣的單身漢一樣，活得一團糟。

這種性別分工讓女人情感上工作過度，也讓男人情感無能。在此同時，它更讓男人必須一肩扛起他們之間有關性事與情愛互動的決定。當帕克在〈一通電話〉裡刻劃的那個女人在叫人抓狂的寂靜中坐立難安，我們不難想像有個男人也被落在他身上的決定權壓得喘不過氣來。通常，這類故事裡的男人一開始興致勃勃，而後猶豫不決，最後淡出。

男人來自火星，女人來自金星

這種讓雙方謎樣化的狀況對男人和女人都沒有好處。它當然也有用處，畢竟它造就了靠兩性的孤寂和不確定感獲益數百萬美元的自我成長產業。

自我成長書籍有明確動機要讓女人無法理解男人，反之亦然。

格琳的《愛情哲學》瞄準一般大眾，可是最近幾十年來的暢銷指南書都強調，男人和女人處理愛情的手法南轅北轍，所以各自需要不一樣的追愛指引。

《男人來自火星，女人來自金星》（*Men Are from Mars, Women Are from Venus*），某一本歷久不衰的暢銷愛情指南的書名如此宣稱。

「男人與女人在生活的各個層面都不相同，」作者約翰‧格雷（John Gray）在引言中解釋道。「男人跟女人幾乎像是來自兩個星球。」這本書裡面甚至包含〈金星／火星用語辭典〉。

之後的許多約會專家陳陳相因，將兩性差異視為理解男女關係的最佳標準。（這些暢銷書幾乎認定，全天下的人都只對以結婚為提前的異性戀一對一交往感興趣。）這個公式之所以有利於書籍銷售，理由很明顯。它暗示讀者，約會活動裡藏著某種秘密，也讓作者變身為權威，只因他或她是個男人或女人。

史帝夫‧哈維（Steve Harvey）在《男人的上半身去哪了？》（*Act Like a Lady, Think Like a Man*）裡誇口要讓讀者明白男人對愛情、男女關係、親密感與承諾的真正看法。哈維與約翰‧格雷口徑一致，也認為所有的約會難題都起因於兩性差異。只是，相較於格雷致力採用中立的同理口吻，哈維似乎比較偏向男生隊。

「女人是很複雜的動物，」哈維寫道。「比較起來，男人簡單得多。逗我們開心其實沒那麼難。」

如果你想知道神經科學的觀點，可以參考《男人的大腦》（*The Male Brain*）和《女人的大腦》（*The Female Brain*）。就連《搞定男人：男同志給女人的性愛指導》（*Sex Tips for Straight Women from a Gay Man*）都強調，兩性的慾望有所差異。這本書是一對朋友合力撰寫，他們的性傾向正如書名所述，書中搭配了厚顏無恥的素描插圖。作者表示，男同

志很適合為女性揭開男性歡愉的神祕面紗。

「把這本書當成妳的私人教練，花費比私人教練低廉得多。」書中引文告訴讀者。

大多數自我成長書籍都教你如何讓自己變得溫柔，教妳要臣服於現狀。它們告訴妳，妳所有的挫折都來自妳的內心，這種策略要讓妳覺得手握自主權，讓妳覺得自己可以做點什麼。只是，當妳面對那些源於大環境的問題時，書本教妳的那些東西頂多就是讓妳自責。它會一面伸手拉妳，一面責備妳。

諸如《愛情哲學》、《戀愛必勝守則》與《男人的上半身去哪了？》這類書籍提供的建議之所以如出一轍，並不是因為它們的作者不夠靈光。愛情指南書似乎只看得到追逐性愛或追求婚姻這些極為狹隘的慾望，問題也不單出在作者的偏見。反之，這種型式的愛情指南排除了一個可能性：兩個或多個人之間的關聯也許能夠改變他們生活的狀態。愛情指南的存在卻是為了讓那些既有狀態永垂不朽。結果，乖乖遵循指南書的規則，到最後獲得的愛情獎賞往往讓人覺得不值得。那種愛情似乎太平凡，平凡到幾乎有點空虛。

後記
愛情啊，愛情！

　　愛情指南書假定的前提是，我們約會時遭遇的都是個人問題。約會的歷史告訴我們事實恰恰相反。在約會劇院裡，我們承襲前輩演員的角色，接受生活周遭的人提供的舞台指導。每個人都可以私底下體驗親密感，但這不表示那些感覺只侷限於個人。我們那些親密的感覺反映出構築我們生活其他所有面向的力道。我們體驗到的感受，也來自我們周遭那些人。

　　愛情指南書通常忽略一個事實：那些讓人們轉而尋求協助的挫折感，往往不只是當事人本身的問題，很多時候問題來自整個社會。它並不是深藏在我們內心，而是反映出那些建構我們世界的各種關係。有些作者看得出來讀者感受到的不滿足其實並非自身所能掌握，只是，他們即使看到這個問題，也會立刻將它拋在一邊。他們會說，嗯，不過我們先把重點放在你能做什麼。接著，他們要你盡可能調整自己，在現有環境裡努力過日子。

　　只是，由於你要追求的愛情是敞開自己，把自己的生命跟其他人的生命融合在一起，這樣的策略似乎只會帶來挫敗感。愛情需要坦誠。相愛的重點在於被彼此改變，也目睹彼此的改變。慢慢地，這樣的反覆調整就會轉化我們共有的這個名為「世界」這個實體。愛情不僅是名詞，它更是動詞：它不是你要獲得的事物，而是需要化為行動的流程。然而，許多所謂的專家理所當然地把愛情視為每個人生命中的最高目標，一個可以讓你的所有付出值回票價的幸福結局，他們似乎懷疑改變的可能性。諷刺的是，他們對愛情本身也

沒有信心。

當我意識到自己試圖依照一些我不了解的規則過日子，過程中看不見自己想要什麼，我才下決心寫這本書。跟著我的渴望走應該是重點，只是，我往往反思得不夠徹底，分辨不出那些我認為應該存在的感覺是不是真的存在。我不知道自己是誰，只是持續扮演自己覺得應該扮演的角色。我永遠沒辦法接受愛情，更別提付出愛情。我沒有一個自我可以去付出。

當時我不知道自己要寫什麼樣的書。不過，後來我找到了方向，因為我在閱讀以及跟朋友和陌生人談過話之後，發現他們也為約會強加在他們身上的角色感到焦慮與困惑。特別讓他們感到憤怒的是，這些角色似乎總是依循涇渭分明的性別腳本，引發他們跟伴侶之間的爭執。

藉由這些對談，我漸漸領悟到，在求愛方面，美國文化傳達極度混亂的訊息。市面上有無數專門描繪、討論與促進約會的商品。許久以後的考古學家如果挖掘到我們的物品，肯定會斷定約會是我們這個時代的文明裡舉足輕重的一環，光從出土那些解體中的智慧型手機裡的約會 App 就能看得出來。然而，做為一個討論議題，約會通常被冠上輕佻色彩，比如女性雜誌或愛情喜劇。事實上，我們將它視為娛樂，只是個人的追尋，而非群體關心的事。結果就是讓人感受到一股不得不約會的沉重壓力，卻得不到任何協助。

隨著我的研究接近尾聲，就在約會的歷史跟當代接軌的時候，我開始發現我們的社會對於愛情也抱持同樣分歧的態度。一方面，我們對它著迷。美國人貪婪地吞服愛情小說、感人肺腑的電影和新娘主題的實境秀。情侶們借錢舉辦奢華婚禮，再靠昂貴的心理治療熬過多年婚姻生活，努力守住他們在婚禮上許下的承諾。另一方

面，我們接受那些讓很多人沒時間發展個人關係的生活模式。我們接收到的那些有關愛情的圖片與文字，都在反覆強調，只有某些特定形式的愛情才算數。

　　愛情指南書、電影和流行歌曲傾向於把焦點放在浪漫、一對一、多半異性戀、而且最好是以結婚生子為前提的愛情。英國女性主義作家勞莉・彭妮（Laurie Penny）稱這種現象為「愛情™ 24」，我將它看成愛情：劇終，也就是緊接在所有困窘或令人心碎的場景之後、溫和地將它們抹除的最後一幕。「一旦跳脫以後，沒有人記得約會過程中的任何事。」某個已婚朋友笑道。「彷彿大家都得了創傷症候群。」很多單身男女似乎把愛情當成脫逃途徑，或他們通過約會試煉之後希望得到的獎品。

　　某些女權運動者宣稱愛情於我們有害。西北大學教授蘿拉・吉普妮斯（Laura Kipnis）在她的著作《反對愛情》（*Against Love*）裡主張，此生不渝的愛情這種完美典型誘騙了它的擁護者，讓他們踏入不自由又不滿足的生活。「工廠辭令曾幾何時變成了愛情語言？」吉普妮斯問道。「有關愛情這件事，努力往往會過度：行動往往沒有成效。」吉普妮斯頌揚打情罵俏與情色遊戲的自然不造作，認為那會帶來喜悅與成長。她也認為強迫性的單一配偶制是社會控制的工具，會讓美國人被閹割，變得乖巧順服。

　　女性尤其容易被強勢鼓吹去為「愛情™」努力。物質的現實與性別歧視的社會化都在告訴女人，女人比男人更少不了愛情™。單身女性工作收入低於男性。如果她們有小孩，通常養育孩子的大部分責任與花費都落在她們身上。我們的社會或許已經越來越能接受女性選擇放棄婚姻，但人們依然對「老處女」寄予同情。相較之下，終身未娶的單身漢還是散發著殘存魅力。

吉普妮斯突顯出來的問題並不是出在愛情本身，而是出在一個只容許愛情™存在的世界。在那個世界裡，結構性的不平等迫使那些接受這種現象的人付出不同程度的勞務。愛情有許多形式，我們需要更多辭彙來描述它們。

古希臘人有三個字：eros、philos 和 agape，分別代表「慾望」、「友誼」以及「神對祂所創造的這個世界的愛」。羅馬人將 agape 譯為 caritas，也就是「善心」。愛的付出可以不求回報，我們可以從對自己更仁慈、更慷慨做起。特別是女性，我們必須忘掉過去學到的那些忽視自己心願與福祉的心態，不再覺得自己過胖、說話太大聲、太有野心、要得太多，諸如此類的。

本書清楚揭示，那些對約會男女的個人生活造成困擾的事情之中，有太多其實非關個人。想要有所改善，我們必須促成政治上的改變，而這種政治上的改變唯有靠大家組織起來，發揮團結力量才能辦得到。我們將那些用來自我成長的力量轉而向外，或許可以構思出足以讓約會以及約會以外的很多事更為理想的具體解決方案。比方說，如果我們有更完善的健康保險、幼兒照顧與育嬰假政策，那麼以生物時鐘為基準的約會還會像如今這樣讓人緊張不安嗎？如果學校與職場不至於讓人耗費過度心力，那麼年輕人還會覺得不應該把時間「浪費」在戀情上嗎？也許會，也許不會。但他們一定會覺得有更多自由去探索。

我們當前的挑戰是，要找到適當方法賦予愛情應有的光環，不再踏上陳舊的模式。我們不妨將它看成第三次性革命。我們當然也不能把愛情重新關進婚姻的牢籠。雖然我批判了「約會市場」，

---

24 ™意為商標，此處意指社會普遍認定的愛情型態。

但我的意思不是要大家藉著「定下來」脫離它。相反地，我們必須讚揚性愛與浪漫關係發展出的多樣化愛情。我們對待另一半必須體貼、寬容與欣賞。我們也不能忘記去欣賞他們對我們付出的欣賞。

　　約會結構裡深深埋藏著的交易邏輯，慫恿我們把愛情看成彼此競爭才能獲得的東西。我們只能贏得愛、而非以主觀力量促成愛，這種觀點讓許多人感到無能為力。我們的社會嚴格區分勞務與慾望，把其中一個劃歸歷史，另一個歸於生物學。這種現象讓我們很無助。它告訴我們愛情只是一種感覺，稍縱即逝又不受控制。如果你認為愛情是你生命中最重要的事件，而且相信你無力左右它，那麼你在愛情裡遭遇的任何難題理所當然會觸目驚心。不管你跟伴侶碰到什麼問題，都會被誤解為你們的感情已經消退。可是，這種認為愛情與情感完全與勞務無關的見解並不正確。

　　愛情是由關懷的行為組成。你可以選擇對任何人付出這份關懷，只要你們的關係存在，它就會持續。過去一個世紀以來，約會改變了，人們對自己應該如何獲得愛情的想法也改變了。同樣地，愛情本身也沒有原地踏步，它也與時俱變。

　　承認愛情勞務的存在，並不是為了丟棄它，而是要重新找回它。要讓它平均分配，並且引導出我們想要的結果。無論在約會或愛情裡，看清愛情勞務的本質，讓你可以做一個簡單測驗：你做的事值得嗎？你想要多少？付出多少才算太多？你可能會選擇在你跟伴侶能夠進行有建設性的討論之前，暫緩處理某個困擾你的問題，也可能因為擔心承認發怒會減損自己的魅力而隱藏問題，這是兩碼子事。經常對伴侶提出要求和承認自己的脆弱也有所不同。差別在於剝削。愛情要求我們看清剝削，從而避開它。

　　一旦我們能夠掌控我們從事勞務的方法，勞務就不是義務，

而是力量的泉源。一旦我們心明眼亮，就能夠了解愛情本身就是勞務，因而受益。這是一種豐沛的力道，為了要駕馭它，我們必須柔弱。感覺自己不完整，因而渴望他人，通常意味著擁有被傷害的能力。承認自己的需要、進而向別人展示自己的需要，通過這個恐怖過程，我們才能夠成長。

寫這本書的過程中，我體驗到兩種愛。第一種來自朋友。我們相遇之前有過幾次交集，後來在一次交情尚淺、基於禮貌安排的午餐聚會中相談甚歡，看到彼此之間的友情潛力。在電影或電視節目裡，女人似乎都把友情視為一種依靠，像是專門協助她們通過愛情考驗的焦點團體，一旦找到伴侶就瓦解。然而，真摯的友情也可能像愛情一樣濃烈。只要稍稍轉移生命的鏡頭，寬闊的視野就會躍然呈現。讓書頁稍稍傾斜，就能看見原本你以為不存在的形狀。正是這段友誼啟發並支持我寫這本書。

第二種愛來自我後來嫁的那個男人。能夠認識他，並且透過他認識我自己，是我這一生最快樂的事。過去我一直擔心愛情會要求我放棄太多自己，或者讓我失去自我。事實完全相反。經由這段關係，我才能看到真正的自己，也才能明白幸福的意義。

這兩種經驗都出乎我的意料。原因不只在於它們發生在──套用一句俗語──我最不預期的時刻。愛情本身也有別於我的預期。它不是追尋的結束，而是開始。在愛情裡，我開始覺得慾望是我向外發展的內在活動，渴望對這個世界有所作為。

如果我們有足夠的勇氣來崇尚愛情，或許可以開始改變約會裡那些受人憎惡的面向。如果能夠以應有的嚴肅態度看待繁衍後代這項勞務，或許我們會發現它可以變得多麼成效卓著，而且充滿創意。有件事很明確：那些我們能做的事，都不能獨力去完成。

生活文化 39

我們約會好嗎？：從古典情調的牽牽小手到新世代的交友 APP，人們如何找到真愛？

作　　者—莫伊拉·韋格爾
譯　　者—陳錦慧
主　　編—林芳如
執行企劃—廖婉婷
封面設計—江宏達
總　編　輯—曾文娟
董　事　長—趙政岷
總　經　理

出　版　者—時報文化出版企業股份有限公司
　　　　　　10803 台北市和平西路三段二四○號七樓
　　　　　　發行專線—(○二)二三○六八四二
　　　　　　讀者服務專線—○八○○二三一七○五
　　　　　　　　　　　　　(○二)二三○四七一○三
　　　　　　讀者服務傳真—(○二)二三○四六八五八
　　　　　　郵撥—一九三四四七二四時報文化出版公司
　　　　　　信箱—台北郵政七九~九九信箱
時報悅讀網—http://www.readingtimes.com.tw
電子郵件信箱—ctliving@readingtimes.com.tw
新潮線臉書—https://www.facebook.com/tidenova?fref=ts
法律顧問—理律法律事務所 陳長文律師、李念祖律師
印　　刷—盈昌印刷有限公司
初版一刷—二○一七年一月二十日
定　　價—新台幣三○○元
行政院新聞局局版北市業字第八○號
版權所有 翻印必究（缺頁或破損的書，請寄回更換）

時報文化出版公司成立於一九七五年，
並於一九九九年股票上櫃公開發行，於二○○八年脫離中時集團非屬旺中，
以「尊重智慧與創意的文化事業」為信念。

國家圖書館出版品預行編目（CIP）資料

我們約會好嗎？：從古典情調的牽牽小手到新世代的交
友 APP，人們如何找到真愛？ / 莫伊拉．韋格爾 (Moira
Weigel) 著 . -- 初版 . -- 臺北市 : 時報文化 , 2017.01
　　面 ; 　公分

　　譯自 : Labor of love : the invention of dating

　　ISBN 978-957-13-6883-2（平裝）

　　1. 戀愛 2. 兩性關係

544.37　　　　　　　　　　　　　　105025005

LABOR OF LOVE: The Invention of Dating by Moira Weigel
Copyright © 2016 by Moira Weigel
Published by arrangement with Farrar, Straus and Giroux, New York
Through Bardon-Chinese Media Agency
Complex Chinese edition copyright © 2017 by China Times Publishing Company
All rights reserved.

ISBN 978-957-13-6883-2
Printed in Taiwan